REISE ZUM GLÜCK

Helen Russell

REISE ZUM GLÜCK

Glücksformeln aus aller Welt

Aus dem Englischen
von Anja Malich

Kindler

Die Originalausgabe erschien 2018 unter dem Titel «The Atlas of Happiness»
bei Two Roads, Imprint of John Murray Press/Hachette, UK.

1. Auflage Januar 2020
Copyright © 2020 by Rowohlt Verlag GmbH, Hamburg
«The Atlas of Happiness» Copyright © 2018 by Helen Russell
Redaktion Heike Brillmann-Ede
Illustrationen Naomi Wilkinson
Illustrationen Copyright © Two Roads
Covergestaltung any.way, Barbara Hanke/Cordula Schmidt
Coverabbildungen Naomi Wilkinson; Shutterstock
Satz aus der Foundry Sans bei Dörlemann Satz, Lemförde
Druck und Bindung CPI books GmbH, Leck, Germany
ISBN 978-3-463-40716-6

INHALT

Für die Mini-Wikinger,
die lange auf ein Buch mit Bildern gewartet haben

EINLEITUNG

Willkommen. Ja, wirklich. Hereinspaziert! Das Leben dort draußen kann hart sein. Wenn man die Nachrichten anschaut, gewinnt man schnell den Eindruck, es wäre mit jeder Minute schlechter um die Welt bestellt, als würden die Menschen sich immer mehr abschotten und die Zeiten finsterer werden. Doch gemeldet wird meist nur, was schiefläuft, was gut läuft, hingegen nur selten. Die Tatsache, dass die Lebenserwartung so hoch ist wie nie zuvor und die Freizeitmöglichkeiten größer sind denn je, egal, wo man sich befindet, scheint keine Nachricht wert zu sein.

Auch macht es keine Schlagzeilen, dass dank moderner Technologien Hausarbeit inzwischen pro Woche nicht mehr 60, sondern nur noch 11 Stunden in Anspruch nimmt (gelobt sei der Schleudergang ...). Den Daten der Millenniums-Entwicklungsziele und dem neuesten Bericht der Weltbank zufolge ist die Zahl der hungernden Menschen weltweit in den letzten 25 Jahren um 40 % zurückgegangen, die Kindersterblichkeitsrate hat sich halbiert und die Anzahl der von extremer Armut betroffenen Menschen ist ebenfalls um zwei Drittel gefallen – drei Statistiken, die sehr wahrscheinlich bei Twitter kein größeres Interesse auslösen werden.

Wenn alles glattläuft, wird kaum darüber berichtet. Und wir Menschen neigen dazu, negativen Ereignissen mehr Aufmerksamkeit zu schenken als positiven – und vergessen sie auch weniger schnell. Das bedeutet natürlich nicht, dass es nur Negatives gibt. Deshalb sollten wir bewusst daran arbeiten, das Positive zu sehen und hoffnungsfroh zu bleiben – nur so können wir etwas verbessern.

Optimismus ist nichts Anstößiges, sondern eine Notwendigkeit. Wenn wir keine Hoffnung mehr haben und uns in einer ständigen Krise befinden, ist die natürliche Reaktion, irgendwann ganz aufzugeben und uns nicht einmal mehr zu bemühen. Dabei dürfen wir uns nicht unterkriegen lassen. Probleme sind da, um sie zu lösen. Herausforderungen, um sie anzugehen. Wir müssen das Negative nicht ausblenden, sollten uns aber gleichzeitig überlegen, wie die Situation zu verbessern wäre. Auf der ganzen Welt gibt es Menschen, die jeden Tag aufs Neue glücklich sind, sowohl in Ländern, die in den Glücksumfragen ganz oben stehen, als auch in vielen anderen. Von ihnen allen mehr zu erfahren, kann neue Wege öffnen, um selbst zufriedener zu sein und anderen dabei zu helfen. Empathie spielt hier eine wichtige Rolle. Herauszufinden, was den Menschen auf der anderen Seite der Welt wichtig ist, hilft uns allen. Zu verstehen, was Glück in den einzelnen Ländern bedeutet, kann beeinflussen, wie wir zukünftig miteinander umgehen.

Angeregt wurde ich zu diesem Buch durch all die faszinierenden Geschichten, die mir zugetragen wurden, seit ich 2013 begann, mich für mein erstes Buch *Hygg Hygg Hurra!: Glücklich wie die Dänen* mit dem Thema Glück zu beschäftigen. Seitdem habe ich Menschen aus der ganzen Welt getroffen, die mir an bisweilen originellen Orten (auf öffentlichen Toiletten, in Wäldern, auf Dünen ...) dargelegt haben, was in ihrem Land Glück bedeutet. Als in Skandinavien lebende Engländerin genieße ich darüber hinaus das Privileg eines wunderbar vielfältigen und alle Kontinente umspannenden Bekannten- und Freundeskreises, der mir seine erhellende Expertise angeboten hat. Das Ergebnis ist ein Katalog kultureller Gebräuche, in dem die verschiedenen Vorstellungen von Glück und was es heißt, ein gutes Leben zu leben, in ihrer ganzen Bandbreite auf einer Reise um die Welt präsentiert werden. Dabei habe ich nicht die glücklichsten Länder der Welt zusammengestellt, sondern habe verschiedene Herangehensweisen aufzeigen wollen, die Menschen an verschiedenen Orten glücklich machen. Wenn wir nur auf die Länder schauen, welche die Umfragen zum Thema Glück anführen, verpassen wir die vielfältigen Ideen und das reichhaltige Wissen der Kulturen, mit denen wir vielleicht weniger vertraut sind und deren Glück womöglich etwas mehr im Verborgenen liegt.

Nirgends ist es perfekt, jedes Land hat seine Probleme. Doch in diesem Buch möchte ich schamlos die Schokoladenseiten der Kultur des jeweiligen Landes feiern und seine besten Eigenschaften hervorheben – denn genau danach sollten wir alle streben. Natürlich erhebt die Liste nicht den Anspruch, vollständig zu sein, und ich freue mich, von weiteren Glückskonzepten zu erfahren. Lassen Sie es mich wissen, wenn es einen Weg zum Glück gibt, der mir bislang vorenthalten geblieben ist. Schon wenige Worte können viel bewirken und scheinbar einfache Ideen unseren Blick auf die Welt verändern. Niemand hätte geglaubt, dass sich je jemand für *hygge* interessieren würde, bis es zu einem globalen Phänomen wurde. Sie entscheiden, welches der Konzepte auf den folgenden Seiten der nächste große Trend wird.

Auf einige Themen bin ich während meiner Recherche immer wieder gestoßen: Zeit mit Familie und Freunden zu verbringen, sich weniger Stress bei der Arbeit zu machen und ein naturnahes Leben zu führen, sind sicherlich universelle Rezepte für ein glückliches Leben. Andere wie der Genuss des Trinkens, bevorzugt in Unterwäsche, den die Finnen betreiben, oder die japanische Art, das Alter wertzuschätzen, sind hingegen faszinierend einzigartig. Doch eins ist sicher: Wir alle können glücklicher werden, denn es gibt endlos viele Möglichkeiten, das persönliche Glück zu erreichen.

30 Wege führen in diesem Buch zum Glück: Inspirationen, die Grund zur Hoffnung geben und all jene ermutigen sollen, die nicht weiterwissen. Einige Vorstellungen widersprechen einander – genau wie die Kultur eines Landes bisweilen wie die Antithese ihres Nachbarlandes wirkt. Das ist in Ordnung, wir alle sind verschieden. Übernehmen Sie, was für Sie funktioniert. Lesen Sie. Tanken Sie auf. Und dann: Ab ins Glück!

Fair go ist eine Phrase, mit der ausgedrückt wird, dass jeder eine gerechte Chance verdient. Der erste schriftliche Nachweis des Begriffs ist im *Brisbane Courier* aus dem Jahr 1891 in einem Artikel über streikende Schafscherer zu finden. Als sie ohne Haftbefehl festgenommen wurden, beschwerten sie sich mit den Worten: «*Do you call this a fair go?*» («Halten Sie das für eine faire Behandlung?») Der Streik war einer der ersten und bedeutendsten in der Geschichte des Landes und führte zum einen zur Gründung der Australian Labor Party, der australischen Arbeiterpartei. Zum anderen etablierte er den Ruf Australiens als egalitärer Gesellschaft, in der Fairness, Sportsgeist und eine positive Einstellung hochgehalten werden.

AUSTRALIEN

Die ersten Töne der Klaviermusik lösen bei mir noch immer einen Pavlov'schen Reflex aus. Sofort fühle ich mich in die endlosen Sommer meiner Jugend zurückversetzt, in denen ich Strandkultur, Surfen und den Geist von *fair go* kennenlernte. Wenn man in den 1980ern Jahren in Großbritannien aufgewachsen ist wie ich, blieben die beiden ersten Dinge unerreichbar, das dritte aber lieferte den Grundstein für das, was ich heute gern als meine Tendenz zum Liberalen bezeichne. Ich war sechs Jahre alt, als *Neighbours* zum ersten Mal ausgestrahlt wurde. Das fröhliche Intro in C- und G-Dur der amerikanischen Soap (das stark an *Close to You* von The Carpenters erinnert) markierte den Beginn einer 15 Jahre andauernden, täglichen Pilgerreise in die Ramsey Street. Als dann 1989 *Home and Away* Großbritannien erreichte, schaute ich auch das. Damit habe ich im Alter zwischen 6 und 21 Jahren (ich war Studentin, was sollte ich sonst tun?) beeindruckende 3510 Stunden Nachhilfe in sonnig australischer *no-worries*-Kultur und der *fair-go*-Mentalität genossen.

Meine Freundin Sheridan aus Brisbane meint, ich hätte die Zeit gut investiert, denn so ticken die Australier: Freundlichkeit, Sonnenschein und *fair go*. Demnach war ich unbewusst wohl schon früh als Amateur-Anthropologin und Glücksforscherin aktiv.

«*Fair go* ist für das australische Glücksempfinden wirklich wichtig. Es bedeutet, jedem die gleichen Möglichkeiten und eine vernünftige, gerechte Chance zu bieten», erklärt Sheridan. Gen, ein Freund aus Adelaide, stimmt ihr zu: «Egal, woher du kommst oder wer du bist, wenn du den Job gut machst, gibt es keinen Grund, warum du ihn nicht machen solltest.» Manchmal ist auch von einem *fair crack* die Rede, einem «aufrichtigen und vernünftigen Versuch», an eine Sache heranzugehen. Diese Haltung macht glücklich, weil man idealerweise das Gefühl hat, alles erreichen zu können, da alle die gleichen Chancen haben und im selben Boot sitzen.

Australien rangiert regelmäßig unter den zehn glücklichsten Nationen der Welt, und die Aussies gelten allgemein als frohgemute, freundliche Zeitgenossen. Ihnen wird von Anfang an beigebracht, gut miteinander auszukommen, als Teamplayer zu agieren und dass Dabeisein alles ist. «Die Lehrer sind total darauf fixiert», erzählt Ben aus Melbourne, «und alle werden ständig ermutigt, bei irgendetwas mitzumachen. Ich weiß noch, dass wir in der Schule genauso viele Scheren für Links- wie für Rechtshänder hatten. Ich saß dann jedes Mal mit einer der grünen Linkshänderscheren da ...»

Am deutlichsten wird das australische Ideal des *fair go*, wenn es um die nationale Obsession geht: Sport. Ben erinnert sich noch gut daran, wie er einmal von seinem Coach vom Football-Feld geholt wurde, weil er die Arme verschränkt hatte. «Ich sagte zu ihm, dass ich doch gar nicht so schlecht gespielt hätte, worauf er antwortete: ‹Nein, du hast nur dagestanden und der Sache kein *fair go* gegeben!› Es geht eben darum, sich mit aller Kraft zu bemühen», so Ben. Das sei weit wichtiger, als eine natürliche Begabung für etwas zu haben. Alle australischen Schüler wachsen mit dieser Haltung auf, denn im Winter werden regelmäßig Netball oder Football gespielt, im Sommer ist Kricket angesagt.

«Kricket ist bei uns fast eine Religion», erklärt Ben. Entsprechend hat der Skandal um den präparierten Ball des Nationalteams viele Aussies 2018 fast vom Glauben abgebracht. Das International Cricket Council sperrte die Mannschaft lediglich für ein Spiel, Cricket Australia jedoch – der nationale Verband – erlegte dem Team eine einjährige Sperre auf. «Wir haben uns selbst viel härter bestraft, als der Rest der Welt es getan hat», resümiert Ben. (Er arbeitet als Marketing-experte, doch wenn es um das australische Kricketteam geht, spricht er wie selbstverständlich von «wir».) Ich merke an, dass das Vergehen, einen Ball abzuschleifen, angesichts von dubiosen Urinproben und ausgewachsenen Dopingskandalen recht harmlos erscheint, doch Ben versichert mir, es sei ein Riesending gewesen. «Schummeln widerspricht total der Idee des australischen *fair play*, wo alles mit rechten Dingen zugehen muss. Deshalb wurde danach auch im Fernsehen landesweit öffentlich geweint. Weil der *fair-go*-Code gebrochen wurde.»

Sport ist in Australien derart wichtig, dass der Freitag vor dem Finale, dem *Grand Final*, der Australian Football League im Bundesstaat Victoria ein Feiertag ist. Und wenn dort einmal im Jahr der Melbourne Cup (ein Pferderennen) stattfindet, muss ebenfalls niemand arbeiten. «Begeistern können wir uns auch für Rugby (League & Union), Schwimmen, Tennis ...», zählt Liz auf, meine ehemalige Mitbewohnerin, die aus Perth stammt, «und du musst gar nicht selbst gut sein, um dem Sport zu huldigen.» Wir alle wissen, dass Sporttreiben glücklicher und gesünder macht, weil Endorphine freigesetzt werden, doch offenbar kann man auch als Sportfan glücklicher werden. Das Gemeinschaftserlebnis als Fan gibt uns ein Gefühl der Zugehörigkeit, das das Wohlbefinden stärkt. Sportpsychologen von der Murray State University in den USA haben nachgewiesen, dass Sportfans insgesamt zufriedenere Menschen sind, weil sie sich weniger einsam fühlen und ein signifikant besseres Sozialleben haben, was nicht zuletzt an der gemeinsamen «Sprache» liegt, in der sie miteinander kommunizieren. Australier scheinen das schon lange verinnerlicht zu haben. Ben erzählt, wie einheimische Sportclubs neuangekommene Migranten zu Football-Spielen einladen, damit sie die Kultur kennenlernen und ein Gesprächsthema mit ihren neuen Kollegen oder Klassenkameraden haben. «Das ist extrem wichtig, und interessanterweise verhält man sich in Australien als Fan aber nicht so einseitig und verbissen wie in anderen Ländern», betont Ben. Und Sheridan ergänzt: «Wir stehen immer auf der Seite der Underdogs. Die werden angefeuert, das wäre sonst unfair, außerdem könnte man eines Tages selbst in der Situation sein. Solange das andere Team mit einem *fair crack* an die

Sache herangeht, hat es ein *fair go* verdient. Das ist wie unser nationales Motto.»

Natürlich hält die Realität diesen Worten nicht immer stand. In der Geschichte des Landes haben viele eindeutig kein *fair go* bekommen. Insbesondere nicht die Aborigines. Seit 1788, als die britische Kolonialisierung begann, wurden sie systematisch und praktisch auf jede erdenkliche Art diskriminiert. Sheridan gibt zu: «Was die indigene Bevölkerung angeht, trägt Australien eindeutig Scheuklappen.» Noch immer wird der 26. Januar als «Australia Day» gefeiert zu «Ehren» der First Fleet, der ersten Schiffsflotte, die von England aus aufbrach, um den fünften Kontinent zu besiedeln, selbst wenn zahlreiche Australier inzwischen dafür sind, den Tag in «Invasion Day» umzubenennen. Auch was die Rechte von Homosexuellen angeht, hat sich Australien nicht immer rühmlich verhalten, obgleich Sydney inzwischen den Ruf einer der schwulenfreundlichsten Städte der Welt innehat. 2017 haben die Australier dann auch mit großer Mehrheit für die Ehe für alle gestimmt und damit der Liebe endlich ein *fair go* zugestanden. Und im März 2018 hat das Northern Territory als letzter Staat ein Gesetz genehmigt, das gleichgeschlechtlichen Paaren eine Adoption von Kindern ermöglicht.

Das Recht auf ein *fair go* ist einer Umfrage der überregionalen Zeitung *The Age* zufolge heutzutage der wichtigste Wert der Australier. In der Folge strebt die australische Gesellschaft nach einer antihierarchischen Ordnung. Niemand ist besser als die anderen, weshalb sollte dann einer anders behandelt werden? Alle Australier tragen etwas Antiautoritäres in sich, und so verwundert es nicht, dass australische Comedians gern Wichtigtuer aufs Korn nehmen. (Ich bin ein Fan der beiden australischen Serien *Kath & Kim* und *Utopia*. Ja, *Neighbours* habe ich inzwischen endgültig hinter mir gelassen ...) Diese Haltung hat zu einer bestechend offenen Ausdrucksweise geführt, die das australische Englisch von dem Idiom, das speziell auf der anderen Seite des Pazifiks gesprochen wird, deutlich unterscheidet. Nichts kann mir morgens zu besserer Laune verhelfen, als an die herrlich surreale australische Redewendung zu denken: *He's got a few roos loose in the top paddock*, was so viel bedeutet wie: Bei jemandem seien im Kopf (wörtlich: der obersten Weide) ein paar Kängurus durchgegangen, weshalb derjenige geistig nicht ganz auf der Höhe ist. Oder das wundervoll derbe *We're not here to fuck spiders* heißt: Wir sind nicht hier, um herumzumurksen, sondern sollten zusehen, dass wir weiterkommen, was laut ausgesprochen jedoch nur halb so viel Spaß macht wie das Original mit den Spinnen ...

«Ich glaube, wir sind ziemlich gut darin, über uns selbst zu lachen, weil wir uns nicht allzu ernst nehmen», meint Sheridan. «Wir haben eine ziemlich positive Grundhaltung.» Denn, wie heißt es so schön: *no worries* (keine Sorge). Auch wenn man es inzwischen überall sagt – in den USA, in Großbritannien, in Neuseeland, Südafrika und sogar in Kanada –, steht *no worries* doch insbesondere für die australische Kultur und fasst die freundliche Gesellschaft, den kernigen Humor und den lässigen Optimismus der Aussies gut zusammen. «*No worries* ist fest in der australischen Psyche verankert», bestätigt Ben. «Es ist diese Denkweise, dass es am Ende schon passen wird – *we'll be right* –, egal, wie schlimm es zwischenzeitlich aussieht! Wir haben viel Hoffnung und Vertrauen.» In Gedanken an so manches, das auch in Australien besorgniserregend ist – angefangen bei Haien über giftige Quallen, Schlangen, Krokodile und Skorpionfische (die anscheinend arge Biester sind) bis hin zu tödlichen Spinnen (ob nun gefickt oder nicht …) –, frage ich vorsichtig: «Macht ihr euch nicht einmal Sorgen wegen all der gefährlichen Tiere, die bei euch leben?» Ben zuckt mit den Schultern. «Na ja, sterben müssen wir alle, und irgendwie ist *no worries* ein bisschen wie ein Freibrief, furchtlos zu leben und zu lieben, auch wenn es nicht immer funktioniert.»

Als ein Mensch, der sich ständig um irgendwas Sorgen macht, kann ich der *no-worries*-Haltung zum Leben durchaus etwas abgewinnen. Und wenn man in einem Land lebt, in dem nicht unter jedem Stein ein potenziell tödliches Tier lauert, sollte es ein Leichtes sein, diese Philosophie umzusetzen. Doch wie soll man an Tagen positiv bleiben, an denen alles schwerfällt? «Die Sonne hilft», meint Sheridan. «Sie sorgt einfach für gute Laune. Und dazu der blaue Himmel.» Saisonal abhängige Depressionen, bei uns bezeichnenderweise auch *Winter*depressionen genannt, die eben dann auftreten, wenn der Mensch zu wenig Licht bekommt, sind in Australien, wo fast immer die Sonne scheint, naturgemäß extrem selten. «Selbst wenn es bei uns mal ein Unwetter gibt», sagt Sheridan, «ist der Regen nicht kalt.» Tatsächlich erinnere ich mich daran, wie ich vor Jahren in Sydney in ein Gewitter geraten bin, das sich wie eine kräftige, warme Dusche anfühlte. Ja, sogar der Regen ist hier angenehm. Sheridan bewahrt mich davor, allzu neidisch zu werden, indem sie mir versichert, dass das anhaltend sonnige Wetter seine eigenen Probleme mit sich bringt: *Life's a beach in Australia* – das heißt wörtlich: Das Leben in Australien ist ein einziger Strand, und im übertragenen Sinne: Das Leben ist so leicht wie das Leben am Strand. Worauf der Spruch aber auch hinweist, ist, dass der Strand für Australier zum Leben traditionell einfach dazugehört, ob man nun dafür geschaffen ist oder nicht. «Im Sommer liegt die Temperatur regelmäßig über 35° Celsius, und ich habe eine helle Haut mit Sommersprossen», erklärt Sheridan. «Die ersten 16 Jahre meines Lebens habe ich in Badeshorts, Sonnenschutz-Shirt und unter einem Hut verbracht. Manchmal hatte ich außerdem noch einen Schirm dabei. Ich sah aus wie die Kreuzung aus einer Rokoko-Dame und Bart Simpson ...»

Mitfühlend erwidere ich, dass auch meine Haut keine Sonne vertrage, meine Seele hingegen schon. Ben weiß sofort, was ich meine: «Das Gefühl, wenn man die Sonne im Gesicht spürt, ist unvergleichlich. Plötzlich ist man sicher, es wird schon alles werden.» Deshalb gibt es in Australien zum Beispiel eine staatliche Unterstützung, um schwerkranken Menschen einen Aufenthalt im Norden des Landes zu ermöglichen, wo die Sonne sehr regelmäßig scheint. «Denn bei uns herrscht nach wie vor die Auffassung, dass dir die Sonne guttut», sagt Ben, «und dass wir uns glücklich schätzen können, sie zu haben. Deshalb sprechen wir ja auch von unserem *lucky country*.»

Australien ist sicherlich in vielerlei Hinsicht *lucky*. Das Land hat ein gutes Sozialsystem, die Gesundheitsversorgung ist kostenlos ebenso wie die Bildung bis zur Universität, für die es dann zinslose Kredite gibt, um die Gebühren und Lebenshaltungskosten abzudecken. Viele Australier beenden ihre Arbeit um 17 : 00 Uhr, und 85 % von ihnen leben nicht mehr als 50 km vom Meer entfernt, sodass es ihnen zumindest theoretisch möglich wäre, sich mehr oder weniger jeden Tag zum Surfen an einen der 10 000 traumhaften Strände zu begeben. Da auf einem Quadratkilometer nur durchschnittlich drei Menschen leben, gibt es genug Luft zum Atmen, und die meisten Australier verbringen viel Zeit im Freien.

«Das Wetter animiert uns dazu, draußen sein zu wollen, und das gerne mit anderen zusammen, weshalb es gleichzeitig für ein gutes soziales Klima sorgt», sagt Sheridan. Ja, auch Freundschaften sind wichtig. Daten der OECD zufolge glauben 94 % der Aussies, dass sie jemanden kennen, auf den sie sich bei Bedarf verlassen können. «In Australien gehen wir enge Bindungen ein, das fällt uns wirklich leicht. Deshalb wäre ich wahrscheinlich geradezu beleidigt, wenn jemand nicht mit mir befreundet sein wollte», so Sheridan. «Und ich würde mich fragen: ‹Hä, was ist denn mit dem los?!›» Ich finde diese Haltung faszinierend, die der britischen oder auch der dänischen Auffassung von Freundschaft diametral entgegensteht. Dort muss man noch mindestens zwei weitere Familienmitglieder kennen oder mit jemandem jahrelang zur Schule gegangen sein, um als Freund oder Freundin bezeichnet zu werden. Oder sich über Twitter kennengelernt haben ... Ben stimmt mir zu, dass seine Landsleute außergewöhnlich offen sind, wenn sie jemanden persönlich kennenlernen.

«In Australien kommst du sehr schnell mit dem Barista ins Gespräch, der dir deinen Kaffee zubereitet, und es kann dir passieren, dass er dich dann fragt: ‹Wollen wir nicht mal zusammen ein Bier trinken gehen?›» Ich kann kaum glauben, wie man so viel soziales Vertrauen haben kann, doch auf meine Nachfrage, ob er sich auf so etwas wirklich einlässt, antwortet Ben schlicht: «Ja.» – «Und nicht nur, wenn der Barista eine attraktive junge Frau ist?» Ich kenne Ben erst seit einem Monat, aber er scheint mir ein durchaus aufrichtiger Kerl zu sein. «Nun», schränkt er ein wenig ein, «in 70 % der Fälle ja. In Australien gehen wir eben davon aus, etwas mit dem anderen gemein zu haben und uns auf jeden Fall immer über Sport, Kaffee oder Strände unterhalten zu können.» Sheridan ist ähnlich unerschrocken. «Wir reden mit jedem – Friseuren, Baristas, Verkäuferinnen – und bauen eine persönliche

Beziehung auf. Wenn uns was verbindet, haben wir auch kein Problem damit, den Kontakt weiterzuentwickeln.» Liz aus Perth braucht beispielsweise nur neben jemandem im Bus zu sitzen und findet eine Freundin fürs Leben, worüber sich diese freuen kann, Liz ist ein sehr netter Mensch ... Auch in puncto Freundschaften spürt man die australische *no-worries*-Mentalität: Man geht großzügig damit um, was nicht heißt, dass die Freundschaft nicht ernst gemeint wäre. Irgendwie hat diese Art zu leben einen besonderen Reiz: davon auszugehen, dass jeder, dem du begegnest, nur darauf wartet, sich mit dir anzufreunden. Wie sollte man in einer derart entspannten, freundlichen Atmosphäre, in der alle gern draußen sind, bei so viel Sonne und dem begeisterten Glauben an ein *fair go* für alle nicht glücklich sein? Also los: Seien Sie fair, schließen Sie Freundschaften und geben allem und allen eine Chance. Und denken Sie daran: Wir sind nicht hier, um mit den Spinnen was noch mal zu machen?

WIE MAN EINE *FAIR-GO*-MENTALITÄT ANNIMMT UND MIT DER *NO WORRIES*-HALTUNG UMZUGEHEN LERNT

1

Geben Sie jedem, dem Sie begegnen, eine faire Chance, angefangen
bei potenziellen neuen Freunden über den Praktikanten im Büro, der ständig
den Drucker lahmlegt, bis hin zum Barista an der Kaffeemaschine.

2

Alles hat einen *fair crack* verdient. Etwas wenigstens zu
versuchen, sollte nicht unterschätzt werden, und Begeisterung
ist eine der schönsten menschlichen Eigenschaften.

3

Machen Sie sich bewusst, wie gut es Ihnen geht.
Selbst wenn wir nicht alle im *lucky country* leben, gibt es doch auch
bei uns etwas, wofür wir dankbar sein können.

4

Sie haben einen nervigen Tag vor sich?
Morgen um diese Zeit ist er schon vorbei. *No worries*.
Machen Sie sich nicht verrückt. Echt nicht. Was bringt's?

5

Sun's out = guns out. *Guns* ist der Bizeps, doch es genügt auch,
das Gesicht in die Sonne zu halten. Nachdem Sie Sonnencreme
mit Lichtschutzfaktor 50 aufgetragen haben, versteht sich.
Schließen Sie die Augen, strecken Sie die Nase in den Himmel,
und erleben Sie das Gefühl von warmer Sonne auf der Haut.
Und alle Sorgen werden nichtig und klein ...

BRUTTO-
NATIONALGLÜCK

Bruttonationalglück (BNG)
ist die Philosophie, nach der die Regierung und das
Volk in Bhutan handeln. Gemeinsames Glück und
Wohlbefinden haben dort einen höheren Stellenwert als wirtschaftlicher Gewinn. Praktiziert wird
diese Lebenseinstellung in Bhutan schon lange, der
Begriff jedoch wurde 1972 geprägt, als König Jigme
Singye Wangchuck einem Journalisten von *The Fi-
nancial Times* sagte: «Bruttonationalglück ist wichtiger als das Bruttonationaleinkommen.» Seitdem hat
Bhutan Richtlinien erarbeitet, in denen der Wohlstand anhand der spirituellen, physischen, sozialen
und ökologischen Gesundheit der Bürger und der
Umwelt bemessen wird.

BHUTAN

Die Luft ist frisch, der Himmel weit, und die Berge, die sich davor erheben, sind so hoch, dass sie in den Wolken verschwinden. Das kleine Land im Himalaya, in dem die Kühe noch über die Straße laufen, zählt nur 750 000 Einwohner und ist dennoch still und leise dabei, die Welt zu verändern.

Bis 1962 hat es in Bhutan weder Straßen noch Schulen gegeben, keine Krankenhäuser und auch keine nationale Währung. Erst der dritte König, Jigme Dorji Wangchuck, der auch «der Vater des modernen Bhutan» genannt wird, hatte damit angefangen, die Infrastruktur auszubauen, ehe er die Regentschaft 1972 an seinen Sohn übergab. König Jigme Singye Wangchuck, der vierte König, trat schon als Teenager in die Fußstapfen – besser gesagt: in die *tshoglham* (traditionelle bhutanische Stiefel) – seines Vaters und machte es sich umgehend zur Aufgabe, sein Land endgültig in die Moderne zu führen. Auf bhutanische Art.

Glück, Wohlbefinden und Karma zu propagieren hat in Bhutan, das seit ungefähr 700 v. Chr. buddhistisch ist, eine lange Tradition. «Wie die Berge gehören auch Barmherzigkeit und Altruismus seit jeher zu dem Land», sagt Passang, der Freund eines Freundes aus Paro, der Stadt, die als einzige des Landes einen internationalen Flughafen besitzt. Kein Begriff ist für die meisten Einwohner Bhutans so wichtig wie *ga-kyid* – darin stecken *ga* (Glück) und *kyid*, was so viel bedeutet wie «Frieden». «Aber», so Passang, «der Begriff ist mehr als seine wörtliche Bedeutung, denn er beschreibt das Wohlbefinden auf spiritueller, ökologischer, sozialer und wirtschaftlicher Ebene.» Zwei alte Weisheiten veranschaulichen, worauf es in Bhutan schon immer ankam: «Es gibt keinen Weg zum Glück, der Weg ist das Glück.» Und:

«Glück basiert auf Vertrauen, und Vertrauen ist umsonst.» Damit ist Bhutan lange ganz gut gefahren, neu hinzu kamen jetzt Krankenhäuser, Schulen und Straßen, mit denen man zur Weisheit gelangen kann.

Als König Wangchuck IV. 1972 an die Macht kam, wollte er das Werk seines Vaters als Modernisierer fortsetzen, aber auf jeden Fall die typischen Konsumfallen und die damit verbundenen Probleme vermeiden, die er in anderen Ländern beobachtet hatte. Die Richtung, in die der Rest der Welt ging, gefiel ihm nicht. Dass bedeutete jedoch keine Abschottung seines Königreichs, vielmehr versuchte er, gegen die erbarmungslose Jagd nach Profit auf Kosten des menschlichen Wohlbefindens anzugehen, indem er *ga-kyid* propagierte – und dabei eine Balance zwischen Alt und Neu anstrebte.

«Mit dem Begriff ‹Bruttonationalglück› formalisierte Wangchuck die Ideale und das Glaubenssystem, nach denen das bhutanische Volk so lange gelebt hatte», sagt Tsewang, der aus Thimphu, Bhutans Hauptstadt, stammt. «Und gleichzeitig sorgte er dafür, dass die Vorzüge der traditionellen Art zu leben trotz moderner Technologien nicht verlorengingen.» Ende der 1990er Jahre öffnete sich Bhutan dann für Fernsehen und Internet und machte auch vor *WrestleMania*, indischen Seifenopern, und dem Schokoriegel Kit Kat keinen Halt – Letzterer erfreute sich sofort großer Beliebtheit, während weiterhin traditionelle Vorstellungen hochgehalten wurden. 2005 dankte König Wangchuck IV. auf dem Zenit seiner Beliebtheit ab, um (angeblich) sein persönliches Glück in einem Baumhaus auszuleben, und ließ seinen Sohn Jigme Khesar ans Ruder. Der neue König Wangchuck V. begleitete zu Beginn seiner Regentschaft die Demokratisierung seines Landes, und 2008 wurde BNG als offizielles Ziel der Regierung in die Verfassung von Bhutan aufgenommen, während der Rest der Welt gerade zusammenbrach.

Mitten in Zeiten wachsender sozialer Ungleichheit, ökologischen Verfalls und des Bankencrashs in allen wirtschaftsstarken Staaten wurde Bhutans alternativer Denkweise zum ersten Mal Aufmerksamkeit zuteil. 2011 rief Ban Ki-moon, der damalige Generalsekretär der UNO, die Mitgliedsstaaten auf, dem Beispiel Bhutans zu folgen und Glück und Wohlbefinden zu messen. Glück bezeichnete er dabei als «fundamentales menschliches Ziel». Im darauffolgenden Jahr traf der UNO-Generalsekretär den Premierminister Bhutans, Jigme Thinley, um mit ihm über eine Strategie zu beratschlagen, wie man Bhutans BNG-Index bekannt machen und das weltweite Wohlbefinden steigern könne. Denn das Faszinierende ist: Es funktioniert!

Sowohl das Gesundheits- als auch das Bildungssystem sind in Bhutan für jeden Bürger umsonst zugänglich und gut ausgebaut, weil beide als wichtige Teile des BNG-Programms erachtet werden. Damit hat sich die Lebenserwartung verdoppelt, und alle Kinder Bhutans können mindestens die Grundschule besuchen. «Die Kinder lernen Bruttonationalglück schon in der Schule, es ist fester Bestandteil des Lehrplans», sagt Tsewang. «Dabei ist es nicht nur eine akademische Idee, sondern allen Menschen wichtig.» Alle zwei Jahre wird von einem Think-Tank der Regierung eine Studie durchgeführt, bei der jeder Bürger nach seinem Leben und seiner Zufriedenheit gefragt wird. Eine BNG-Kommission bemisst dann das Wohlbefinden anhand von neun «Schlüsselindikatoren» für ein glückliches Leben: psychologisches Wohlbefinden; Gesundheit; die Verwendung der Zeit; Bildung; kulturelle Vielfalt und Widerstandsfähigkeit; eine verantwortungsvolle politische Führung; eine lebendige Gemeinschaft; Lebensstandard; ökologische Vielfalt. Denn nicht zuletzt die Umwelt liegt den Bhutanern am Herzen.

Alle wirtschaftlichen und politischen Entscheidungen werden auf die BNG-Kriterien hin geprüft, um festzustellen, welchen Effekt sie auf die Umwelt und die Gesellschaft als Ganzes haben, unabhängig vom finanziellen Gewinn. Daten des

Happiness Research Institute zufolge gibt es einen eindeutigen Zusammenhang zwischen Nachhaltigkeit und Lebensglück, und das European Social Survey fand heraus, dass Menschen mit Umweltbewusstsein bei Angaben zur allgemeinen Lebenszufriedenheit höhere Werte erzielen.

Nicht nur Tsewang macht Grünsein glücklich, es ist eine nationale Grundhaltung, die sofort auffällt, wenn man zum ersten Mal ins Land kommt. «Besucher sagen, dass sie nirgendwo sonst auf der Welt so üppige Wälder und intakte Landschaften gesehen haben», berichtet Tsewang, «und das ist Teil des BNG.» Bhutan ist eins der wenigen Entwicklungsländer, bei denen Nachhaltigkeit im Zentrum des politischen Programms steht und die zugesichert haben, kohlenstoffneutral zu bleiben. Zudem will man sicherstellen, dass *mindestens* 60 % der Landmasse mit Wald bedeckt bleiben – für immer (im Moment sind es noch 70 %). Hier wächst und gedeiht alles so gut, dass sogar der Indische Tiger aus Indien nach Bhutan flüchtete, weil ihm zu Hause die Lebensgrundlage zerstört wurde. Abholzung für den Export ist verboten, und mit einem monatlichen «Fußgängertag» versucht Bhutan, die Benutzung von Privatfahrzeugen einzuschränken. Tsewang berichtet, dass Bhutan kürzlich das Angebot, der Welthandelsorganisation (WTO) beizutreten, abgelehnt hat, weil das bedeutet hätte, einen Zugang zu Bhutans Wäldern und weiteren natürlichen Ressourcen zu gewähren. Und das wäre mit den BNG-Zielen für die Umwelt nicht vereinbar gewesen! Bhutan lehnte auch McDonald's und sein Geld dankend ab – zum Schutz des bhutanischen Taillenumfangs. «Aber Kit Kat gibt es nach wie vor», gesteht Tsewang, auch wenn die Regierung im Moment versucht, ungesunde Importe zu reduzieren und mit «Biologisches 2020» als Ziel für gesunde Essgewohnheiten wirbt.

«Es ist ein *Prozess*», meint Tsewang. «Die Menschen müssen eine ungesunde Phase durchlaufen, um eigene Erfahrungen zu sammeln. Denn gesagt zu bekommen, was man tun soll, macht viele nicht glücklich.» Und bei BNG geht es ums Glück für alle. «Wir sind keine individualistische Gesellschaft. Bei uns wird alles gemeinsam gemacht, die Privatsphäre ist nicht so wichtig wie in anderen Kulturen. Eigentlich gibt es gar keine Privatsphäre!» Dafür aber auch nur sehr wenig Einsamkeit, denke ich, und sogleich gibt Tsewang Einblick ins soziale Leben: «Unter Umständen schlafen bei uns 20 Personen in einem Raum, und mit weiteren 20 sitzt man beim Frühstück zusammen.» Und er bekennt: «Ich finde es toll! Auf diese Weise teilen wir unsere begrenzten Ressourcen, und wir haben das Gefühl zusammenzugehören. Teilen ist Liebe.»

Dennoch ist Bhutan kein Paradies, für viele ist der Alltag beschwerlich und von harter, körperlicher Arbeit zu harschen Bedingungen geprägt. Nach wie vor spielen Männer und Frauen eine sehr ungleiche Rolle in der Gesellschaft, und bei den Nomaden im Hochland ist Polygamie noch immer nichts Ungewöhnliches, um mehr Kinder zum Viehhüten zu zeugen. Was ich persönlich nicht besonders lustig finde.

Auch der Einzug der Moderne verlief natürlich nicht ganz problemlos. Angefangen mit dem Fernsehen in den 1990ern, hätten die Technologien sehr wohl einen Bruch markiert (siehe *WrestleMania*), gibt Tsewang zu, und einige der circa 60 verschiedenen Dialekte Bhutans, die nur von kleineren Gruppen gesprochen werden, sind inzwischen vom Aussterben bedroht, während Englisch und Dzongkha (die Nationalsprache) die Oberhand gewinnen. Allerdings sind durch neue Technologien wie WeChat (die chinesische Messaging- und Social-Media-App) umgekehrt einige Dialekte wieder zum Leben erweckt worden, indem sich im Netz Gruppen gebildet haben, die ihre Kenntnisse austauschen. Und wer nicht lesen oder schreiben kann, was in einigen Gemeinschaften nach wie vor der Fall ist, hat nun die Möglichkeit, per Videochat zu kommunizieren. Bhutans Premier- und der Bildungsminister haben sich darüber hinaus für MINT-Projekte in den Schulen eingesetzt, um Technik, Ingenieurs- und Naturwissenschaften sowie Mathematik zu fördern. So lernen Kinder in Bhutan, selbst Computer und Drohnen zu bauen. «Wir haben sogar unser eigenes MIT-Labor», ergänzt Tsewang stolz.

Mit dem BNG sollen zudem wertvolle Teile des kulturellen Erbes erhalten werden. «Wenn du krank bist, kannst du dir aussuchen, ob du mit traditioneller oder konventioneller Medizin behandelt werden möchtest. Sogar im Krankenhaus», erzählt Tsewang. Während die westliche Medizin nur die Krankheit behandelt, sieht die traditionelle Medizin den Menschen als Ganzes. «Es ist also gut, beides zu haben», meint er, und diese Meinung teilt er mit vielen seiner Landsleute, selbst wenn es nicht immer leicht ist, Alt und Neu zu kombinieren. «Wir sind ein Land am Scheideweg, hier treffen traditionelle und moderne Denkweisen aufeinander. Wir müssen uns darüber Gedanken machen, woher wir kommen und wohin wir gehen wollen. Und wir müssen unseren Mitmenschen weiterhin mit Barmherzigkeit begegnen.»

Dennoch bilden sich die Bhutaner nichts ein auf ihr BNG. Sie behaupten nicht, glücklich zu sein, sind jedoch entschlossen, daran zu arbeiten. «Der Buddhismus sagt, dass wir in diesem Leben alle auf einer Reise sind, und wie auch immer wir uns hier und jetzt verhalten – gut oder schlecht –, es wird sich auf unsere Zukunft auswirken. Nicht nur in diesem Leben, sondern auch im nächsten, wenn wir wiedergeboren werden», unterstreicht Passang. In Bhutan gehe man davon aus, dass jemand, der ein stressfreies und erfülltes Leben führt, damit für ein vorheriges Leben belohnt wird – und umgekehrt. Wegen des Karmas. «Wenn du stiehlst oder lügst, aber teure Anwälte hast, kommst du nach konventionellem Recht wahrscheinlich damit durch. Das Karma hingegen lässt dir keine Ruhe», sagt Tsewang, was das karmische Prinzip einfacher und zugleich fortschrittlicher als jede konventionelle Denkweise erscheinen lässt. Das Karma erinnert die Menschen stets daran, dass ihre derzeitige Inkarnation vergänglich ist. «In Bhutan sieht man viel Leid und Tod, aber wir haben uns damit ausgesöhnt», meint Passang. Der Tod habe damit seinen Schrecken verloren, niemand fürchte ihn. Deshalb verwundert es nicht, dass Krematorien als Stätten der Erinnerung an die Vergänglichkeit dieses Lebens mitten im Zentrum der Dörfer und Ortschaften liegen. «Wenn jemand gestorben ist, weiß man das bereits aus fünf Kilometern Entfernung», sagt Tsewang. «Man sieht den Rauch aus dem Ofen aufsteigen, und Kinder machen sich gegenseitig darauf aufmerksam. Der Kreislauf des Karmas ist in Bhutan immer präsent.» Wer im Tempel betet, wird dazu aufgefordert, auf die Knie zu gehen und «sein Ego zu parken», um offen zu sein fürs Lernen und für die Inspiration.

Übrigens vermittelt auch die Landschaft Bhutans Demut. Die riesigen Berge lassen die Menschen wie Zwerge erscheinen und erinnern sie allein durch ihre schiere Größe daran, wie unbedeutend wir sind – nur ein winziger Teil in einer weiten und unberechenbaren, von vielen «Arten» bevölkerten Welt. «Unser ultimatives Ziel ist es, im Einklang mit der Natur zu leben», erläutert Tsewang. «Wir glauben, dass alle Tiere unsere Brüder und Schwestern sind, Kinder und Eltern in einem anderen Leben, deshalb kümmern wir uns um sie.» Dazu passt das Sprichwort aus Bhutan: «Wir haben die Erde nicht von unseren Eltern geerbt, sondern nur von unseren Kindern geliehen.» Ein bemerkenswerter Blick auf die Welt und eine Lehre für uns alle!

WIE MAN NACH BNG-MASSSTÄBEN LEBT

1

Üben Sie sich in Barmherzigkeit. Wenn Sie mal wieder von einem Kollegen genervt oder kurz davor sind, einem Familienmitglied eine Socke ins Gesicht zu schleudern, weil die Unterwäsche nicht im Wäschekorb liegt, nur so als Beispiel («IN den Wäschekorb, nicht daneben!») …, machen Sie sich beim nächsten Mal bewusst, dass andere auch Sorgen haben und Sie wahrscheinlich nicht absichtlich in den Wahnsinn treiben.

2

Stellen Sie Ihr Ego hintenan. Was wäre, wenn Sie unvoreingenommen an die Dinge herangingen und bereit wären, von allen und allem zu lernen? Wollte der Hund/Busfahrer/nervige Kollege Ihnen vielleicht die ganze Zeit etwas sagen?

3

Leben Sie so umweltbewusst wie möglich. Fangen Sie noch heute an, den natürlichen Weg zu gehen und auf sich selbst achtzugeben. Damit sowohl Sie als auch die Natur die Chance auf ein Morgen haben.

4

Stellen Sie Zufriedenheit über finanziellen Wohlstand. Forscher der San Francisco State University haben bewiesen, dass etwas zu erleben wesentlich größere Befriedigung verschafft, als Dinge zu kaufen und anzuhäufen, die wir ohnehin nicht brauchen.

5

Denken Sie daran: Es gibt keinen Weg zum Glück, der Weg ist das Glück. Gute Reise also!

SAUDADE

Saudade, «Sau-DAH-dsche» ausgesprochen, das Substantiv beschreibt ein Gefühl der Sehnsucht, Melancholie und des wehmütigen Erinnerns an ein vergangenes Glück – unter Umständen sogar eines Glücks, das nie mehr als ein Hoffen gewesen war. Der älteste schriftliche Nachweis des Begriffs befindet sich in einer Gedichtsammlung aus dem 13. Jahrhundert, der *Cancioneiro da Ajuda*. Breitere Verwendung fand er im 15. Jahrhundert, als sich portugiesische Schiffe auf den Weg nach Afrika und Asien machten und die Daheimgebliebenen den Seefahrern nachweinten. Im 16. Jahrhundert wurden die Portugiesen dann Kolonialmacht in Brasilien, und die dort Angekommenen benutzten das Wort, wenn sie an die ferne Heimat dachten. Heute gilt *saudade* sowohl für das portugiesische als auch für das brasilianische Temperament als charakteristisch.

BRASILIEN

Brasilien, das Land des Karnevals, Fußballs und der Paranüsse, nennt außerdem ein ganz besonderes Gefühl sein Eigen, das die Abwesenheit von Glück beschreibt: *Saudade* ist ein Begriff von so anmutiger Schönheit, dass man bei der Verwendung unweigerlich in Verzückung gerät, denn er impliziert ein grundlegend menschliches Gefühl. Und er passt sehr wohl in dieses Buch, da schon der dänische Philosoph Søren Kierkegaard im 19. Jahrhundert wusste: Melancholie und Schwermut haben durchaus ihren Reiz. Wissenschaftler bestätigten diese Behauptung später immer wieder. So fanden Forscher der University of New South Wales in Sydney heraus, dass Traurigkeit den Blick fürs Detail schärfen kann und Menschen ausdauernder und großzügiger handeln lässt. Die meisten von uns werden das bittersüße Gefühl melancholischer Momente kennen – wenn man alte Fotos anschaut und in Erinnerungen schwelgt oder wenn man an jemanden oder etwas denkt, der oder das nicht (mehr) da ist. Wer das Trauern und Bedauern komplett ausblendet, der *lebt* nicht. Man weiß das Licht nur zu schätzen, wenn man auch den Schatten kennt. Genau deshalb ist *saudade* relevant.

Während das Wort anfangs für den Aufstieg und Fall des Königreichs Portugal stand, beschrieb es später ganz allgemein den Kummer, wenn jemand zu einer langen Reise aufbrach und daheim schmerzlich vermisst wurde. Doch um zu verstehen, welche Bedeutung *saudade* schließlich in Brasilien erlangte, muss man sich in die Menschen hineinversetzen, die oft gegen ihren Willen in dieses fremde Land kamen ... Bis heute ist Brasilien der einzige Staat in Südamerika, in dem Portugiesisch gesprochen wird, und eine entsprechend große Rolle spielt *saudade*.

Oft schwingt mit, dass das, wofür man nostalgische Gefühle hegt, nicht mehr wiederkehren wird. Manuel de Melo, ein portugiesischer Schriftsteller aus dem 17. Jahrhundert, schreibt, *saudade* sei «eine Freude, die man erleidet, und ein Leiden, an dem man sich erfreut». Dieses spezielle Gefühl inspirierte im Laufe der Zeit auch viele Maler, weshalb es zahlreiche bekannte Bilder gibt, auf denen dieses spezielle Gefühl veranschaulicht wird: ein Vater, der aufs Meer hinausschaut und nicht weiß, ob sein Sohn je zurückkehren wird; eine Witwe, die Schwarz trägt, weil die Liebe ihres Lebens auf einem havarierten Schiff ums Leben kam; oder Kinder, die ohne Vater aufwachsen, weil dieser deportiert wurde.

«Es ist die Sehnsucht nach etwas oder jemandem, das oder den du nicht mehr hast, aber nach wie vor liebst – sei es etwas zu essen, das Wetter, ein Ort, an dem du gelebt hast, oder eine Person», bestätigt Danielle, die aus Fortaleza im Nordosten des Landes stammt. Heutzutage gibt es einen spielerischen Streit, ob *saudade* Brasilien oder Portugal «gehört», doch was das Ausmaß und Leiden angeht, hat Brasilien eindeutig die Nase vorn. Ein großer Teil seiner Bevölkerung stammt von portugiesischen Siedlern ab, ein beträchtlicher Teil aber auch von afrikanischen Sklaven, von denen die meisten einen Bantu-Hintergrund (Mittel- und Südafrika) haben oder aus Westafrika stammen. Insgesamt ist Brasiliens Geschichte unübersichtlich und leidvoll.

Selbst nachdem die Sklaverei im 19. Jahrhundert verboten wurde, zwang die wirtschaftliche Not viele, ihr Heimatdorf und die Menschen, die sie liebten, zu verlassen.

Durch die Jahrhunderte des Mangels hat sich *saudade* so fest in die brasilianische Psyche eingebrannt, dass dem Weltschmerzgefühl mit einem offiziellen Tag gedacht wird: Am 30. Januar eines Jahres wird der *Dia da Saudade* begangen. Man hört nostalgische Musik und liest gemeinsam Gedichte und Geschichten, die Menschen und Orte in den Mittelpunkt stellen, die mit *saudade* in Verbindung gebracht werden.

«Es ist, wie ‹ich liebe dich› und ‹ich vermisse dich› zusammen, nur viel größer, es ist alles», erläutert Danielle. «Für mich ist *saudade* die nachhallende Erinnerung an jemanden oder etwas, mit dem du wirklich gern in Verbindung warst. Und auch wenn du jetzt traurig bist, denkst du gern an die Zeiten zurück und bist dankbar, sie erlebt zu haben.» *Saudade* kann auch das Gefühl beschreiben, etwas oder jemanden zu vermissen, das oder der noch existiert, aber es nicht mehr wie früher ist – so wie eine Liebe, die man (leichtfertig) ziehen ließ. Stellen Sie sich vor, Sie wären noch immer mit Ihrer ersten Freundin oder Ihrem ersten Freund zusammen. Wie wäre das Leben dann? Eine seltsame Vorstellung, oder? Ein bisschen wie bei Schrödingers Experiment mit der Katze. *Vielleicht* hätte die Beziehung funktioniert, aber sie hätte ebenso gut scheitern können. Die berauschende, alles beherrschende Lust, in der es nur das Verlangen nach dem anderen gibt und man sich fühlt wie auf Wolke sieben, hätte nicht anhalten können. Oder doch?

Wer weiß, ob der Funke noch überspringen würde, wenn Sie sich heute wiederbegegnen würden. Vielleicht ist der andere nicht mehr dieselbe Person. Sie selbst sind es bestimmt nicht mehr. Und *vielleicht* war es gut, dass Sie damals auseinandergingen. Genauso könnte die Witwe am Kai in den alten *saudade*-Bildern plötzlich herausfinden, dass ihr Mann überlebte, sich aber vollkommen verändert oder gar eine andere Frau kennengelernt hat. Oder ein heimwehkranker Seemann kehrt nach langer Reise nach Hause zurück, wo sich seine große Liebe jedoch längst einem anderen zugewandt hat. Oder seine Eltern sind verstorben, selbst seine Stadt ist nicht mehr dieselbe. Vielleicht beschleicht ihn dann das Gefühl, dass alles, wonach er sich noch vor Tagen auf See gesehnt hat, ihm nichts mehr bedeutet. In *saudade* steckt eben auch Widersprüchliches – oder vielmehr etwas sehr Komplexes. Es geht darum zu begreifen, dass einige Verluste unvermeidbar sind und dass das okay ist.

Psychologen stimmen zu, dass diese Art zu denken ihren Wert hat. Es ist gesund anzuerkennen, dass Traurigkeit dazugehört und dass es in Ordnung ist, wenn nicht alles in Ordnung ist. Wenn wir akzeptieren, dass eine gewisse Menge Leid im Leben normal ist, hilft es uns, damit klarzukommen. Das bedeutet keineswegs, dass uns etwas weniger wichtig ist – wir sollen trauern und uns saudade voll hingeben –, doch dann geht das Leben weiter. *Saudade* befriedigt unsere emotionalen Gelüste. Kein Wunder, dass sich so viele Künstler des Themas angenommen haben. Auch Musiker haben sich inspirieren lassen. Hervorzuheben sind hier vor allem die Bossa-Nova-Komponisten von João Gilberto über Vinicius de Moraes bis hin zu Tom Jobim, aus dessen Feder das berühmte *Chega de Saudade* stammt. Das Lied habe für sie eine besondere Bedeutung, erzählt Danielle. «Mein Mann hat es mir vorgespielt, als er mich dazu bringen wollte, mit ihm auszugehen.» Offensichtlich hat es funktioniert, sie freut sich auf ihr erstes Kind. «Dieses Lied ist melancholisch», sagt sie, während wir es uns gemeinsam auf YouTube anhören, «aber angenehm melancholisch. Und ein Gegengewicht zu der manchmal überdrehten brasilianischen Karnevalsstimmung.»

Saudade wird auch als Anwesenheit des Abwesenden beschrieben – ein bisschen wie die Sehnsucht. «Man kann unter Tausenden von Menschen sein, aber die Person, die du dir in dem Moment an deiner Seite wünschst, fehlt», beschreibt es Danielle. Dennoch sei das kein Grund, in Selbstmitleid zu ertrinken. «*Saudade* ist der Moment, in dem dir bewusst wird, wie wichtig dir bestimmte Leute sind und die Zeit, die du mit ihnen verbringst. Etwas, das du bislang vielleicht für selbstverständlich erachtet hast», erklärt sie weiter. *Saudade* lässt dankbar werden für das, was man hat – und führt gleichzeitig vor Augen, dass es im nächsten Moment vorbei sein kann. Diese Auffassung von Glück existiert seit Jahrtausenden. Schon der Stoiker Seneca empfahl, man solle sich regelmäßig vorstellen, alles zu verlieren, damit man wertzuschätzen lerne, was man habe. Im Rest der Welt scheint diese nützliche Lehre jedoch irgendwie verlorengegangen zu sein. Negative Gefühle und Gedanken – selbst jene, die sich am Ende als hilfreich erweisen können – werden mit «zu viel zu tun» und «hab heute Morgen wohl noch nicht genug Kaffee gehabt» unterdrückt. Nicht so in Brasilien und Portugal. «*Saudade* lässt uns intensiver fühlen», schwärmt Danielle, «Trauriges und Schönes. Und es erinnert uns daran, zu feiern, was wir haben. Deshalb sind wir stets zum Tanzen aufgelegt, stets bereit zu lieben, und unsere Lieben sind uns stets willkommen.»

Gastfreundschaft ist in Brasilien heilig, und Danielle erzählt mir, dass sie Verwandte hat, die zweimal am Tag staubsaugen, nur für den Fall, dass jemand zu Besuch kommen könnte. «Gute Freunde sieht man jede Woche. *Mindestens* einmal, weshalb wir immer etwas mehr zu essen im Haus haben,

um sie gegebenenfalls jederzeit zur nächsten Mahlzeit einladen zu können.»
Die erste Frage, die ein Brasilianer stellt, nachdem er die Tür geöffnet hat, ist
fast immer: «Hast du was gegessen?» Im Land des Karnevals überrascht es
nicht, auf einen Menschenschlag mit einem herzlichen Charakter zu treffen.
Das Klima trägt sicher seinen Teil dazu bei. Auch kennen Brasilianer keine
Berührungsängste, im wahrsten Sinne des Wortes. Eins meiner Lieblings-
wörter im Portugiesischen ist *cafuné*, was das zärtliche, liebevolle Berühren des Haars oder des Kopfes des anderen beschreibt und sich wie eine
Massage anfühlt. *Aconchego*, Wärme, gefällt mir ebenfalls. Gemeint ist die
emotionale Wärme, wenn man jemanden umarmt oder willkommen heißt.
«Wir berühren uns ständig. Wir sind da sehr offen», bekennt Danielle, während sie sich selbst umarmt. Menschliche Berührung setzt Oxytocin frei, das
«Kuschelhormon», das Wohlbefinden schafft. Neurowissenschaftler halten
es für das beste Mittel gegen Einsamkeit. Doch das ist noch nicht alles. «Wir
sind auch schneller als wahrscheinlich der Rest der Welt dazu bereit, uns zu
freuen», analysiert Danielle. Ein schönes Beispiel dafür ist das karnevaleske
Wort *desbundar*, das so viel bedeutet wie «leg deine Hemmungen ab und
amüsier dich».

Der Karneval beginnt im Januar. In Rio ist er am größten, doch laut Danielle «wird er eigentlich überall gefeiert», und die Leute tanzen am helllichten
Tag auf der Straße, fügt sie hinzu. «Und tun sie es nüchtern?», erkundige ich
mich. «Größtenteils ja!» Wow.
Tanzen setzt nicht nur Endorphine frei (wie Bewegung
überhaupt), eine Studie der
University of Hertfordshire
hat gezeigt, dass es zudem unser
Selbstbewusstsein stärkt. «Für uns
in Brasilien ist es wie eine Art Kathar-

sis. Wenn wir auf diese Weise aus uns herausgehen, sind wir entspannter», erklärt Danielle, «und genauso ist es mit *saudade*. Nur so schaffen die Leute es, an den zahlreichen Problemen nicht zu zerbrechen.» Eines dieser Probleme ist sicher die Regierung, Korruption ist hier an der Tagesordnung. «Die Menschen haben auch lange Arbeitszeiten, die soziale Ungleichheit ist frappierend, die Arbeitslosenzahlen sind hoch – deshalb lernen wir von Anfang an, mit weniger zufrieden zu sein», meint Danielle. Familie und Freunde zu sehen, wann immer es geht, sei das Wichtigste für sie. Und an sie zu denken, wenn sie nicht (mehr) da sind, sei ein Weg, ihnen Ehre zu erweisen und gleichzeitig Gefühle loszuwerden, positive und negative.

Mir gefällt die Vorstellung, das Glück zu feiern – vergangenes und gegenwärtiges. *Saudade* kommt mir vor wie ein Liebesbrief an Verlorenes, ein notwendiges Innehalten, um sich nicht unterkriegen zu lassen, und eine Hilfe, um sich bewusst zu werden, wer wirklich wichtig ist und was wir uns erträumen. Egal, wie es ausgeht. Ich zum Beispiel vermisse meinen Großvater. Und einen alten Freund, dem ich nie mehr so nahe sein kann, wie ich es mir wünschen würde. Ich trauere um beide. Gleichzeitig bin ich dankbar, dass sie für eine Zeit Teil meines Lebens waren. Und jetzt, da ich an sie denke, würde ich mich am liebsten heulend in eine Ecke zurückziehen. Aber danach habe ich vielleicht Lust zu tanzen ...

WIE MAN *SAUDADE* ERLEBEN KANN

1

Hören Sie sich *Chega de Saudade* an, um in Stimmung zu kommen.
Wenn Sie den melancholisch-nostalgischen Effekt noch verstärken wollen,
besorgen Sie sich die Musik auf Vinyl.

2

Schauen Sie sich alte Fotos von Freunden an, zu denen Sie
den Kontakt verloren haben, oder von der oder dem Ex, für die
Sie noch Gefühle hegen, weshalb Sie sich wünschten,
sie oder er gehöre noch zu Ihrem Leben.
Anstatt Ihre Gefühle zu unterdrücken, geben Sie sich
der Sehnsucht und Nostalgie einfach hin.

3

Nehmen Sie sich Zeit, an Verflossene oder Tote zu denken,
und versuchen Sie dann, ein wenig dankbarer für all diejenigen
zu sein, die Sie noch um sich haben.

4

Gönnen Sie sich einen ganzen Tag, um *saudade* zu zelebrieren.
Die Brasilianer tun das am 30. Januar, Sie können es auch an jedem
anderen Tag tun. Sehen Sie sich alte Filme an, hören Sie Musik, die Sie
an vergangene Zeiten erinnert, und lesen Sie alte Liebesbriefe.
(An alle Millennials: E-Mails und Textnachrichten tun's auch.)

JOIE DE VIVRE

Joie de vivre heißt, eine überschäumende, begeisterte Lust am Leben zu haben. Verewigt wurde der in Frankreich seit dem späten 17. Jahrhundert verwendete Begriff von Émile Zola in seinem 1883 veröffentlichten Roman *Die Lebensfreude*. Seitdem hat *joie de vivre* in der gesamten französischsprachigen Welt einen fast religiösen Status erlangt. Doch niemand hat die Idee so sehr verinnerlicht wie die Kanadier, die damit ihr Nationalgefühl beschreiben.

KANADA

Oh Kanada! Land der Elche, des Ahornsirups, meiner Schwiegermutter und Justin Trudeaus – wir preisen dich. Nicht nur für deine Bären, Bieber, berittene Polizei und meine Schwiegermutter (obwohl, für die natürlich auch ...), sondern für deine unanfechtbare *joie de vivre*. Das Land, in dem sich 36 000 000 Menschen auf 9 000 000 Quadratkilometer verteilen, kann mit mehr als ausreichend Platz für alle auftrumpfen. Darüber hinaus hat der gesellschaftlich liberalere Nachbar der USA den Ruf, ein «nettes» Land zu sein. Seit die UNO den *World Happiness Report* 2012 zum ersten Mal veröffentlichte, rangiert Kanada unter den zehn glücklichsten Nationen – dank einer ordentlichen Portion *joie de vivre*.

«Wir sind in allen Lebensbereichen mit Glück gesegnet», sagt Mélanie, die Freundin einer Freundin aus Montréal. «Wir haben gutes Essen, gute Freunde, gute Jahreszeiten – und *joie de vivre* ist der Begriff, mit dem das Lebensglück der Kanadier beschrieben wird.» Besonders präsent ist *joie de vivre* in Québec, der französischsprachigen Provinz, die nach einer in der Zeitschrift *Canadian Public Policy* veröffentlichten Studie offiziell der glücklichste Teil des insgesamt glücklichen Landes ist. Die Québecer sind so zufrieden mit ihrem Leben, dass Québec, wäre es ein eigenständiges Land, bei den internationalen Rankings bei der Lebenszufriedenheit – nach Dänemark – an zweiter Stelle stünde. «Das liegt daran, dass wir Franzosen sind», erklärt Mélanie, «aber nicht *französische* Franzosen.» Und das ist ein entscheidender Unterschied.

Ganz ehrlich: Die meisten französischen Franzosen, die ich kenne – so wunderbar sie auf ihre Art auch sein mögen –, sind nicht wie in dem Film *Amélie*. Der einzige französische Mensch, der mir je begegnet ist und aus diesem Film entsprungen sein könnte, heißt tatsächlich Amélie und beschreibt sich selbst als «die letzte französische Französin, die es gibt». Obgleich ich sehr frankophil bin und seit ewigen Zeiten jedes Jahr in Frankreich arbeite und Urlaub mache, finde ich die Aussicht, dort auf unzählige Serge-Gainsbourg-Doubles zu treffen, eher deprimierend. (Welche andere Nation würde schon einen Orgasmus als «kleinen Tod» beschreiben?) Wahrscheinlich hat ein kanadischer Freund recht, der behauptet: «Québec ist voll von Franzosen, die für Frankreich zu glücklich waren ...» Wenn es also um *joie de vivre* geht, hat eindeutig Kanada die Nase vorn *(pardonnez-moi)*.

Den ersten Hinweis, woran es liegen könnte, liefert die kanadische Infrastruktur. Hohe Steuern verteilen das Vermögen, um das soziale Gefälle so gering wie möglich zu halten und obendrein ein kostenloses Gesundheits- und ein großartiges Bildungssystem zu finanzieren. Zudem fängt das soziale Sicherheitsnetz die Bürger auf, wenn sie einmal ins Straucheln geraten. Es herrscht weitgehend religiöse Toleranz, und Kanada war das erste Land außerhalb Europas, in dem die gleichgeschlechtliche Ehe legalisiert wurde. Eine anständige Elternzeit und Justin Trudeau, der bekanntermaßen ein geschlechtergerechtes Kabinett berief, als er an die Macht kam («da wir 2015 haben», so Trudeau), machen Kanada überdies zu einem guten Ort für Frauen.

«Kanada ist auch ein sehr sicheres Land», sagt Mélanie. «Die Kriminalitätsrate ist niedrig, die Waffengesetze sind streng. Schießereien wird es hier deshalb normalerweise nicht geben.» Vielen mag das nebensächlich erscheinen, weil sie es für selbstverständlich erachten. Doch für einen Nachbarstaat der USA ist es eindeutig ein erwähnenswertes Plus, dass nicht in nahezu jedem Haushalt Waffen zu finden sind. «Wir haben keine

Angst», führt Mélanie weiter aus. «Was bedeutet, dass wir das Leben besser genießen können.» Brad, ein Kollege eines Freundes aus Montréal, stimmt zu: «Man kann überall nachts um drei Uhr zu Fuß unterwegs sein, ohne sich Gedanken machen zu müssen, und ich kann mich nicht erinnern, wann ich das letzte Mal jemanden erlebt habe, der ausgerastet ist.»

Auf Vielfalt zu bauen, scheint einer der Schlüssel zum Erfolg zu sein, und Kanada setzt seit langem auf Inklusion. 2015 hat Justin Trudeau am Flughafen persönlich syrische Flüchtlinge begrüßt und geholfen, warme Wintermäntel zu verteilen. (Ich finde ihn toll, schon gemerkt?) Multikulturalismus wird regelmäßig als eine der größten Leistungen Kanadas gepriesen, und die Fähigkeit, das Anderssein als etwas positiv Besetztes zu sehen, gehört zur Identität. «Wir sind weniger individualistisch geprägt als die USA», analysiert Mélanie, «zusammenzustehen ist für uns wichtig, und jeder soll sich willkommen fühlen. Wir sind ein kulturelles Mosaik», sagt sie über ihre Heimat. «Für die meisten Kanadier ist eine vielfältige Gesellschaft etwas wirklich Schönes, etwas, das unsere *joie de vivre* noch steigert.»

Der in Ottawa geborene Philosoph John Ralston Saul beschreibt Kanada als ein «weiches» Land mit einer flexiblen Identität, die sich von den festgefahrenen, patriarchalischen Identitäten in anderen Ländern deutlich unterscheidet. *Hallo, USA!* Er argumentiert, dass das kanadische Denken stark von den Vorstellungen der First Nations, der Ureinwohner, zum Thema

Gleichheit beeinflusst ist, ebenso wie die Haltung, lieber zu verhandeln, als mit Gewalt vorzugehen (damit geht auch eine generelle Abneigung gegen Konflikte einher). Statt die Werte der Ureinwohner zu unterdrücken, übernahm man sie. Natürlich ist auch Kanada mit Herausforderungen konfrontiert – denn, so singt die Kanadierin Avril Lavigne, die Dinge sind *complicated*. Trudeau wurde kritisiert, weil er Pipelines für Öl durch das Land der First Nations und ihre Fischgründe genehmigte, obwohl viele Ureinwohner damit einverstanden waren. Heute gibt es in Kanada offiziell 634 indigene Völker, und das Land ist ethnisch so vielfältig und multikulturell wie kaum ein zweites – Letzteres auch aufgrund einer aktiv geförderten Einwanderung. «Die meisten Kanadier finden das gut», meint Mélanie, «denn wir alle profitieren von vielfältigen Ideen und Meinungen.» Auch in der Wirtschaft hat sich Diversität als sinnvoll erwiesen. Und durch ein breitgefächertes Bankensystem traf die Finanzkrise von 2008 das Land deutlich weniger hart als andere.

«Im Vergleich zum Rest der Welt sind die Leute in Kanada viel hilfsbereiter, wenn etwas schiefgeht», sagt Brad und erklärt, dass ein stark ausgeprägter Gemeinschaftssinn verbunden mit individueller Freiheit für ein hohes Maß an Vertrauen sorge, «ohne dass die Privatsphäre beeinträchtigt wird». Kanadier halten Ihnen die Tür auf, helfen, wenn Sie verloren wirken, und packen bei Bedarf mit an – dabei bleiben sie stets herzlich und gut gelaunt.

Außerdem sind sie unfassbar höflich. So hat mein Mann einem unserer kanadischen Freunde mehrfach die gleiche Geschichte erzählt, ohne es selbst zu merken. Unsere Kinder gehen in denselben Kindergarten, wir wohnen zehn Minuten voneinander entfernt, und seine Frau und ich mögen beide gern Cava und lernen (mühsam) gemeinsam Stand-up-Paddling. Wir sehen uns also ziemlich häufig ... Dennoch war Mr. Kanada zu höflich, um meinen Mann auch nur ein einziges Mal zu unterbrechen und ihm zu verstehen zu geben: «Langsam reicht's! Ich weiß inzwischen, wie es war, als es so kalt wurde, dass der Fjord zufror! Du erzählst es mir jedes Mal, wenn wir uns sehen! Was angesichts der Tatsache, dass unsere Kinder denselben Kindergarten besuchen, wir fast nebeneinanderwohnen und unsere Frauen beide gern Cava trinken und mit Mühe gemeinsam Stand-up-Paddling lernen, ziemlich häufig ist.» Stattdessen lächelt der Freund, hebt nicht ganz überzeugend die Augenbrauen und ruft einmal mehr: «Erstaunlich!»

Jedes Mal wieder ...

«Wir sind ziemlich respektvoll», bestätigt Mélanie, «das heißt, wir würden dich nicht auf jede Kleinigkeit aufmerksam machen, die uns vielleicht nicht passt. Wir würden einfach darüber hinwegsehen, damit die Stimmung weiter gut bleibt.» *Merk ich mir.* Und «gute Stimmung» ist etwas, worin den Leuten aus Québec so schnell niemand etwas vormacht. «Québecer kann man bei einem Geschäftsessen immer daran erkennen, dass sie anfangen, lauter zu reden, wenn sie etwas trinken», klärt mich Mélanie auf. «Das ist wahrscheinlich das Europäische in uns! Wir sind gut darin, das Leben zu genießen.» Für Québecer steht *joie de vivre* an erster Stelle, während Lebensfreude für den Rest des Landes nur der viertwichtigste Wert ist – das fand Kanadas größtes Meinungsforschungsinstitut Leger data heraus. «Wir feiern gern und freuen uns daran, mit anderen Leuten zusammmen zu sein», bestätigt Mélanie. «Wir gehen viel aus, auch mit unseren Kindern und trotz eines fordernden Jobs. Bei uns gibt es Restaurants aus aller Welt, und im

Sommer besuchen wir Festivals.» Montréal gilt als *die* Festivalstadt Kanadas. Es gibt dort mehr als 80 im Jahr, und sie sind so unterschiedlichen Themen gewidmet wie Jazz, Feuerwerk, Blumen und Film. Öffentliche Veranstaltungen zu besuchen und regelmäßig zu feiern fördert das Wohlbefinden und schafft ein Zusammengehörigkeitsgefühl. Beides spielt für das Glück und *joie de vivre* eine entscheidende Rolle.

«Wir sind auch sehr gern draußen», führt Mélanie weiter aus, «und die vier klar voneinander zu unterscheidenden Jahreszeiten ermöglichen uns zahlreiche Aktivitäten wie Skilaufen, Wandern und Radfahren, was ebenfalls zu einem gesunden, zufriedenen Leben beiträgt.» Wenn man draußen aktiv ist, werden nicht nur Endorphine ausgeschüttet, es ist laut einer Harvard-Studie auch gut für die mentale Gesundheit. Und ein besseres Beispiel für *joie de vivre*, als die Natur um uns herum bewusst wahrzunehmen, gibt es kaum.

Auch einige Sportarten lassen das Herz der Kanadier höherschlagen, allen voran Eishockey. Nichts freut sie mehr als ein gutgespielter Puck. Der Sport wurde in Montréal entwickelt, wo 1875 das erste Spiel unter einem Hallendach stattfand. Seitdem ist es um die Kanadier geschehen. «Wir lieben unser Hockey eben», gibt Mélanie unumwunden zu, als ich sie zu dem Klischee befrage. Der Sport wird so eifrig verfolgt, dass bisweilen der Start von Flügen verschoben wird, weil die Passagiere eh nicht einsteigen würden, ohne am Bildschirm mitverfolgt zu haben, wer gewonnen hat. Eishockey verbindet und sorgt für Gesprächsstoff an der Kaffeemaschine, egal, welches Team man unterstützt. Man braucht das Wort nur zu erwähnen, schon zaubert man ein Lächeln ins Gesicht der meisten Kanadier. Die andere nationale Leidenschaft, die als Sport im weitesten Sinne gelten kann, ist Kanu-Sex. «Als Kanadier weiß man, wie man ‹es› in einem Kanu macht», wird der verstorbene kanadische Schriftsteller und Gesellschaftsreporter Pierre Berton zitiert. Obgleich es keine Statistik dazu gibt, ist es für viele Kanadier offenbar etwas, das man unbedingt einmal erlebt haben muss. Insgeheim suchen sie den Kick, bleiben dabei aber stets höflich und offen – und haben Justin Trudeau. Ich weiß, es reicht langsam.

In Québec zu leben macht Brad «extrem glücklich», und er lässt mich wissen, dass er keinerlei Pläne habe, dieses «Paradies» Kanadas in absehbarer Zeit zu verlassen. Brad ist ein Mann, der weiß, was er vom Leben will: Er arbeitet hart, treibt viel Sport, und sein E-Mail-Konto schickt eine automatische Antwort, die jeden vor Neid erblassen lässt, der noch an der Optimierung seiner persönlichen Work-Life-Balance arbeitet:

Beste Grüße, Brad
*Bitte beachten: Ich checke meine E-Mails jeweils um 12:30 Uhr und 18:00 Uhr (nur werktags).

Wir alle sollten uns ein Beispiel an Brads Haltung nehmen, gleichzeitig netter zueinander sein und aktiver werden. Wir sollten uns mehr Zeit für Unternehmungen mit lieben Menschen nehmen. «Es sind einfache Dinge, aber uns machen sie glücklicher», sagt Mélanie, «und bei *joie de vivre* geht es vor allem um eine positive, offene Denkweise.» Niemand weiß, wann wir sterben müssen, deshalb sollten wir versuchen, uns am Leben zu erfreuen. So gut es geht. Jetzt gleich!

WIE MAN KANADISCHER WIRD
UND SEINE *JOIE DE VIVRE* FINDET

1

Werden Sie höflicher. Bitte. Danke.

2

Aber seien Sie entschlossen, wenn es um Ihre Work-Life-Balance geht.
(Stellen Sie Ihr E-Mail-Konto unverzüglich auf «Automatische Antwort» um.)

3

Gehen Sie raus in die Natur und bewegen sich. Machen Sie sich bewusst,
wie erstaunlich wir Menschen sind und wie wunderbar die Natur.

4

Verabreden Sie sich. Kanadier jedenfalls machen enge Bindungen
zu Familie, Freunden und Kollegen glücklich.

5

Seien Sie offen für neue Bekanntschaften, und feiern Sie die Vielfalt.
Unterschiedliche Stimmen können uns nur bereichern.

6

Sie sind noch immer nicht überzeugt? Googeln Sie das Video über
Justin Trudeaus Wahlkampfkampagne, in dem er sich selbst über sein
Canadian political hair lustig macht (oder mein persönlicher Favorit:
«Justin Trudeau tattoo» *nein, SIE WERDEN ROT ...*).

XINGFU

Xingfu, «schiung-fu» ausgesprochen, ist ein Substantiv und beschreibt einen Status des Zufriedenseins. Darin stecken *xin*, Mandarin für «glücklich», und *fu*, was «gerade ausreichend zum Leben haben» heißt. Denn mit *xingfu* ist keineswegs «gut gelaunt» gemeint (anders etwa als das englische *happiness*, das sowohl «Lebensglück» als auch «Fröhlichkeit» bedeutet), sondern ein auskömmliches, nachhaltiges und sinnhaftes Leben. Der Begriff geht auf die Han-Dynastie zurück, die zweite Dynastie des chinesischen Kaiserreichs, die von 206 v. Chr. bis 220 n. Chr. regierte.

CHINA

Wei legt den Pinsel ab, schiebt sich die Brille hoch und tritt einen Schritt zurück, um sein Werk zu betrachten: zahlreihe dicke schwarze Linien, die er zuvor äußerst kontrolliert und präzise auf das weiße Papier gesetzt hat. Diese moderne Form der chinesischen Kalligraphie oder *line work*, wie Wei es nennt, ist wunderschön anzusehen und wirkt zugleich meditativ. Und sich damit zu beschäftigen ist für Wei *xingfu*.

«*Xingfu* heißt Sinn und Ziel und hat eine tiefere Bedeutung als das Wort ‹glücklich›», erklärt Wei und presst dabei die Handflächen auf die Brust. Wie durch ein Wunder schmiert er dabei keine Farbe auf sein Stehkragenhemd. Während in vielen Kulturen Glück mit Genuss oder schnellen, flüchtigen Gefühlen verbunden ist, stellt *xingfu* «deine Lebenslage» dar, wie Wei es formuliert. Wir treffen uns an einem nassen Montag in einer ehemaligen Spinnerei in Dänemark, die einer Reihe von Kreativen Raum zum Arbeiten bietet. Wei erzählt, wie er für sein eigenes *xingfu* China gegen eine Designschule in Dänemark eintauschen musste, wo er nun lebt und arbeitet. «Ich wollte bei meiner Arbeit kreative Erfüllung erfahren und merkte, dass mir in China etwas fehlte, um das zu erreichen.» Und dann hat er sich ausgerechnet *Dänemark* ausgesucht?, merke ich an, wo zudem die Steuern immens hoch sind ... Er lächelt. «*Xingfu* kann man nicht mit materiellen Dingen erreichen.» Wie gut. «Natürlich bedarf es für *xingfu* einer gewissen finanziellen Grundlage – also genug, um Essen und Miete zahlen zu können. Außerdem brauche ich Farbe.» Er zeigt auf die Metallbehälter mit dem glänzenden schwarzen Lack, die ich nicht aus den Augen lasse, seit ich in seinem Atelier bin, weil ich Angst habe, sie umzustoßen. «Aber hier war der Ort, an dem ich das, was für mich *Sinnhaftigkeit* ist, leben kann.» Studien belegen, dass uns das Gefühl, etwas Sinnhaftes zu tun, glücklicher machen kann, und Wissenschaftler des University College in London fanden heraus, dass Sinnfindung womöglich sogar unsere Lebenserwartung erhöht.

Xingfu ist ein altes Konzept, das einige rein chinesische Wertesysteme beinhaltet. Um den Begriff in seiner Originalsprache Mandarin – 幸福 – zu verstehen, frage ich einen Experten. John ist der Kollege eines Freundes aus Shenzhen und praktiziert traditionelle chinesische Kalligraphie. Er ist nicht nur sehr nett, sondern auch so geduldig, mir als Laiin den Aufbau der chinesischen Schriftzeichen im Wort *xingfu* zu erklären. «Eigentlich ist es Folter», warnt er mich.

Okay, John, jetzt mal ganz langsam!

Wir alle fühlen uns doch manchmal so, aber John meinte es tatsächlich wörtlich: «Das Zeichen für *xing* 幸 bedeutet ‹Folter› oder ‹Strafe› und beschreibt eine Apparatur, die an Kopf, Hals oder Fuß angesetzt wird.» *Schöne Aussichten.* «Wenn aber ein Kaiser oder eine andere mächtige Person dir verzeiht, dir also die Folter erlässt, kannst du dich ‹glücklich› schätzen. Also bedeutet *xing* oder 幸 im modernen Mandarin ‹Glück›.»

Das Symbol für *fu* – 福 – besteht aus drei Bildern: «Auf der linken Seite ist Kleidung dargestellt», erklärt John. «Oben rechts befindet sich ein Mund, der für etwas Essbares steht. Darunter ist Ackerland zu sehen, das Gittermuster deutet die einzelnen Felder an. Mit *fu* wird also ausgedrückt, dass alles in Ordnung ist, solange du Kleidung, etwas zu essen und Ackerland hast.» Und das alles wird nun mit einem Zeichen zusammengebracht, das – sofern man sich der Folter entziehen kann – für glücklich sein steht, mutmaße ich. «Genau!» John wirkt froh, dass ich es zu kapieren scheine. «Also bedeutet *xingfu*, alles Notwendige zu haben, was man zum Leben braucht, und außerdem etwas Glück. Denn einige Dinge liegen jenseits deines Einflussbereichs», fasst John zusammen.

Es ist der «langfristige Blick» aufs Glück, um den es bei *xingfu* geht.

Manchmal läuft es gut, dann wieder nicht so sehr, was aber zählt, ist, *wie* es insgesamt läuft. Damit hebt sich der Begriff von *kāixīn* oder *kuàilè* ab, womit in Mandarin das vergängliche Glück oder das kurzfristige Hoch beschrieben werden. *Xingfu* ist weniger eine Achterbahnfahrt als ein ungefähr 80 Jahre dauernder Gewaltmarsch, sollten wir Glück haben, so alt zu werden. Wir können uns überlegen, wie unser eigenes *xingfu* wohl aussehen könnte, erzwingen lässt es sich jedoch nicht. «Man kann *xingfu* nicht systematisch verfolgen, weil es nicht nur etwas Äußeres ist», erklärt Wei. Neben einem Grundstock an Geld, um zu überleben (und Farbe zu kaufen), und guten Beziehungen zu anderen Menschen gibt es noch andere Variablen – gewisse persönliche Wünsche und Begierden etwa. «Selbst Menschen, die ihre ‹Ziele› schon erreicht haben, sind nicht unbedingt so weit, ein *xingfu*-Leben zu führen, denn ihre Wünsche und Begierden werden immer stärker», so Wei. Oder, wie John es formuliert: «Glück ist, was du besitzt, geteilt durch das, was du erwartest.»

Nehmen wir uns einen Moment, um zu überlegen, an welcher Stelle unseres Körpers wir uns diesen Satz tätowieren lassen werden – und/oder ob wir vielleicht ein T-Shirt mit diesem Spruch in Auftrag geben. Wofür Sie sich auch entscheiden, John hat es auf den Punkt gebracht: Wenn Sie Millionär sind, aber lieber Milliardär wären, werden Sie nicht glücklich. Ihr *xingfu* besteht aus einem angemessenen materiellen Besitz plus realistischen Erwar-

tungen, die nicht zu hoch und nicht zu niedrig sind. Deshalb muss *xingfu* von innen heraus angegangen werden und berücksichtigt das, was bereits in uns schlummert.

Früher war *xingfu* relativ klar definiert: Über ein Basiseinkommen war alles zum Leben Notwendige abgedeckt, und man war zufrieden damit, ein wenig Zeit dafür zu haben, um sich über den Sinn des Lebens Gedanken zu machen und ihm nachzuspüren. «Typische chinesische Eltern wollten, dass ihr Kind gut isst, einen krisensicheren Job bekommt und eine solide Ehe mit Haus und Kindern führt. Das war's. Das war genug», erklärt Wei. Traditionell wurden die chinesischen Wertvorstellungen und Ideen von Glück von drei Weltanschauungen beeinflusst: dem Konfuzianismus, dem Taoismus und dem Buddhismus.

Konfuzius (551–479 v. Chr.) war der chinesische Lehrer, Politiker und Philosoph des Humanismus, der Wissen förderte und für die Vorstellung eintrat, dass jeder einem Weg folgen sollte, der dem großen Ganzen diene. Der Taoismus dagegen predigt das einfache Leben, die Bedeutung der natürlichen Ordnung der Dinge sowie das Yin und Yang, in dem die Welt als Abfolge entgegengesetzter und sich doch ergänzender Kräfte gesehen wird. Und dann ist da noch Buddhas Lehre, «das Leiden der Wiedergeburt zu beenden und die Weisheit daraus zu ziehen, echte Wahrheit im Leben zu sehen», wie Wei es formuliert. Ich sage Wei, dass ich diesen metaphysischen Cocktail recht anspruchsvoll finde, um damit aufzuwachsen, und er nickt ernst und wirkt auf einmal müde, als würde ihn die Last der Traditionen niederdrücken. Dann schiebt er seine Brille abermals hoch und sagt: «So war es jedenfalls früher.» Inzwischen haben sich die Zeiten geändert.

«Mit dem Fall des traditionellen und dem Aufstieg des neuen China wollen sich viele Leute von anderen abheben und besser sein», sagt Wei. «Sie meinen, immer mehr zu brauchen.» Was sich auf ihr *xingfu* nicht unbedingt positiv auswirkt. «Es gab in China zahlreiche gute traditionelle Werte, die aber während der Kulturellen Revolution zerstört wurden», klagt Wei. Es wird geschätzt, dass 30 000 000 Menschen auf teilweise grausame Weise in dieser Zeit ihr Leben verloren haben. «Nicht alles war vor der Revolution gut», so Wei, «aber auch abgesehen von den vielen Toten wird den Menschen langsam bewusst, dass einige wichtige Werte abhandengekommen sind – und *xingfu* im modernen China bedroht ist.» Jedes Mal, wenn Wei in seine fünf Stunden nördlich von Peking gelegene Heimatstadt zurückkehrt, trifft er Freunde, von denen die meisten sehr viel arbeiten, um «mehr» von allem zu haben, und deshalb niemals innehalten, um zu überlegen, was sie tatsächlich erfüllt. «Sie denken nicht darüber nach, was in ihrem Leben wirklich zählt», sagt er. Eine hohe Inflation, besonders bei Immobilienpreisen, hat zur Folge, dass der Wunsch, ein Haus zu besitzen, den Weis Eltern noch als ein vollkommen normales Grundbedürfnis angesehen haben (als Teil ihres *xingfu*), für viele inzwischen außer Reichweite ist. Was ja auch für viele andere Großstädte auf dieser Erde gilt, denke ich. «In Peking ist es extrem teuer geworden, ein Haus zu kaufen», erklärt Wei, «unter Umständen spart man ein ganzes Leben dafür. Vergeblich.» Doch es gibt Hoffnung.

Inzwischen ist es so schwer, sich Eigentum aufzubauen, dass es eine Rückbesinnung auf ein einfacheres Leben gibt. «Es geschieht langsam, aber China ist neuen Ideen gegenüber inzwischen offener als zuvor. Junge Leute reisen, schauen, wie es in anderen Teilen der Welt aussieht, und erleben dort eine andere Lebensweise.» Das ist in Weis Augen gut. «Vielleicht schlägt das Pendel nun wieder zurück, und die traditionellen Werte und *xingfu* gewinnen für junge Chinesen neu an Bedeutung.»

Yolanda aus Shanghai erzählt mir, sie sei mit der Vorstellung aufgewachsen, dass sie, um ein «gutes Leben» führen zu können, sehr gute Noten in der Schule haben müsse, um später eine Chance auf einen «vernünftigen

Job» zu haben, auf ein Haus und eine Familie, und infolgedessen «glücklich» sein könnte. Das sieht ihr Sohn ganz anders. «Während es uns vor allem darum ging, nicht aufzufallen, sind die jungen Leute heute stolz auf ihren eigenen Charakter und wollen sich bewusst von der Masse absetzen», erklärt sie. «Sie sind nicht bereit, den Anweisungen ihrer Eltern und Lehrer einfach zu folgen, sondern äußern ihre Meinung und hinterfragen Dinge.» Das bedeutet, dass die nächste Generation bessere Voraussetzungen hat, ihr *xingfu* unabhängig von den Erwartungen der Eltern oder der Gesellschaft zu finden. Die Millennials werden womöglich weniger materialistisch sein als die Generationen vor ihnen, während sie sich durch Instagram und Snapchat scrollen, um zu sehen, wie die Menschen anderswo auf der Welt leben. Wird es ausgerechnet die «Generation Snowflake» sein, die uns am Ende rettet? Wer weiß ...

Zurück im Studio des Kalligraphen Wei in Dänemark, betrachten wir gemeinsam seine neueste Kreation: ein großformatiges Werk mit breiten Pinselschwüngen, auf die kurze Striche folgen, und das alles ist in einer fortlaufenden Linie angeordnet. Auf mich wirkt es insgesamt sehr harmonisch. Als ich ihn frage, was er damit ausdrücken will, fragt Wei zurück: «Was glaubst du denn?» Ich hasse so was und gestehe, dass ich es gernhabe, wenn Kunst einen aussagekräftigen Titel hat. Darauf antwortet der Künstler, er gebe seinen Werken grundsätzlich keine aussagekräftigen Titel. Tja, Wei ist *so* Zen. Dennoch bin auch ich eigenartig gelassen, nachdem ich mich mit ihm unterhalten und eine Einführung in *xingfu* erhalten habe. Obwohl ich mich zuvor mit kotzendem Nachwuchs herumplagen musste, eine Auseinandersetzung mit meinem Mann um Kaffee hatte (ja, nicht nur beim, sondern auch *um* Kaffee) und zudem der Bildschirm meines iPhones gesprungen war (das sicher in Shenzhen hergestellt wurde), fühle ich mich erstaunlich gut. Und schaue dabei auf eine Reihe von Formen und Mustern, die ich buchstäblich nicht verstehe ... Es ist fast so, als würde durch Weis Werk etwas von seiner außergewöhnlichen Ruhe auf mich abstrahlen. Als ich mich anschicke zu gehen, verabschiedet er mich noch mit einer kleinen Weisheit des Buddhas: «Wenn wir uns mit dem zufriedengeben, was wir haben, und stets großzügig, barmherzig, tolerant und im Sinne eines größeren Ganzen handeln, dann werden wir den Sinn in unserem Leben und damit den Weg zu unserem Glück finden. Das ist *xingfu*.» Ergriffen atme ich aus.

ANLEITUNG FÜR *XINGFU*

1

Machen Sie es wie Wei, und malen oder zeichnen Sie.
Oder fangen Sie an zu gärtnern. Entscheidend ist, etwas zu tun,
wobei man fühlen und etwas erleben kann, ohne als Erstes an den
Intellekt zu denken. Für die Logik ist die linke Seite unseres Gehirns
zuständig, die rechte hingegen für Kreativität und Kunst.
Gönnen Sie der linken Hälfte mal eine Pause.

2

Suchen Sie den buddhistischen Mönch in sich und ziehen Sie
sich zurück, um Ruhe zu finden und einen neuen Blick einzunehmen.
Oder für eine Weile einfach nur zu «sein».

3

Sobald Sie bereit sind, die linke Gehirnhälfte wieder einzuschalten,
denken Sie darüber nach, was Sie wirklich wollen.
Nicht über die *Dinge*, die Sie haben wollen,
sondern über das *Leben*, das Sie sich wünschen.
Notieren Sie sich die einzelnen Schritte, die Sie gehen müssen,
um Ihre Reise – Ihr *xingfu* – zu beginnen.

PURA VIDA

Pura vida (reines Leben) heißt, sich eine optimistische Grundhaltung zu bewahren und sich auch von widrigen Umständen nicht unterkriegen zu lassen. Es ist ein Begriff, der Costa Rica und *los ticos* (die Einwohner) treffend beschreibt. Er kann als Begrüßung verwendet werden («Hi! Hast du *pura vida*?»), zur Verabschiedung («Hat mich gefreut, dich zu sehen, *pura vida*!»), als Ausdruck der Anerkennung («Das war *pura vida*!») sowie als Lebensmantra. Der Begriff stammt von dem gleichnamigen mexikanischen Film aus dem Jahr 1956. Als er in Costa Rica in die Kinos kam, wurde sein Titel schnell zum inoffiziellen Motto des Landes.

COSTA RICA

Spiegelglatte See, der Sonnenuntergang sieht aus wie auf die Wasseroberfläche gemalt. Im weißen Sand schimmern Krebse, so klein, dass sie auf eine Fingerkuppe passen, und Blumen in allen erdenklichen Farben verströmen ihren Duft in der Sommerluft. Das ist Costa Rica. Und das ist *pura vida*. «Es sind die Landschaft, die Aussicht, die Gemütslage. Es ist Glück pur», sagt Ana, eine Freundin aus San José, die nicht weit von mir entfernt in Dänemark lebt. Sie macht gerade schwere Zeiten durch, aber wenn sie über ihre Heimat spricht, beginnen ihre Augen zu leuchten. *«Pura vida* heißt, ‹alles ist gut›», erläutert sie und erzählt von ihrer letzten Reise nach Hause, als immer die Sonne schien und sie das Gefühl hatte, alle Zeit der Welt zu haben, um das Leben zu genießen. Sie berichtet von den Vormittagen, die sie mit unfassbar gutem Kaffee am Strand verbracht hat, von Wanderungen im Wald am Nachmittag, bei denen sie Affen, Aras, Tapire und Laubfrösche beobachtete. Ich beschließe, dass wir alle nach Costa Rica umziehen müssen. Auf der Stelle. Oder zumindest eine Recherchereise für dieses Buch dorthin unternehmen sollten. Dabei war das noch nicht einmal alles. Ich erfahre, dass die Dichte der Artenvielfalt in keinem Land der Erde so groß ist wie in Costa Rica, wo es 500 000 einzigartige Tier- und Pflanzenarten gibt und wo die Regierung zugesagt hat, ein Viertel des Landes zum Naturschutzgebiet zu erklären, um die Artenvielfalt noch zu erhöhen. Zudem lebt man in Costa Rica sehr umweltbewusst. Seit 2015 werden 99 % des Stroms aus erneuerbaren Energien produziert.

«Wir leben auch ziemlich gesund», sagt Ana. «Bei uns gibt es so viele frische Lebensmittel. Und wir sind die ganze Zeit draußen, alle schwimmen, surfen oder wandern – wir sind sehr aktiv», schwärmt sie. Dank gesunder Ernährung und viel Bewegung fühlen sich ihre Landsleute besser als viele derjenigen, die die reichsten Länder dieser Erde bewohnen. Einem anthropologischen Konzept zufolge befinden sich die *Ticos* in der sogenannten *blue zone*, weil ihre Lebenserwartung höher ist als anderswo auf der Welt, was auf den Lebensstil und die Umgebung zurückgeführt wird. Und das alles auch, weil sie mehr Grünzeug essen? «Nun, wenn du gesünder lebst und mehr auf dich achtest, bist du insgesamt zufriedener», sagt Ana überzeugt. «Und das ist *pura vida*.»

«Alle haben ein Leben außerhalb der Arbeit», fährt Ana fort. «Zeit, mit Freunden und Verwandten zu verbringen, ist für jeden Costa Ricaner sehr wichtig.» Sonntag ist übrigens «Omatag», an dem man seine Großmutter besucht («Ob man sie mag oder nicht!»), und wer keine Familie in der Nähe hat, schafft sich eben eine Ersatzfamilie aus Freunden. «Freunde sind wie eine Familie, die man sich aussucht», erklärt Ana, «und wir sind sehr offen für Freundschaften. Wenn du einen *tico* triffst, fängt er gleich an, freundlich mit dir zu reden. Beim zweiten Mal wirst du schon umarmt, Pläne werden geschmiedet und tiefschürfende Gespräche geführt. Ab dann sind wir sozusagen Freunde fürs Leben.»

Ana erzählt mir auch, wie sie auf ihrer letzten Reise in die Heimat sehr spontan einer ihrer früheren Lehrerinnen eine Nachricht geschickt hat, einfach weil sie Lust hatte, mit ihr Kontakt aufzunehmen. (Lehrer werden in Costa Rica verehrt ...) «Ich habe sie immer gemocht, trotzdem haben wir uns seit 25 Jahren nicht gesehen. Aber sie hat sich an mich erinnert und gleich gemeint: ‹Oh ja, wir müssen uns unbedingt treffen!›» Und so geschah es. Die beiden haben zusammen zu Abend gegessen, und anschließend wurde Ana zu ihrer am folgenden Tag stattfindenden Geburtstagsfeier eingeladen. Und die ehemalige Lehrerin bestand darauf, dass Ana beim nächsten Mal, wenn sie in der Stadt wäre, bei ihr übernachten müsse. «Das ist in Costa Rica nicht ungewöhnlich», versichert Ana. «Wir fühlen uns miteinander verbunden, egal, wie lange wir uns nicht gesehen haben. Wenn ich jemanden mag, dann steht ihm mein Haus offen.»

Für *Pura vida* muss man sein Herz ein wenig weiter öffnen, als es viele

Nordeuropäer gewohnt sind. «Das bedeutet: ‹Wir lieben dich und sind auf deiner Seite, egal, was passiert›», sagt Ana. So können *ticos* eine erweiterte Familie haben, die nur aus Freunden besteht und doch mit ihnen durch dick und dünn geht. «Das ist ein ziemlich schönes Gefühl – zu wissen, dass man Freunde hat, die alles für dich tun würden», schwärmt Ana, und ich glaube ihr. «Das ist der lateinamerikanische Charakter. Wir sind von Natur aus leidenschaftlich!» Beim Reden gestikuliert sie wild mit den Händen. Dann scheint sie sich plötzlich daran zu erinnern, dass wir in einem skandinavisch minimalistisch eingerichteten Coworking-Space in Dänemark sitzen. Sie zügelt sich ein bisschen und fügt leiser hinzu: «Wir sind in Costa Rica nicht besonders gut darin, uns zu bremsen, Zurückhaltung kennen wir eigentlich nicht, für Skandinavier ...» An dieser Stelle hält Ana inne, ehe sie taktvoll zusammenfasst: «Sagen wir so, daheim ist das Leben lauter, fröhlicher und *entspannter* als anderswo.»

Es gibt ein Sprichwort, nach dem Lateinamerikaner nicht durchs Leben gehen, sondern tanzen, und Costa Ricaner bilden keine Ausnahme. «Was super ist, auch wenn das Tanzen manchmal nicht angemessen ist», meint Ana. *Pura vida* tue nämlich ihren Landsleuten in der Arbeitswelt nicht immer gut. «Es gibt wenig Struktur, und die ‹Costa-Rica-Zeit› ist berüchtigt. Zwei Stunden zu spät zu kommen ist normal, was Ausländer wahnsinnig macht.» Für Costa Ricaner ist Unpünktlichkeit kein Zeichen dafür, dass man den anderen nicht achtet, man ist nur zu gechillt, um sich nach der Uhr zu richten. «Die *ticos* sind fast stolz darauf», so Ana. «Viele finden, dass nicht zuletzt diese Eigenschaft unseren Charme ausmacht, nach dem Motto: Wir haben unsere eigene Zeit! *Pura vida* bedeutet eben auch, dass wir die Dinge manchmal ein wenig zu locker sehen.»

Das Land plagen aber noch größere Probleme. 20 % der Bevölkerung leben in Armut, und die Jugendarbeitslosigkeit liegt bei rund 25 %. Kaum eine Stadt in Lateinamerika ist so verschmutzt wie Costa Ricas Hauptstadt San José, trotz des Engagements für den Umweltschutz. «Die Straßen sind schlecht, und das Autofahren gleicht einem Extremsport», bekennt Ana. «Aber wir sind zu entspannt, um etwas dagegen zu unternehmen. Stattdessen denken wir nur: So ist das eben. Costa Rica ist ein überwiegend katholisches Land, und ich glaube, das spielt eine Rolle, warum *pura vida* so ausgeprägt ist und wir bei vielem so locker sind», analysiert Ana. «Es gibt die Überzeugung, dass, ‹wenn etwas sein soll, es auch so sein wird›, es sozusagen ‹Gottes Wille› ist – und es ohnehin keinen Unterschied macht, was wir tun.»

In einigen Belangen beziehen Costa Ricaner jedoch sehr wohl Stellung. Trotz der entspannten Grundhaltung haben sie eine genaue Vorstellung davon, was für ein Volk sie sein wollen, und oft werden sie als «die glücklichen Rebellen Lateinamerikas» beschrieben. Das Militär wurde 1948 von Präsident José Figueres, einem überzeugten Pazifisten, aufgelöst, weil er der Meinung war, der Staat könne sein Geld sinnvoller für Bildung und Gesundheit ausgeben. Und er behielt recht. Seit 1949 leben die Costa Ricaner friedlich in einer Demokratie. Die Alphabetisierungsrate ist hoch, eine fast flächendeckende Gesundheitsversorgung und die blühenden Landschaften locken jährlich Millionen von Besuchern aus aller Welt an. Die Abschaffung des Militärs hatte auch Auswirkungen auf das Denken der Bevölkerung, deren Sicht auf die Welt und den Umgang mit Konflikten sich dadurch geändert hat. «Wir sind stolz darauf, Bürger eines Landes zu sein, das auf eine Armee verzichtet», meint Ana, «und wir merken, dass man auch mit demokratischen Mitteln und durch Verhandlung zum Ziel kommt.»

Pura vida heißt, das Leben gut gelaunt zu genießen, was normalerweise damit einhergeht, es locker und leicht zu nehmen. «Sobald jedoch Freunde in Schwierigkeiten sind, deren Freiheit und *pura vida* bedroht sind, kommt unser lateinamerikanisches Temperament durch, und wir gehen auf die Barrikaden. Wir verlassen unsere Hängematte und zeigen Haltung», so Ana. «Wie im April 2018, als mehr Menschen wählen gingen als sonst, um ihre Stimme für Carlos Alvarado Quesada abzugeben, der in der Stichwahl einen Erdrutschsieg gegen den rechtskonservativen Fabricio Alvarado Muñoz erzielte. Letzterer hatte sich unter anderem gegen die gleichgeschlechtliche Ehe ausgesprochen. «Wir haben den Ruf, entspannt zu sein, und so ist es auch, aber wenn wir das Gefühl haben, dass etwas nicht richtig ist, tun wir was dagegen.» Die Suche nach der Sinnhaftigkeit hat sich als wichtig für das persönliche Wohlbefinden erwiesen, und die bedingungslose Treue, die *pura vida* im Kern ausmacht, hilft den Costa Ricanern dabei.

Diese Kombination aus cooler Nonchalance, einem hohen Stellenwert der Familie (ob biologisch oder selbst gewählt) und idealen Bedingungen, nicht zuletzt, weil man das ganze Jahr über Zeit in einer herausragenden Natur verbringen kann – das bedeutet für die *ticos* Glück oder *pura vida*. Diese Haltung erinnert an Aristoteles' Idee von *eudaimonia*, was am besten mit «Erfüllung» oder «Zustand der Zufriedenheit» übersetzt werden kann und letztlich nichts anderes heißt, als gesund und glücklich zu sein. Wissenschaftler sprechen heute von «erlebtem Glück» oder «einer positiven Gefühlslage». Ana formuliert es so: «In Costa Rica reden wir nicht viel übers Glück, wir *leben* es einfach.» *Pura vida*, das Herzstück dieser Lebenseinstellung, ist der ideale Mix aus allgemeiner Unbekümmertheit, sozialem Gewissen und Umweltbewusstsein. Auch wenn wir nicht alle auswandern können in das sonnige Land der Laubfrösche, Schildkröten und Lehrer, die sich auch noch Jahrzehnte später für uns interessieren (insgeheim hoffe ich ja nach wie vor, dass mich Anas Familie adoptiert), können wir doch versuchen, uns das, was *pura vida* ausmacht, auch anderswo zu eigen zu machen.

ANLEITUNG FÜR *PURA VIDA*

1

Versuchen Sie, öfter mal zu entspannen. Leichter gesagt als getan?
Verbringen Sie mehr Zeit mit Menschen, bei denen Sie sich
gut erholen können und die es nie eilig haben.
Lassen Sie sich von ihnen ihr Geheimnis erzählen ...

2

Genießen Sie die Natur und Ihre Umgebung.
Sie sind kein Outdoor-Mensch? Kein Problem: Ich wette,
auch ganz in der Nähe findet sich ein interessanter Käfer
oder eine krabbelnde Ameise, die Sie bewundern können.

3

Leben Sie nach *tico*-Zeit (wenn auch besser nicht an
einem Arbeitstag), und erfahren Sie, wie anders es sich anfühlt,
nicht auf die Uhr zu schauen.

4

Kümmern Sie sich um Ihre Freunde, und stehen Sie
für sie ein. Bleiben Sie gelassen, bis die Zeit gekommen ist,
um voll aufzudrehen.
Denn *pura vida* gibt's für alle.

ARBEJDSGLÆDE

Arbejdsglæde, «Arbeits-
gläde» ausgesprochen, ist ein Substantiv, das die dänische Einstellung zur Arbeit zum Ausdruck bringt.
Wörtlich übersetzt bedeutet es so viel wie «Arbeits-
glück» oder «Arbeitszufriedenheit» – etwas, das
für Skandinavier unerlässlich für ein gutes Leben
ist. Einen derartigen Begriff gibt es ausschließlich
in den nordischen Ländern, als würde das Konzept
nirgendwo anders gelten.

DÄNEMARK

Mein Nachbar, nennen wir ihn Lars, damit es weder für ihn noch für mich peinlich wird, ist ein Lehrer Mitte 40 mit silbergrauem Haar, der ein Selbstbewusstsein an den Tag legt, als wäre er halb so alt. Lars arbeitet angeblich Vollzeit, dennoch sieht man ihn jeden Tag irgendwann zwischen 9:00 und 15:00 Uhr eine große Runde laufen, egal, bei welchem Wetter. Nach dem anschließenden Stretching setzt er sich auf die Stufen vor seinem Haus, belohnt sich mit einer Zigarette und lässt die Welt an sich vorbeiziehen. Das weiß ich, weil ich, wenn ich von meinem Schreibtisch aufblicke, durch ein Fenster schaue, durch das ich täglich die Welt und Lars vorbeiziehen sehe. Lars ist auch jemand, der im Winter gern mal eine Schneeballschlacht mit dem nächstbesten Passanten anfängt. Im Sommer ist er regelmäßig in unserem Garten anzutreffen, weil er seine Frisbee sucht (er hat übrigens einen ziemlich kräftigen Unterarm). Außerdem mag er seinen Job, ist aber jemand, der dennoch ein offenbar ausgewogenes Verhältnis zwischen Berufs- und Privatleben pflegt.

Als wir nebenan einzogen, hielt ich Lars für eine Ausnahme – bis ich Mads und Mette kennenlernte, wie wir sie hier nennen wollen, unsere Nachbarn auf der anderen Seite. Beide lieben ihre Jobs, die man nur als anspruchsvoll bezeichnen kann. Dennoch sehe ich sie an einem Dienstagmorgen um 10:30 Uhr super relaxed und mit aufgerollten Matten unterm Arm vom Paar-Yoga nach Hause schlendern. Mads winkt mir fröhlich über den Gartenzaun zu und berichtet von seinen Fortschritten beim «Herabschauenden Hund» und dass er abends neuerdings einen Salsakurs belegt. Sie haben drei kleine Kinder, ein aktives Sozialleben und – eben – hochqualifizierte Jobs. Trotzdem treffe ich sie gefühlt ständig beim Grillen oder Büscheschneiden an. Das ist Work-Life-Balance auf dänische Art, die hohe Kunst des *arbejdsglæde*.

«Die meisten Dänen haben den Anspruch, in ihrem Job glücklich zu sein», erklärt mir meine Freundin Karina. «Immerhin verbringen wir einen großen Teil des Lebens bei der Arbeit, weshalb sie wenigstens Spaß machen sollte.» Hilfreich zu wissen ist in diesem Zusammenhang, dass man für ein Studium in Dänemark – sofern man über 18 ist – sogar bezahlt wird. Deshalb können mehr Menschen lernen oder studieren, was sie wirklich interessiert. Aufgrund der immens hohen Steuern hat Geld für die meisten Dänen ohnehin nicht oberste Priorität, stattdessen entscheiden sie sich für einen Job, den sie *mögen*. Obgleich die offizielle Arbeitswoche 37 Stunden beträgt, arbeiten Dänen nach einem neueren OECD-Bericht durchschnittlich nur 33 Stunden pro Woche. Theoretisch wird in den meisten Betrieben zwischen 9:00 und 17:00 Uhr gearbeitet, praktisch aber eher zwischen 8:00 und ungefähr 15:00 Uhr. Dänemarks «Urlaubsverordnung» (Lieblingsverordnung!) berechtigt Angestellte außerdem zu fünf Wochen bezahltem Urlaub im Jahr. Hinzu kommen zusätzliche Tage für Fortbildungen sowie alle möglichen Feiertage, die sich die Dänen ausdenken. Als ich sie das letzte Mal gezählt habe, waren es 13, darunter einige mit eher unklarer Legitimation wie der «Allgemeine Gebetstag» (also für die, die irgendwie das Bedürfnis haben zu beten, so meine dänischen Quellen). Jedenfalls haben die Dänen alle paar Wochen einen freien Tag.

Wenn man in Dänemark morgens ins Büro kommt, bricht selten Hektik aus. Meist ist es ein sehr angenehmer Ort mit einer flachen Hierarchie, an dem alle gleichberechtigt auf ein gemeinsames Ziel hinarbeiten. Vieles funktioniert in Skandinavien noch nach dem sogenannten Gesetz von Jante – einem Verhaltenskodex sozialer Spielregeln in Form von zehn Geboten, die auf den 1933 veröffentlichten Roman *Ein Flüchtling kreuzt seine Spur* des dänisch-norwegischen Autors Aksel Sandemose zurückgehen. Das erste Gebot lässt sich ungefähr so übersetzen: «Du sollst nicht glauben, dass du etwas Besonderes bist.» Und die folgenden neun bläuen einem das erste Gesetz mehr oder weniger weiter ein, bis man beim zehnten keinen Zweifel mehr daran haben kann, dass der Erfolg des Einzelnen als Affront gegen die sozialistischen Prinzipien der Skandinavier zu werten ist. Und dass anzugeben einem Verbrechen gleicht, das fast mit Mord auf einer Stufe steht. Insgesamt soll einem ausgetrieben werden, «irgendetwas allzu sehr zu sein» – eine Haltung, die nicht nur die Dänen, sondern auch die Schweden und Norweger in allen Bereichen verinnerlicht haben. Dänen kleiden sich ziemlich leger, Krawatten sieht man eher selten. Es ist nicht ungewöhnlich, dass ein CEO mit einer Putzfrau an der Kaffeemaschine plaudert oder die Finanzdirektorin hinter der Rezeptionistin in der Essensschlange steht. Man wird auch nicht schief angesehen, wenn man seinem Boss gegenüber eine andere Meinung vertritt oder einen Kollegen zur Rede stellt, denn «wenn ich etwas zu sagen habe, kann ich es sagen – zu jedem», stellt Karina klar.

Die flachen Hierarchien beginnen in der Schule, wo die Kinder ihre Lehrer mit Vornamen ansprechen und sie wie ihresgleichen behandeln – bisweilen sogar herausfordern, wie man hört. «Auf jeden Fall wird erwartet,

dass man dem Lehrer seine Meinung sagt», erklärt Karina und klingt, als ob nur Deppen schweigen. «In Dänemark lernen wir von Anfang an, Klartext zu reden.» Das ist sicher richtig. Nicht nur Karina ist dafür ein Beispiel, alle anderen auch. Die Dänen sind Verfechter von Konsens und Mitbestimmung, was bedeutet, dass die meisten Arbeitnehmer das Gefühl haben, bei Entscheidungen mitreden zu dürfen. Sie üben ihre Tätigkeit meist sehr eigenständig aus, und solange die Arbeit erledigt wird, schert sich kaum jemand darum, wie, wo und wann es geschieht. (Daher morgendliches Yoga und nachmittägliches Frisbeespiel ...) «Man vertraut mir, dass ich einen guten Job mache, deshalb werde ich damit auch in Ruhe gelassen», sagt Karina. «Ich kann mir alles selbst einteilen, und niemand schreibt mir vor, dass ich pünktlich um acht Uhr da sein muss.» So kann es sein, dass Dänen in einer Woche nur von 7:00 bis 15:00 Uhr arbeiten («oder vielleicht bis kurz nach 14:00 Uhr»), und dann noch mal am Abend ein bisschen was machen. Oder sich einfach hin und wieder einen ganzen Vormittag freinehmen. «Wenn ich mal ein paar Stunden für mich brauche», so Karina, «trage ich das im Firmenkalender ein. Die Kollegen wissen dann Bescheid, dass ich nicht da sein werde, aber ich bitte niemanden um Erlaubnis. Ich gehe einfach.» Das klingt radikal, ist in Dänemark aber nicht ungewöhnlich.

«*Arbejdsglæde* bedeutet, die Freiheit zu haben, seinen Job ums Privatleben herum zu planen, was viel Stress spart und uns eindeutig zufriedener macht», führt Karina weiter aus. Für alle, die mittags noch im Büro sind, ist das stark subventionierte gemeinsame Essen in der Kantine ein Fixpunkt, und für danach findet sich bestimmt noch irgendwo was Süßes. In Dänemark ist es üblich, dass Geburtstagskinder einen Kuchen mitbringen, und die Kollegen revanchieren sich, indem sie den Schreibtisch derjenigen Person mit dänischen Flaggen dekorieren. Sobald man darüber hinweg ist, dass der eigene Schreibtisch kolonialisiert wurde (es sind nämlich immer dänische Flaggen, egal, welche Nationalität der Jubilar hat), singen meist alle, und es wird ein wenig geplaudert. Bis es Zeit ist, nach Hause zu gehen. Eine Anwesenheitskultur wie in anderen Ländern ist verpönt. Im Gegenteil: Wer um 19:00 Uhr noch im Büro sitzt, muss eher damit rechnen, dass daran gezweifelt wird, ob man effektiv sei oder sich die Zeit richtig einteilen könne. Einen anerkennenden Rückenklopfer braucht man jedenfalls nicht zu erwarten. Um 16:00 Uhr schalten die allermeisten ihren Computer aus und machen sich auf den Heimweg.

«Durch diese Flexibilität bin ich während der Arbeit viel motivierter und konzentrierter», erklärt Karina, die auch die Arbeitskultur in Großbritannien und Australien kennengelernt hat. «In Dänemark schaffe ich wahrscheinlich 20 % mehr.» Dänen arbeiten aber nicht härter, sondern cleverer. Natürlich gibt es trotzdem ab und an Stress am Arbeitsplatz, was aber oft daran liegt, dass *arbejdsglæde* für Dänen etwas so Selbstverständliches ist, dass sie per se flexible Arbeitszeiten und einen erfüllenden Job erwarten. Ist dem nicht so, wird Alarm geschlagen, und es muss etwas dagegen unternommen werden. Sofort. Dass jemand ausharrt und still vor sich hin leidet, aus Angst, anzusprechen, was stört, kann sich sogar negativ auf die Karriere auswirken, kommt aber selten vor. In Dänemark kann man mit Unterstützung rechnen: Man nimmt eine sechsmonatige Auszeit und wird danach wieder herzlich aufgenommen.

Der vielgerühmte Sozialstaat bietet ein bequemes Sicherheitsnetz, wenn mal etwas schiefläuft – so bedeutet auch ein Jobverlust nicht das Ende der Welt. «Man muss sich um nichts Sorgen machen und weiß, man wird nicht auf der Straße landen», sagt Karina. «Auch das Gesundheitssystem hat einen hohen Standard. Und die Kinder erhalten eine solide Bildung bis hinauf zur Universität – aus Steuergeldern finanziert.» Eine Arbeitslosenversicherung zahlt den meisten Leuten, die ihren Job verlieren, zwei Jahre lang 90 % ihres vorherigen Gehalts weiter. Mit wenigen Ausnahmen wissen die Dänen also, dass sie nichts zu befürchten haben, wenn sie mal für eine Weile keine Arbeit haben. Es ist Teil des dänischen «Flexicurity»-Modells, mit dem Firmen einen Arbeitnehmer vergleichsweise leicht loswerden können, der Staat finanziert jedoch (dank saftiger Steuern) eine großzügige Arbeitslosenunterstützung sowie Umschulungsprogramme, die dann zu einem neuen Job verhelfen sollen.

Jacob aus Kopenhagen meint dazu: «In Dänemark geht es selten ‹nur um einen Job›. Wir erwarten, dass wir uns bei unserer Arbeit entfalten können.» Dänen verlangen von ihrer Angestelltentätigkeit Spaß, Zufriedenheit und Anregung. Ein angenehmes soziales Umfeld ist ebenfalls selbstverständlich. (Ganz schön gierig, oder?) «Kleine Dinge, wie  freitags ein gemeinsames Frühstück für alle Mitarbeiter, Geburtstage zu feiern und Jubiläen zu begehen, mit Kollegen beim Mittagessen in der Kantine oder morgens an der Kaffeemaschine plaudern zu können – all das trägt zu einer guten Atmosphäre bei», zählt Jacob auf. «Und wenn der Spaß vorbei ist?», frage ich. «Eigentlich kann man kündigen, ohne sich allzu viele Gedanken darum machen zu müssen, ob man eine neue Stelle findet», antwortet Jacob. «Was dazu führt, dass die meisten nur bleiben, solange ihnen die Arbeit Spaß macht und sie erfüllt. Sonst wechseln sie oder schulen um.»

Lebenslanges Lernen wird in Dänemark schon seit dem 19. Jahrhundert gefördert, und das Land gibt mehr Geld für Berufsbildungsprogramme aus als jedes andere Land der OECD. Da die Grundeinstellung herrscht, dass selbst der Jobverlust kein Drama ist, sind die Menschen viel mutiger, denn die Angst, mittellos dazustehen, fällt weg. Im Hauptsitz des dänischen Spielzeugherstellers Lego etwa hagelte es Beschwerden, als das Management den Kaffeelieferanten wechselte. Und die Arbeiter bei Carlsberg, Dänemarks (wahrscheinlich) bester Brauerei, streikten, als die Chefs das «Freibier während der Arbeitszeit» strichen (die Schweine …). «Wir sind uns bewusst, dass wir es ziemlich gut haben», sagt Karina und gibt zu, dass all ihre internationalen Freunde neidisch sind – Karina wird nämlich bald 13 Wochen freihaben. *Wie bitte? 13 Wochen?* Karina erklärt, dass sie und ihr Partner nach der Geburt ihres zweiten Sohns einen Teil der Elternzeit aufgespart haben, und den wollen sie jetzt für eine Reise nutzen. Ihr Sohn ist bereits vier Jahre alt, aber man kann in Dänemark ein paar der 52 Wochen, die allen Eltern zustehen, erst später nehmen – bis zum neunten Geburtstag des Kindes. «Aber sind dann nicht die Kollegen sauer?» Ich kann mir die Frage einfach nicht verkneifen. «Nein, sie geben ihr Bestes, meine Arbeit mit zu übernehmen, solange ich nicht da bin», antwortet sie, «genauso, wie ich es umgekehrt auch machen würde. Natürlich wird erwartet, dass ich vorher so viel wie möglich vorbereite und zu einer Zeit fehle, in der nicht allzu viel los ist.» Wie rücksichtsvoll ... Ich freue mich für sie. Wirklich. Merkt man das nicht?

«Wir haben eben in Dänemark die Wahl, und *arbejdsglæde* ist ein dänisches Grundbedürfnis», fügt Karina hinzu. Im Norwegischen und Schwedischen gibt es das Wort ebenfalls, doch Dänemark liegt bei Umfragen zur Arbeitszufriedenheit regelmäßig ganz vorn. Für den 2016 veröffentlichten *Global Workforce Happiness Index*, in dem Dänemark natürlich auch den ersten Rang belegt hat, wurde beispielsweise untersucht, wie zufrieden Menschen mit ihrer Arbeit sind, ob sie ihren derzeitigen Arbeitgeber empfehlen würden, und wie wahrscheinlich es ist, dass sie den Job in naher Zukunft wechseln. Einer Studie der Aalborg Universitet zufolge stimmten 70 %

der Dänen der Aussage zu, dass sie weiterarbeiten würden, selbst wenn sie das Geld nicht bräuchten. Interessant ist, dass für die Motivierung von Arbeitnehmern in Dänemark laut *World Competitiveness Ranking* mehr getan wird als irgendwo sonst. Im ersten Moment dachte ich, dass die Dänen von Natur aus echte Faulpelze sind, wenn sie so sehr motiviert werden müssen, doch Forscher der University of Warwick haben herausgefunden, dass gutgelaunte Arbeitnehmer um 12 % produktiver sind. Denn Zufriedenheit ist eine Voraussetzung, um Angestellte motivieren zu können, und nur so können gute Resultate erzielt und talentierte Leute gehalten werden. Nicht zuletzt durch *arbejdsglæde* ist Dänemark nach den Daten von *Expert Market* das viertproduktivste Land der Welt – was zeigt, dass man mit einer kurzen Arbeitswoche gleichzeitig ein Leben haben und im selben vorankommen kann.

Der Philosoph Bertrand Russell (leider bin ich nicht mit ihm verwandt) glaubte, dass Freizeit für ein gutes Leben wesentlich sei, und beschrieb sie als Gelegenheit, um «die Seele aufzufrischen» und «Zivilisation zu schaffen». Der weise Mann schlug vor, dass wir alle nur so viel arbeiten sollten wie nötig. Auf diese Weise hätten alle Zeit für Arbeit, Ruhe und Spaß – eine Auffassung, die die Dänen schon lange verinnerlicht haben. Ab 16:00 Uhr üben die Bewohner meines Gastlandes Stand-up-Paddling, singen im Chor, sind mit ihrem Mountain Bike unterwegs oder spielen Frisbee – mit vollem Einsatz und gegebenenfalls auch über eine befahrene Straße hinweg. Jacob hat so viele Hobbys – Rad- und Kajakfahren, Fotografieren, Kochen und Backen, wenn ich nicht noch was vergessen habe – , dass es verwunderlich ist, wie er überhaupt Zeit zum Arbeiten findet.

Dass die Verbindung zwischen einem spannenden Job und erfüllter Freizeit trotzdem gelingt, was nicht zuletzt durch eine gute Infrastruktur unterstützt wird, ist ein Grund dafür, dass das Land bei Glücksumfragen immer ganz oben mitspielt. Es ist ein spezielles, aber eindeutig *eudaimonisches*

Verständnis von einem guten Leben. Und es funktioniert. Auch für mich ist *arbejdsglæde* inzwischen wichtig geworden. Ich sorge dafür, dass mir die Arbeit Spaß macht, ich dann aber abschalte und mich, sooft es geht, ohne schlechtes Gewissen an der frischen Luft vergnüge. Nur auf die Frisbee-scheibe muss ich achtgeben.

WIE MAN MEHR ZU *ARBEJDSGLÆDE* KOMMT, EGAL, WO MAN LEBT

1

Sprechen Sie mit Ihrem Chef. Vielleicht können wir die Infrastruktur
unseres Arbeitsplatzes und die Arbeitskultur in unserem Land
nicht über Nacht ändern, einen Versuch ist es dennoch wert.
«Erklär deinem Boss, dass er mehr von dir hat, wenn die Firma
flexibel ist», rät Karina. Oder zeigen Sie ihm einfach dieses Kapitel.

2

Wenn Sie selbst der Boss sind, reden Sie mit Ihren Angestellten.
Unternehmen Sie etwas, um mehr *glæde* in die *arbejde* zu bringen.

3

Erkennen Sie den Wert Ihres Jobs. Egal, was Sie machen, wir alle arbeiten
für gewöhnlich aus einem Grund: damit es uns und anderen gutgeht.
Vielleicht macht die Arbeit nicht jeden Tag Spaß, dennoch
hat sie einen Sinn und damit auch einen Wert. Erinnern Sie sich
mit einem günstig platzierten Post-it daran.

4

Bemühen Sie sich um eine gute Beziehung zu Ihren Kollegen.
Hat man Freunde um sich, vergeht der Tag schneller
und sie können über zähe Momente hinweghelfen.
Und vielleicht bringen Sie öfter mal einen Kuchen mit ...

5

Sie mögen Ihren Job wirklich nicht? Schulen Sie nebenbei um,
und arbeiten Sie darauf hin, mittelfristig etwas anderes zu machen.
Es ist nie zu spät für etwas Neues.

JOLLY

Jolly ist ein Adjektiv, mit dem man jemanden beschreibt, der fröhlich und gut gelaunt ist. Wir kennen *jolly* allerdings auch aus feststehenden Begriffen wie *jolly hockey sticks* oder zur Verstärkung des Gesagten im Sinne von *jolly good show*. Das Wort leitet sich ab vom Altfranzösischen *jolif* (eine frühe Form von *joli*, also «hübsch») und wurde bereits im Mittelenglischen verwendet, so in Geoffrey Chaucers *The Canterbury Tales*. Heute ist das Wort untrennbar mit dem Englischsein verbunden.

ENGLAND

Von Früchtekuchen über Gassigehen mit dem Hund bis zum optimistischen *Blitz spirit* während des Zweiten Weltkriegs und *boiled eggs with soldiers* (weichge-kochte Eier mit Toaststreifen) mögen wir Engländer alles, was uns *jolly* fühlen lässt. Auch wenn das Wort von den US-Amerikanern für Weihnachten vereinnahmt wird, wenn sie sich *Jolly Holidays* wünschen, ist es doch im Kern sehr englisch. Eigentlich kann man *jolly* vor jedes beliebige Wort im Wörterbuch stellen, allerdings klingt man dann stark nach einer zupackenden Kriegshelferin der Royal Air Force im Zweiten Weltkrieg oder als sei man direkt einem Roman von P. G. Woodhouse entsprungen. Häufig dient das Wort zur Betonung der Wertschätzung wie in *jolly good fellow* oder *a jolly fun night*, und mit dem feststehenden Ausdruck *jolly good show* attestiert man seine Bewun-derung für etwas. Die eigentümliche Bezeichnung *jolly hockey sticks* be-schreibt eine besonders kernige, sportliche Schülerin einer Privatschule, wie sie in den 1950er Jahren die Schauspielerin Beryl Reid in der Radiosendung *Educating Archie* verkörperte (damit können Sie bei der nächsten Quiz-runde mächtig Eindruck schinden). Wie die meisten Dinge in England ist auch *jolly* mit einer bestimmten Gesellschaftsschicht verbunden. Wer das Wort heutzutage laut ausspricht, gehört wahrscheinlich einer eher höheren Klasse an, als Empfindung jedoch ist es universell.

Jolly beschreibt eine spezifisch englische Form der Fröhlichkeit, die beim Durchschnittsengländer gern mit Frömmigkeit einhergeht. Das Klischee, Engländer seien eher zugeknöpft, mag der Vergangenheit angehören, den-noch sprechen viele meiner Landsleute nach wie vor lieber über das Wetter als über ihre Gefühle. In einer Umfrage des in Oxford ansässigen Social Is-sues Research Centre zum emotionalen Status der Nation gaben weniger als 20 % der Bevölkerung an, in den letzten 24 Stunden Gefühle gezeigt zu haben. Satte 56 % hingegen hatten über das Wetter geredet – und zwar in den letzten *sechs* Stunden, was wohl daran liegt, dass man bei unserem Klima damit nicht falschliegen kann. Es ist nie zu heiß und selten zu kalt, Naturphänomene gibt es nicht wirklich, und wir sind mit vier wenig inspirierenden, gemäßigten und gleichmäßig feuchten Jahreszeiten gesegnet, die den meisten Leuten wenig Probleme bereiten – abgesehen davon, dass man das ganze Jahr über Gummistiefel braucht. Einmal war es sogar so stürmisch, dass unsere Mülltonne umfiel, aber das war eine Ausnahme.

Was das englische Wetter aber zuverlässig bietet, ist eine Gesprächseröffnung für alle Arten eines *jolly* Austauschs, währenddessen wir so lange reden, bis wir uns bereit fühlen, zu tiefsinnigeren Themen überzuwechseln. Sobald wir dann kurz davor sind, intim zu werden, flüchten wir uns schnell wieder – zum Wetter. Oder zum Thema Garten oder Haustier. Viele Engländer finden es leichter, Gefühle für Tiere zu zeigen als für ihre Mitmenschen (mein Schwiegervater kommuniziert seinen Seelenzustand zum Beispiel gern, indem er auf die Gemütslage seines Hundes verweist). Gut, wir geben bei diesem oberflächlichen Smalltalk nicht unser Innerstes preis, aber wir haben dann eine Verbindung zu einem anderen Menschen hergestellt und durch diesen Kontakt die Serotonin-Produktion angekurbelt. In diesem Sinne ist ein Gespräch über das *jolly weather*, ob nun ein kräftiger Schauer niedergeht oder es nur zart nieselt, eine Art Überlebensmechanismus, der uns davor retten kann zu verzagen. Denn Verzagen ist nicht sehr englisch.

Nehmen wir meine Freundin Caroline. Für sie war die letzte Zeit alles andere als ein Zuckerschlecken, obwohl sie beruflich Torten herstellt. Doch Krankheit, Geldsorgen, Probleme in der Familie, insbesondere mit ihrem Sohn, der nur noch auf dem Sofa herumlungert (er ist mein Patenkind, weshalb ich es «Orientierungsphase» nenne), ha-

ben sie in eine Lage gebracht, in der sie sich um sehr viel kümmern muss und abends oft total erledigt ist. «Aber Jammern bringt ja nichts», sagt sie zu mir an einem Dienstagmorgen, als es draußen wie aus Eimern schüttet. Sie ist der personifizierte Sonnenschein, pure Fröhlichkeit in allen Ausprägungen und dennoch eine Frau, die herzhaft fluchen kann und gern auch mal ein paar Gläser Wein trinkt, wenn es eine Gelegenheit dafür gibt. Für mich verkörpert sie alles, was großartig an England ist: Sie ist ein Vorzeigebeispiel für *jolliness*. «Ich glaube, ich wurde einfach so geboren», sagt sie, «gleichzeitig scheint es mir aber auch eine typisch englische Eigenschaft zu sein.» Denn angefangen bei dem alten Lied *The Laughing Policeman* bis zu Monty Pythons *Das Leben des Brian* versuchen wir auf der königlichen Insel, das Leben von seiner heiteren Seite zu nehmen. «Ich finde es sehr schwierig, lange Zeit mies drauf zu sein», gibt Caroline zu. «Wenn ich mal ein kleines Tief habe oder mich familiäre Probleme oder Geldsorgen plagen, rufe ich mir einen kleinen Hund in Erinnerung, der vor einem Supermarkt mit aller Kraft versuchte, einen Einkaufswagen zu schieben. Dann bin ich gleich wieder total verzückt ... Oder ich sehe draußen ein Kaninchen, und meine Laune hebt sich sofort. Ziemlich verrückt, oder? Doch ich glaube, es ist eine Charaktereigenschaft der Engländer, die kleinen Freuden im Leben zu genießen», sagt sie. «Das ist das beste Mittel, den Kopf nicht hängen zu lassen.»

Zusammengeschweißt hat Caroline und mich vor 25 Jahren die Liebe zu

Mary Poppins. Sie haben richtig gehört: POPPINS. Oder vielmehr unsere Begeisterung für Julie Andrews. Für diejenigen, die vielleicht nicht im Thema sind: Dame Julie Andrews ist eine englische Schauspielerin und Sängerin. Sie spielte in so großartigen Filmen wie *The Sound of Music*, *Modern Millie – Reicher Mann gesucht* und eben *Mary Poppins*, wo sie ein Kindermädchen «völlig ohne Fehler» war, wie sie

selbst schreibt. Dabei war ihr Start ins Leben nicht
unbedingt perfekt. Als uneheliches Kind wuchs
sie in armen Verhältnissen mit zwei Stiefvätern
nacheinander auf, die wohl beide nicht gerade liebevoll waren. Dennoch blieb Julie *jolly*.
Schon sehr früh besaß sie eine Singstimme, die
überall gelobt wurde, während sie selbst in ihrer bescheidenen Art ihre Fähigkeit, Töne über vier

Oktaven «völlig ohne Fehler» singen zu können, nur mit den Worten kommentierte, «dass die Hunde meilenweit angelaufen kämen». Während ihrer
gesamten Karriere mied sie traurige, deprimierende und in Moll geschriebene Melodien, da sie nicht *jolly* seien. Viel lieber sang sie heitere, fröhliche
Lieder, denn als die Verkörperung der Mary Poppins ist *jolly* das Nonplus-
ultra. 1997 musste sich Julie Andrews operieren lassen, wobei ihre Stimm-
bänder dauerhaft beschädigt wurden: Aus ihrem glockenhellen Sopran
wurde eine leise Altstimme. Doch sie wäre nicht Julie Andrews gewesen,
wenn sie sich davon hätte unterkriegen lassen. Nun könne sie wenigstens
wunderbar *Ol' Man River* mit seinen legendär tiefen Tönen singen, soll sie
damals gesagt haben. Ihre optimistisch zupackende Grundhaltung stellte sie
darüber hinaus unter Beweis, indem sie kurzerhand zur Schriftstellerin und
Sprecherin wurde. Im stolzen Alter von 83 Jahren feierte sie ein Comeback
(und sah nach wie vor phantastisch aus, aber das nur am Rande). Julie, falls
du dies liest: Caroline und ich grüßen dich jetzt und bis in alle Ewigkeit als
die Hohepriesterin des *jolly*.

Den Engländern ist es derart wichtig, die Dinge mit Humor anzugehen,
dass jeder, der sich dem nicht beugt, verachtet wird – oder zumindest nicht
mehr zu Tee und Scones eingeladen wird. «Ich finde es nur schwer erträg-
lich, von Menschen umgeben zu sein, die dauernd Frust schieben», gesteht
Caroline, «weil ich einfach nicht so bin. Ich halte das nicht lange durch,

und wenn andere Leute so sind, denke ich unwillkürlich: Komm schon! Warum schmollst du denn immer noch? Das geht doch jetzt schon seit Stunden so!» Mir geht es ein bisschen ähnlich. Als ich zum Beispiel meine Kinder heute Morgen zur Schule gebracht habe und eine andere Mutter muffelig an mir vorbeiging, habe ich bereits vor mich hin gemurmelt: «Was ist dir denn in die Krone gefahren?»

Jolly wird auch in Kinderbüchern stets über miese Laune gestellt. I-Aah aus *Winnie der Pu*, Frau Knüppelkuh aus Roald Dahls *Matilda* und Mr. McGregor in den Beatrix-Potter-Büchern können ein Lied davon singen. Es ist allgemein anerkannt, dass «die Muffeligen immer die Bösen sind», wie mein Sohn es formuliert. Anstatt zu jammern, sollten wir lieber nach vorn schauen und entweder einen flotten Spaziergang machen, um Endorphine zu produzieren, oder eine Tasse Tee trinken, vielleicht mit einem Keks dazu. Oder über einen Hund vor einem Supermarkt lachen. Was auch immer wir tun, unser Ziel sollte es sein, die Niedergeschlagenheit hinter uns zu lassen, um wieder *jolly* zu werden. Trübsal zu blasen ist *jolly bad form* genauso, wie verbittert in der Ecke zu sitzen oder Groll gegen jemanden oder etwas zu hegen. «Natürlich darf man mal sauer oder wütend sein», gesteht selbst Caroline zu, «aber das kann man doch auch schnell abhandeln und anschließend wieder frohen Mutes weitermachen.»

Das ist ein Antrieb, den viele von uns, die wir in England aufgewachsen sind, von Kindheit an von unseren Großeltern mitbekommen, die noch den Zweiten Weltkrieg erlebt hatten. «Ohren steifhalten und *Blitz spirit* waren für sie Mantras, die sie an die nächsten Generationen weitergegeben haben», erinnert sich auch Caroline. Alle der vor 1980 Geborenen haben diese Haltung verinnerlicht, und viele von uns versuchen, sie auch an unsere Kinder weiterzugeben. Das heißt nicht, dass uns alle eine wehmütige Nostalgie überfällt, sobald wir an den Zweiten Weltkrieg denken. Sicher nicht. Und nicht zuletzt ringen wir Engländer ständig mit unseren Schuldgefühlen wegen der englischen Kolonien, da wir während der sogenannten Schutzherrschaft des British Empire mehr als nur ein bisschen Foulspiel betrieben haben. Die sorglose «Ruhig-bleiben-und-weitermachen»-Mentalität lässt sich nicht einfach als Schutzschild verwenden, um die Folgen unseres Handelns zu ignorieren. Auch heißt *jolliness* nicht, dass man den Kopf in den Sand stecken darf (der wahrscheinlich ursprünglich ohnehin der von jemand anderem gewesen war ...). Doch egal, wie der Einzelne zu der zweifelhaften Vergangenheit unseres Landes oder Militäreinsätzen im Allgemeinen steht: *Blitz spirit* ist ein sehr gutes Beispiel für eine ganz besondere Form von Kameradschaft, stoischem Gleichmut und Entschlossenheit.

Oft wird behauptet, der Tod von Prinzessin Diana 1997 habe dazu geführt, dass Großbritannien emotionaler geworden sei. Jedenfalls war es das erste Mal, dass die ganze Nation öffentlich getrauert hat. Viele ließen ihren Tränen freien Lauf und weinten hemmungslos vor anderen Menschen, auch wenn sie keine Familienmitglieder waren, was zuvor undenkbar gewesen wäre. Die Gefühle hatten die Menschen wie eine Flutwelle überwältigt, und als der Korken erst einmal aus der Flasche war, ließ er sich nicht wie-

der draufsetzen. Im Reality-TV sieht man inzwischen öfter Teilnehmer schluchzen oder vor Freude juchzen, und wir werden (langsam) besser darin, unsere Gefühle zu zeigen. Positive wie negative.

Ist der englische Typ, der frohgemut die Ohren steifhält und stets *jolly* ist, folglich ein Auslaufmodell? «Ich glaube nicht», meint Caroline und verweist darauf, dass eben nicht nur jedes Jahr eine neue Staffel von *The Voice* gedreht wird, sondern im Fernsehen auch nach wie vor das «Dorf des Jahres» öffentlich gekürt wird oder man einen Binnenschiffer jenseits der 60 auszeichnet, weil er unermüdlich auf unseren Flüssen unterwegs ist. Wir scheinen zu lernen, eine Balance zwischen *jolly* und unseren Gefühlen zu finden. Was wohl insgesamt gesünder ist. Unsere beliebtesten Comedians haben sich jedenfalls auf diese spezielle Form von *jollity* eingeschworen, und wenn es darum geht, lustig zu sein, macht uns so schnell niemand etwas vor. Die Engländer sind stolz auf ihren Sinn für Humor – und zu *a few of my favourite things*, wie Julie Andrews sagen würde, gehört eindeutig, auch im Ausland den Fernseher einschalten oder einen Podcast runterladen zu können und einigen der lustigsten Menschen überhaupt zu lauschen, wenn sie in dieser typisch englischen Art erzählen, als würden sie allein mit mir reden. Wir lieben sie, weil sie wie wir sind – in unseren witzigsten Momenten: schlagfertig, scharf und ironisch, vor allem aber unermüdlich. Bestenfalls sind wir alle wie Stephen Fry. Oder, wenn es *jolly* gut läuft, wie Jennifer Saunders. Oder Tommy Cooper. Oder Lenny Henry. Oder sogar Mel und Sue. (Für nichtenglische Leser: unbedingt anschauen!)

«Englisch sein wird immer auch *jolly* sein heißen», prophezeit Caroline (die so unfassbar gute Torten backt, dass ich ihr sicher nicht widersprechen und damit den Torten-Zugang aufs Spiel setzen werde). *Jolly* sind zum Beispiel *Ein Fall für die Borger,* die Radiosendung *Just a Minute* oder das Paar aus *Hollyoaks*, das einen Oscar gewinnt, beziehungsweise die anschließende Berichterstattung in der BBC darüber, in der die Erwähnung des Co-Regisseurs Chris Overton wiederholt mit dem Zusatz «besser bekannt als ‹cage fighter Liam›» ergänzt wird. «Wir lieben Underdogs und mögen unsere Helden selbstironisch», analysiert Caroline. Das ist wohl wahr und erklärt vielleicht, warum Engländer bei Oscar-Reden nicht gerade glänzen (*würg*). Mit Lob jedweder Art können viele von uns nicht umgehen, was aber auch dazu führt, dass man als Engländer ziemlich bodenständig bleibt und den Blick für das Wesentliche behält. Oder ist es nur Trotz, weil wir uns nicht anders zu helfen wissen?

Als im Juli 2007 in London vier Bomben explodierten, gingen ausländische Beobachter davon aus, dass das Leben in der englischen Hauptstadt nie mehr so sein würde wie zuvor. Und doch machten später alle mehr oder weniger so weiter wie zuvor. Die Pläne der Regierung, die Sicherheitsmaßnahmen zu erhöhen und bei Terrorverdächtigen hart durchzugreifen, lehnten die Londoner ab – und unsere multikulturelle Hauptstadt floriert weiter. Menschen, die den *Blitz spirit* nie selbst erlebt haben, benahmen sich auf einmal wie ihre Großeltern fast 70 Jahre zuvor. Freunde, die es selbst miterlebt hatten, «in der U-Bahn direkt danach» oder «im nächsten Bus» saßen, berichteten von einem seltsamen Kameradschaftsgefühl auf den Straßen Londons an jenem Tag. Damit soll die Tragödie keineswegs kleingeredet werden. Es ist nur so, dass *jolly* unser *modus operandi* ist – in guten wie in schlechten Zeiten. In US-amerikanischen Foren, in denen Menschen ihre Anteilnahme gegenüber den Familien der Opfer zum Ausdruck bringen konnten, meldeten sich bald Londoner zu Wort, die darum flehten, man möge ihnen die kitschigen Ergüsse ersparen. Die rührselig tröstenden Gedichte unserer Brüder und Schwestern jenseits des Atlantiks wurden satirisch kommentiert. Für Londoner war diese Reaktion stimmig: Gäbe man die Normalität auf, ließe man die Terroristen «gewinnen».

Bei einem weiteren Terrorangriff auf die London Bridge 2017 wurde ein rennender Mann auf dem angrenzenden Borough Market fotografiert, der noch sein halb leer getrunkenes Bier in der Hand hielt. Später wurde jener Paul aus Liverpool als Symbol des Widerstands gefeiert, weil man der Meinung war, er würde den englischen Sinn für Humor und Trotz verkörpern.

Erst kürzlich schrieb der Journalist George Monbiot in seiner Kolumne im *Guardian* über seine Prostatakrebs-Diagnose, dass er nach wie vor *jolly* sei und entschlossen, sich nicht davon abbringen zu lassen, da «ich auf der Shitstorm-Skala erst zwei von zehn erreicht habe». Irgendjemandem gehe es immer schlechter, stellte er fest und zitierte das typisch englische «Kopf hoch, es könnte schlimmer kommen».

Sich auch bei Widrigkeiten nicht aus der Ruhe bringen zu lassen und das hartnäckige Festhalten an einer *jolly* Grundhaltung, koste es, was es wolle, ist eine Überlebensstrategie, mit der wir Engländer insgesamt gut gefahren sind. Wir haben gelernt, dass Glück keine Konstante ist und schlechte Erfahrungen nicht vollständig zu vermeiden sind. Irgendwann «holt uns das Leben ein», egal, wie wir uns drehen und wenden. In schwierigen Zeiten oder wenn wir uns nicht gut fühlen, sollte unser Ziel sein, schnell wieder in eine Stimmung zu kommen, mit der wir die Lage vernünftig kontrollieren können. Unwillkürlich suchen wir ein ebenes Spielfeld (wahrscheinlich mit Klamotten als Torpfosten), um zu verschnaufen und uns auf die neue Situation einzustellen. So kann neues Glück erblühen, denn das Leben hat viel Schönes zu bieten.

Jolly heißt, ein Lächeln aufzusetzen und das Beste aus dem zu machen, was man hat. Es sind die kleinen freudigen Momente, in denen wir lachen können und die wir feiern sollten. Das Glück ist im Kleinen zu finden. Also, bleiben Sie *jolly*!

WIE MAN SEIN
JOLLY-METER ERHÖHT

1

Sie fühlen sich matt? Setzen Sie den Wasserkessel auf und kochen
sich eine Tasse Tee – und den Keks dazu nicht vergessen.
Nach zwei Schoko-Cookies erscheinen viele Probleme
nur noch halb so dramatisch. Tatsache!

2

Sie fühlen sich noch immer matt? Unternehmen Sie einen flotten
Spaziergang, um die Produktion von Endorphinen anzuregen, und halten
Sie nach einem Hund Ausschau. Oder nach einem Häschen.
Oder, für extra *jolly*-Punkte, nach beidem.

3

Ein Gespräch übers Wetter ist besser als gar kein Gespräch.
Studien haben gezeigt, dass der Umgang mit anderen Menschen und
regelmäßige soziale Kontakte (mit wem auch immer) gut für unser
Seelenheil sind. Also runter vom Sofa!

4

Nehmen Sie die Dinge nicht allzu ernst. Lachen Sie, so oft es geht,
und für Satirisches sollten Sie immer ein offenes Ohr haben.

KALSARIKÄNNIT

Kalsarikännit, «Kal-sa-ri-kann-eet» ausgesprochen, ist ein Substantiv, das die Tätigkeit beschreibt, «zu Hause in Unterwäsche zu trinken, ohne die Absicht zu haben, noch einmal vor die Tür zu gehen». Es setzt sich aus *kalsari* (Unterhose) und *känni* (Rausch) zusammen, *kalsarikännit* bedeutet also wörtlich übersetzt «betrunkene Unterhose». Der Begriff entwickelte sich in den 1990er Jahren. Populär wurde er in den frühen Nullerjahren im Internet, bis er schließlich 2014 ins Online-Wörterbuch des Instituts für die Sprachen Finnlands aufgenommen wurde. Wer will schon «Netflix & chill». Zumindest in Finnland heißt es «Netflix & *kalsarikännit*».

FINNLAND

Als vor einiger Zeit eine Kaltfront durch Europa zog, machte in den sozialen Medien ein Meme die Runde, das die Klima- und Charakterunterschiede unterschiedlicher europäischer Nationen unterstrich. Die Schweden beschrieben das eisige Wetter als «Schneekanone». Die Briten nannten es «Das Biest aus dem Osten». Die Finnen sagten dazu «Mittwoch». Mit Kälte kennt man sich in Finnland aus. Im Norden gibt es Rentiere, hüfthohen Schnee und so traumhafte Sonnenaufgänge, dass sie ihr eigenes Instagram haben sollten. (Geben Sie mal *#suomi* ein ... seufz!) Im Süden des Landes ist das Meer zu nah, als dass es dort schneien würde (schönen Dank auch, Seeklima ...), trotzdem ist es «so kalt, dass es einem im Gesicht beißt», wie meine Freundin Tiina es formuliert, die von dort stammt. «Und es ist dunkel. Meistens jedenfalls ...» Ich gebe zu bedenken, dass sie nicht gerade Werbung für ihre Heimat macht, worauf sie erwidert: «Das hat den Vorteil, dass man ungeschminkt und in Jogginghose rausgehen kann, weil dich niemand erkennt. Außerdem wohnt dein nächster Nachbar vielleicht 20 km entfernt, weshalb du sowieso niemanden triffst.» Ich sag's ja immer: Wo Schatten ist ... «Außerdem wissen wir, wie man sich warm hält. Draußen ziehen wir uns dick an, und unsere Häuser sind gut isoliert.» In abgemilderter Form kenne ich das auch aus Dänemark, wo es (regelmäßig) schneit, dafür aber nirgends zieht. Sobald man irgendwo drinnen ist, kann man sich so weit entkleiden, wie es einem angenehm ist oder es das persönliche Schamgefühl zulässt. Und wenn die Finnen nach einem harten Tag mit Nokia-Rettung und Heavy-Metal-Dröhnung nach Hause kommen, werfen sie gern alles von sich (und das ist ziemlich wörtlich zu nehmen) und geben sich entspannt einem gepflegten *kalsarikännit* hin.

«Wenn man *kalsarikännit* erklärt, versteht jeder sofort, was damit gemeint ist, und kann nachvollziehen, warum es so schön ist», sagt Marianne sichtlich froh und wirkt ein wenig stolz. Marianne kommt aus Helsinki, und wir waren gemeinsam auf der Uni. Mit ihr kann man viel Spaß haben. «In Finnland weiß jeder, was *kalsarikännit* bedeutet», sagt sie, «schon Jugendliche können dem etwas abgewinnen, aber so um die 30 lernt man es wirklich zu schätzen. Wenn man keine Lust mehr hat, ständig auszugehen, sich extra schick anzuziehen und zu schminken oder auch nur das Haus zu verlassen, aber trotzdem das Bedürfnis hat, ein paar Bier zu trinken. Deshalb macht man es eben bei sich und in Unterwäsche – hat doch jeder schon mal gemacht, oder?» *Falsch!* Ich antworte, dass ich dieses Vergnügen tatsächlich noch nie hatte. Fast bin ich ein wenig beleidigt, dass sie mir etwas so spektakulär Reizvolles bis jetzt verschwiegen hat. («Du hast mich um 20 Jahre Schlüpfertrinken gebracht!») Dennoch muss ich zugeben, dass es mir trotz der anscheinend extrem hochwertigen Doppelverglasung in finnischen Häusern nach wie vor ein wenig schleierhaft ist, wie es als «gemütlich» empfunden werden kann, sich im Winter bis auf die Unterwäsche auszuziehen. «Wäre ein Pyjama nicht eher angebracht? Oder ein kuscheliger Bademantel?», frage ich vorsichtig. «Nein», wird mir entschieden widersprochen.

«Finnen trinken ja ziemlich viel», sagt Tiina, mit der ich ebenfalls über das Thema Kälte und Alkohol spreche, sieht mich aber leicht verunsichert an. Offensichtlich zweifelt sie ein wenig daran, dass ihre Aussage die Frage beantwortet, wie kälteempfindlich ihr Volk ist. Ich gebe ihr mit meinem Blick zu verstehen, dass das eindeutig ein Argument ist. Daten der Weltgesundheitsorganisation (WHO) von 2015 zufolge wird in kaum einem Land in Europa so viel getrunken wie in Finnland. «Na ja», sagt Tiina, «bei uns muss man Alkohol in speziellen Läden kaufen. Harte Sachen zumindest. Wenn man also trinkt, dann richtig.» Und die «Spirituosenunterfütterung» wärmt wohl ganz gut. 2017 bekam *kalsarikännit* sogar ein eige-

nes Emoji, das zu einer vom finnischen Außenministerium in Auftrag gegebenen Serie gehörte. Es gab auch ein Emoji mit zwei Nackten in der Sauna sowie das Nokia 3310, einen Heavy-Metal-Fan beim Headbanging und noch einige mehr. Doch das Emoji mit dem Mann und der Frau, die sich gemütlich in Unterwäsche und einem Bier in der Hand im Sessel fläzen, war das beliebteste. Wahrscheinlich, weil die Finnen ein kurzes Zeichen brauchten, um sich nicht beim Schreiben von *kalsarikännit* die Finger abzufrieren.

Kalsarikännit findet typischerweise allein statt, höchstens noch mit der besseren Hälfte. Sozialer gesinnte Finnen können sich von innen und außen in einer von Finnlands mehr als 2 000 000 Saunen wärmen (das macht eine Sauna pro 2,75 Bewohnern). «Die Saunakultur ist sehr ausgeprägt, und oft wird sogar in der Sauna getrunken», erklärt Tiina. In vielen Clubs und bei Sportveranstaltungen gibt es Saunaabende, an denen man nackt Bier trinkt, bevor alle in einen See springen oder sich im Schnee wälzen. Finnen können so etwas ab, denn neben *kalsarikännit* verfügen sie auch über *sisu*, eine «unermüdliche Beharrlichkeit und Entschlossenheit, egal, welche Folgen es hat», klärt mich Tiina auf. 1939/1940 besiegte dank *sisu* eine Armee von 350 000 Finnen eine sowjetische Streitkraft von 100 000 Soldaten. Zwei Mal. Mit *sisu* überstehen die Finnen auch die langen, dunklen, −35 ° Celsius kalten Winter. *Sisu* ist, Holz zu hacken während eines Schneesturms. Oder aus falschem Nationalstolz darauf zu bestehen, Heavy Metal toll zu finden, obwohl keinerlei Melodie erkennbar ist. All das sind Eigenschaften, die oft mit einer Machokultur in Verbindung gebracht werden, Finnland hingegen ist weltweit führend, was die Gleichberechtigung der Geschlechter angeht.

Schon 1850 erstritten finnische Frauenrechtlerinnen das Recht auf Bildung für Frauen – lange vor den meisten anderen Ländern. Außerdem war

Finnland die erste Nation, in der Frauen das uneingeschränkte Wahlrecht bekamen und seit 1906 auch ins Parlament gewählt werden können. Im Jahr 2000 wurde Tarja Halonen eine der weltweit ersten Staatspräsidentinnen, und einem OECD-Bericht von 2007 zufolge ist Finnland das einzige Land, in dem Papas mehr Zeit mit ihren Kindern verbringen als Mamas. Tiina sagt dazu: «In Finnland gibt es keinen großen Unterschied zwischen Männern und Frauen – wir sind alle ziemlich taff. Uns bleibt auch nichts anderes übrig.» Abgesehen vom brutalen Klima haben die Finnen Kriege, Hunger und fast 700 Jahre schwedische Besatzung ertragen, ehe sie 1809 an die Russen abgetreten wurden. Erst 1917 erlangten sie die Unabhängigkeit, das heißt, dass Finnland als eigenständige Nation noch recht jung ist. «In einigen Bereichen sind wir nach wie vor dabei herauszufinden, wer wir eigentlich sind.» Insgesamt entwickelt sich Finnland allerdings prächtig. Es wurde als das sicherste und bestregierte Land der Welt eingestuft; beim sozialen Fortschritt liegt es auf Platz zwei, was den Reichtum angeht, an dritter Stelle. Darüber hinaus genießen die Einwohner Finnlands den höchsten persönlichen Freiraum und ein Bildungssystem, das weltweit als beispielhaft gilt. Letzteres ist größtenteils der Tatsache zu verdanken, dass die Unabhängigkeitsbewegung des Landes von Akademikern angeführt wurde, und seit die Finnen die Unabhängigkeit erreicht haben, waren fast 30 % der finnischen Staats- und Regierungsoberhäupter Universitätsprofessoren. Bildung hatte immer einen wichtigen Stellenwert, und im 19. Jahrhundert gab es sogar ein Dekret der lutherischen Kirche, das einem Paar nur nach bestandenem Lesetest erlaubte zu heiraten. Nur wer zur Schule geht, kriegt Sex – das ist doch mal ein Anreiz.

Insgesamt geht es den Finnen mit *kalsarikännit* und *sisu* also ziemlich gut. Alle sind gleich, das Bildungssystem ist großartig, und sie sind weltführend da-

rin, Freude am einfachen Leben zu haben. «Es gibt wirklich so viele Gründe, weshalb wir Finnen zufrieden sein sollten», bestätigt auch Marianne, doch die vielgerühmte finnische soziale Gerechtigkeit bringt ganz eigene Herausforderungen mit sich. Denn wenn das Gleichgewicht ins Wanken gerät, können die Menschen nicht damit umgehen. «Gewinnt in Finnland jemand im Lotto, sind mehr Leute eifersüchtig, als sich mit dem Glückspilz zu freuen. Angeblich gibt es einen geheimen Club von Lottogewinnern, der wie eine Art Selbsthilfegruppe funktioniert, weil sie von allen anderen gehasst werden.» Einmal im Jahr veröffentlichen die 10 000 bestverdienenden Einwohner des Landes ihre Einkommensdaten. Der Tag wird inzwischen «Nationaler Neidtag» genannt, und es gibt sogar ein Sprichwort, das besagt, ein Finne würde lieber € 100 zahlen, als zuzusehen, wie sein Nachbar € 50 bekommt. «So sind wir!», kommentiert Marianne lachend. «Wir wissen, dass das dumm ist, und die Finnen geloben auch Besserung. Langsam merken wir, dass wir nicht so glücklich sind wie die anderen Nordländer, weshalb Ratgeberliteratur einen großen Boom erlebt.» Viele Finnen lernen durchaus zu schätzen, was sie haben. «Unsere Natur etwa», sagt Marianne. «Sie ist überall um uns herum. Der Nuuksio Nationalpart grenzt direkt an Helsinki, und wenn man nur eine Stunde fährt, ist man mitten in der Wildnis.» Sie erzählt mir vom Besuch eines gemeinsamen Freundes, mit dem sie Blaubeeren pflücken war und anschließend Elchragout gekocht hat. Ich sage, es klinge wie in einem Bilderbuch. «Es war nett», gibt sie zu. «Wir müssen uns immer wieder bewusst machen, wie gut wir es haben und wie toll es ist, in der Natur zu sein. Gleichzeitig glaube ich, die meisten Finnen sind, wenn sie ehrlich sind, auch gern drinnen und allein. Man freut sich doch immer wieder, nach Hause zu kommen.» Und dann? Klamotten aus und Bierdose auf? «Klar, wir sind Finnen, und *kalsarikännit* gehört einfach dazu.»
Darauf werde ich einen trinken.

WIE MAN SICH *KALSARIKÄNNIT* WIE EIN FINNE HINGIBT

1

Drehen Sie die Heizung hoch. Es sei denn, Sie leben
in einem wahnsinnig gut isolierten Haus in Finnland.
In dem Fall kann man Sie nur beglückwünschen.

2

Sorgen Sie vor. Sie werden das Haus für eine Weile nicht
verlassen und brauchen Snacks, Getränke, Zugang
zu einem umfassenden Angebot an Filmen/Büchern/Musik
und/oder einen passenden Gesprächspartner.

3

Entscheiden Sie sich für bequeme Unterwäsche. Spitze oder
Metallbügel wären an dieser Stelle eher ungeeignet.

4

Ziehen Sie die Vorhänge zu, oder lassen Sie die Jalousien
herunter, ehe Sie anfangen, damit Sie bei Ihrer privaten Orgie
nicht auf einmal Zuschauer haben.

GEMÜTLICHKEIT

Gemütlichkeit als Substantiv sowie das dazugehörige Adjektiv *gemütlich* bedeuten nicht nur «kuschelig und bequem», es wird damit auch eine freundliche, warme Atmosphäre beschrieben, die mit einem Zugehörigkeitsgefühl einhergeht. Darin steckt *Gemüt*, das geistig-seelische Empfindungsvermögen eines Menschen. 1892 zum ersten Mal dokumentiert, wird das Wort schnell mit typisch deutschen Eigenschaften in Verbindung gebracht. Der englische Schriftsteller G. K. Chesterton etwa erwähnt das Wort *Gemüt* 1906, und ein deutscher Biergarten sei für ihn «der Inbegriff von *Gemütlichkeit*».

DEUTSCHLAND

Nina hat gebacken. Das ist nicht ungewöhnlich, denn Nina backt und kocht gern. Außerdem hat sie zwei Kinder. Und arbeitet Vollzeit. Nina lässt sich dennoch niemals aus der Ruhe bringen und arrangiert ordentlich Babybesteck und Babyessen, ein Lätzchen, Feuchttücher und eine wohlüberlegte Auswahl an Spielzeugen auf dem Tisch, ehe sie einen Schluck Kaffee trinkt. «Ah, wie *gemütlich*», sagt sie dann, während ich noch meinen dicken Schal um den Hals habe und mich mit zwei maulenden Kleinkindern und zu fest verknoteten Schuhbändern herumplage. Wie immer komme ich zu spät zu unserer Mütterrunde. Nina ist deutsch. Ich nicht, wie man unschwer erkennen kann. «*Gemütlichkeit* heißt, seiner Seele etwas Gutes zu tun», erklärt sie, als mir gerade auffällt, dass ich meinen Pulli auf links trage. «Wenn man also gestresst ist oder zu wenig Schlaf bekommen hat ...», sie sieht mich an, «dann gönnt man sich eine – gemütliche – Pause.» *Ich werd's mir merken.* «Wenn man Hunger hat, heißt es, sich etwas Leckeres zu genehmigen», erklärt sie weiter und schiebt den Teller mit den Backwaren in meine Richtung. Denn *Gemütlichkeit* ist etwas, das über die Grundbedürfnisse hinausgeht – und auf jeden Fall etwas Besonderes bleiben sollte.

«Auch ist es keine Konstante», stellt Nina klar. «Man kann etwas an einem Tag *gemütlich* finden, weil man in der entsprechenden Stimmung ist, und am nächsten Tag schrecklich.» Denn Gemütlichkeit ist subjektiv, und nicht jeder versteht das Gleiche darunter. Und sie ist privat – intim nahezu –, «viel mehr als das dänische *hygge*», meint Nina. «Außerdem reden wir nicht die ganze Zeit darüber.» An dieser Stelle erlaubt sie sich ein Augenrollen. «Die Dänen sind mit ihrem *hygge* viel emotionaler und extrovertierter.» Diese Adjektive sind mir im Zusammenhang mit den Dänen neu, verglichen mit ihren Nachbarn mögen sie aber stimmen. Alles ist relativ. Und für Deutsche ist man in Dänemark in der Beziehung eben schon ein bisschen zu locker, was skeptisch beäugt wird. Nina formuliert es so: «Es sich *gemütlich* zu machen ist super, doch es kann auch zu viel werden.» Sonst *wird* man am Ende noch *gemütlich*.

«Wenn jemand gemütlich ist, heißt es so viel wie lethargisch, das Gegenteil von schnell und dynamisch», erklärt meine Freundin Frauke aus Hamburg. «Und wenn ein Kollege trödelt und nicht fertig wird und deshalb alle aufhält, ist das nicht gut angesehen.» Trägheit ist in Deutschland eine Sünde. Besonders in Nord- und Ostdeutschland wird nach wie vor das protestantische Arbeitsethos hochgehalten. Um zu verstehen, warum, müssen wir uns kurz mit einem Thema beschäftigen, bei dem man sich schnell auf sehr dünnes Eis begibt: Religion.

Bereit?

Los geht's …

Im 16. Jahrhundert fand der Mönch Martin Luther, dass die Menschen zu großspurig geworden waren. Es sei üblich geworden, dass die Menschen versuchten, sich einen Platz im Himmel zu erkaufen, anstatt dafür zu arbei-

ten. Die Macht der römisch-katholischen Kirche war zu dieser Zeit in Westeuropa allumfassend, und die Kirche führte das Ablass-System ein für auf Erlösung hoffende Sünder. Dabei war ein Ablass keine Du-kommst-aus-dem-Gefängnis-frei-Karte – das war die Beichte. (Entspannen Sie sich: Ich bin selbst katholisch, deshalb darf ich so etwas sagen.) Ein Ablass war vielmehr ein Dokument, das es den Gläubigen ermöglichte, die bevorstehende Strafe im Fegefeuer zu reduzieren – gegen Geld. Früher hatte man dafür intensiv beten müssen, oder man spielte «Pilger-Bingo», will sagen, der reuige Sünder musste so viele heilige Orte wie möglich aufsuchen. Doch dann kam irgendein heller Kopf auf die Idee, dass es wirksamer wäre, wenn man sich einen Ablass einfach kaufen könnte. Offiziell war das Loskaufen von Strafe in Deutschland verboten, fand im Verborgenen jedoch trotzdem statt, und im Jahr 1517 initiierte ein Dominikanermönch namens Johann Tretzel eine recht große Kampagne, um Ablässe zu verkaufen. In Wirklichkeit wollte er Geld für die Renovierung des Petersdoms sammeln. Luther TOBTE. Er prangerte die Missstände in der römisch-katholischen Kirche in seinen 95 Thesen an und setzte die Reformation in Gang. Statt sich durch die Beichte, den zeremoniellen Akt der Kommunion und den Ablass einen festen Platz im Himmel allein sichern zu können, erhob Luther harte Arbeit, Disziplin und Genügsamkeit zu Tugenden. Diese Auffassung verbreitete sich in weiten Teilen Nordeuropas und sogar bis nach Amerika, doch nirgends wurden Luthers Ideen und die protestantische Arbeitsmoral so gut umgesetzt wie in Deutschland. Oder, um es kurz zu machen: Die Deutschen lassen sich nicht von der ach so *hygge* Kerzenscheinromantik blenden wie ihre dänischen Nachbarn. Zwar mögen sie ihre *Gemütlichkeit*, aber nur, solange sie nicht allzu *gemütlich* zu werden.

Überhaupt sind die deutsche Lebensauffassung und damit auch die *Gemütlichkeit* eher frei von nostalgischen Gefühlen. In Dänemark ist es prak-

tisch Gesetz, sich mit anderen an gemeinsame frühere Momente zu erinnern, in denen es *hyggelig* war. «In Deutschland schauen wir seltener mit
rosaroter Brille zurück», meint Nina, die ursprünglich aus Hannover stammt.
Das ist verständlich. Die meisten Deutschen sind sich der Rolle ihres Landes in der Geschichte des 20. Jahrhunderts nur allzu bewusst. Es gibt sogar
einen Begriff für die kritische Auseinandersetzung mit dem Dritten Reich:
Vergangenheitsbewältigung beschreibt den Prozess, sich mit den Verbrechen von damals so intensiv, wie es geht, zu beschäftigen und einen Weg
zu finden, mit der Schuld umzugehen. 1945 lag Deutschland am Boden und
zahlte Reparationen an den Rest der Welt, doch nachdem die Demontage
der deutschen Schwerindustrie 1950 ein Ende hatte, erholte sich die (west-)
deutsche Wirtschaft rasend schnell. Der *Wiederaufbau* begann, und heute
ist Deutschland das Powerhouse Europas, das die Eurozone 2012 fast im
Alleingang vor dem Kollaps rettete. Auf der Produktivitätsskala meist ganz
oben, werden Deutschlands Effizienz und das demokratische System des
Landes immer wieder gepriesen. Dem mit 82 000 000 Einwohnern für europäische Verhältnisse großen Land verdankt die Welt darüber hinaus die
Lederhose, Schwarzwälder Kirschtorte und die unvergleichliche Erfahrung,
auf einer deutschen Autobahn ohne Tempolimit zu fahren und dabei Radio
zu hören. Ich erwähne das aus zwei Gründen: zum einen, weil ich hoffe,
solange ich lebe, zumindest wissentlich keine Gelegenheit zu verpassen,

das Wort *Lederhose* zu verwenden. Zum anderen, um zu untermauern, dass die Deutschen ihr Glück auf eine erstaunlich praktische und schnelle Art suchen. Bekommen Sie langsam eine Vorstellung von der deutschen Empfindsamkeit? Gut.

«Manche Leute halten Deutsche für übertrieben ernst», stellt Nina fest, «aber das sind wir nicht. Hart zu arbeiten ist bei uns einfach etwas, worauf man stolz ist. Erst danach beginnt das ‹Vergnügen›.» Deutsche machen Dinge gern ordentlich. Mit einer *Spaßgesellschaft* – diesem hübschen Kompositum, das ein genusssüchtiges Leben beschreibt, in dem nicht die Arbeit im Mittelpunkt steht – können sie nicht viel anfangen. «Oft wird es den Millennials vorgeworfen, oder es wird als eine Art Warnung benutzt. Nach dem Motto: ‹Feiert nicht zu doll und amüsiert euch nicht zu viel›, so wie die Leute es vor der Finanzkrise 2008 getan haben.» Nina schaut mich stirnrunzelnd an. Sie hat recht, den wirtschaftlichen Niedergang vor zehn Jahren der Generation X in die Schuhe zu schieben erscheint dann doch ein wenig übertrieben ...

Harte Arbeit ist in Deutschland die Voraussetzung für ein gutes Leben, und selbst beim Feiern wird nicht davon abgewichen. Hochzeiten beginnen hier oft mit einem *Polterabend*, bei dem Porzellan zerschmettert wird, und das Brautpaar muss anschließend die Scherben zusammenfegen. Dahinter steckt der Gedanke, dass die beiden lernen sollen, in der Ehe auch in schwierigen Situationen zusammenzuarbeiten. (Wer hat behauptet, Romantik sei out?) Eine weitere Tradition bei Hochzeiten ist das *Baumstammsägen* als Symbol für das erste Hindernis, das die frisch Vermählten auf ihrem mit unvermeidlichen Hindernissen gespickten gemeinsamen Lebensweg zu überwinden haben.

«‹Erst die Arbeit, dann das Vergnügen›, lautet ein Mantra in Deutschland», sagt Frauke. «Die beiden Dinge gehören für uns nicht zusammen, und

wir erwarten auch nicht, dass Arbeit angenehm ist – oder gar *gemütlich*.»
Sie erklärt, dass die Deutschen mitunter negativ ihrer Arbeit gegenüber eingestellt sind, insgesamt dennoch nicht unzufrieden sind mit ihrem Leben.
«Aber erst nach getaner Arbeit kann man sich entspannen und Zeit für sich
selbst nehmen.» Im Gegensatz zu *hygge*, das jeden Bereich des dänischen
Lebens durchdringt, würden Deutsche niemals von *gemütlich* sprechen,
wenn es um ihre Arbeit geht. Und niemand in Deutschland erwartet das dänische *arbejdsglæde*. Vielmehr gibt es eine klare Trennung zwischen Arbeit
und privat, und Frauke erzählt mir, dass die deutsche Vorstellung von Glück
eher lautet: «aufhören zu arbeiten, um dann das Leben zu genießen». Nicht
umsonst steckt in *Feierabend* das Wort *feiern*. Es gibt sogar das *Feierabendbier*, ein weiteres schönes deutsches Kompositum für das Getränk, mit dem
man die freie Zeit am Abend «feiert».

Nach der Arbeit – eventuell auch nach dem Bier – geht man meist nach
Hause. Letzteres hat für viele Deutsche eine ganz besondere Bedeutung. *Zu
Hause* heißt, «in seinem Haus oder seiner Wohnung» zu sein, doch mit *Zuhause*, in einem Wort geschrieben, ist der Ort gemeint, an den man gehört
und der für das persönliche Glück immens wichtig ist.

Vor der Wiedervereinigung 1989 wurden die Deutschen, je nachdem, ob
sie im Osten oder Westen lebten, 40 Jahre lang sehr
unterschiedlich sozialisiert. Diverse Studien belegen, dass die Ost-West-Trennung in Deutschland
noch immer nachwirkt. «Dein *Zuhause* ist dort,
wo man sich zugehörig fühlt», fasst Frauke den
Begriff weiter. «Das kann auch eine spirituelle Heimat oder eine philosophische Herangehensweise
sein, die sich für dich gut und richtig anfühlt.» Jedenfalls ist es nichts Eingleisiges: «Manchmal hat man das
Gefühl, nicht alle *Zuhause*-Bedürfnisse an einem Ort zu

finden», sagt sie. Es ist wie bei Beziehungen, wo wir auch nicht erwarten sollten, dass all unsere Bedürfnisse von einer Person abgedeckt werden. («... auf diesem Weg liegt Wahnsinn», schrieb schon Shakespeare; romantische Komödien verbreiten diese Lüge allerdings bis heute.) Dass das Gefühl von Zugehörigkeit zwei oder mehr Säulen haben kann, zumal wir immer beweglicher werden, ist nur natürlich. «Es ist durchaus normal, sich nach mehreren Orten zu sehnen», meint Frauke.

Sobald man einen Platz gefunden hat, an dem man sich zu Hause fühlt und die Arbeit für den Tag beendet hat, kann man es sich wirklich *gemütlich* machen. Auch in Deutschland leben natürlich viele Menschen in Städten, die deutsche Psyche hingegen ist sehr naturverbunden und sehnt sich danach, draußen zu sein. Zum Glück haben auch viele Stadtwohnungen einen Balkon, auf dem man sich einen eigenen *gemütlichen* Biergarten einrichten kann. «Bei uns gibt es sogar den Ausdruck *Ferien auf Balkonien*», lerne ich von Frauke. Während bei dem englischen Äquivalent *staycation* immer mitschwingt, dass die finanziellen Mittel fürs Reisen fehlen, sind *Ferien auf Balkonien* in Deutschland ganz normal. «Alle machen das», sagt sie, «egal wie alt oder wie wohlhabend. Es wird regelrecht zelebriert. Man gönnt sich ein paar neue Pflanzen für den Balkon, nimmt sich eine Woche frei und freut sich, zu Hause und doch im Freien zu entspannen.»

Während die Deutschen auf dem Balkon ihre wohlverdiente *Gemütlichkeit* genießen, können sie sich dem Alltag bei Bedarf sogar noch weiter entziehen, indem sie sich in andere Welten träumen. «Kennst du das Gefühl, auf einem Tisch zu sitzen und die Beine locker runterhängen zu lassen, ohne dass sie den Boden berühren?», fragt Frauke. Ich sage «Ja» und füge hinzu, dass ich es allerdings seit Jahren nicht getan habe. «Schade», erwidert sie, «denn man fühlt sich frei wie ein Kind. Stimmt's? Die Deutschen haben eine Redewendung, die dieses Gefühl auf die Psyche überträgt: *die Seele baumeln lassen*.» Anscheinend kann man das zu jemandem sagen, dem ein paar freie Tage bevorstehen, nachdem er Stress bei der Arbeit hatte: «Ich wünsche dir eine schöne Auszeit. *Lass mal die Seele baumeln!*» Weitere Idiome des Deutschen, die ich sehr liebe, sind *Löcher in die Luft starren* (ins Leere schauen und nichts tun) oder *Kopfkino*, wenn man sich (verträumt) einer bestimmten Phantasie hingibt. Ich sage zu Frauke, dass ich es langsam begreife: erst arbeiten und dann entspannen und die Beine/Seele baumeln lassen ... «Ja», bestätigt sie. «Nur nicht zu lange.» *Wie bitte?* «Wir organisieren auch unsere Freizeit. Es könnte sein, dass wir sagen: ‹Wir lassen jetzt für ungefähr 45 Minuten unsere Seele baumeln ...›» *Ah, wie schön, Spaß nach Plan!*

Frauke beschreibt die deutsche Haltung zu Pünktlichkeit und Ordnung als «ein Seil, das alle mitzieht – wir lassen nie wirklich ganz los». Es gibt sogar einen Begriff dafür: *Freizeitstress*. «Nach dem Motto: ‹Nun mach schon, wir müssen die Taschen für den Strand packen!›» Frauke merkt, noch während sie es sagt, dass das Beispiel ziemlich merkwürdig klingt. «Trotzdem, wir

gehen an unsere Freizeit manchmal genauso heran wie an die Arbeit und haben einfach das Gefühl, es zahlt sich aus, wenn wir vorbereitet sind.» Mir fehlen die Gegenargumente. Ich bin seit sechs Jahren mit Frauke befreundet und habe keine gemeinsame Unternehmung mit ihr erlebt, bei der sie nicht mit Essen, Snacks, Kaffee in der Thermoskanne, Regensachen und für alle weiteren Eventualitäten ausgestattet war, sodass ich mir dilettantischer vorkam als sonst. «Das Klischee, dass Deutsche ehrlich, zuverlässig und effizient sind, trifft sehr oft zu», meint auch Nina. «Wir schätzen Bildung, Fakten und das Lernen – und wir mögen es, wenn etwas gut funktioniert.» Deutsche erledigen den Job gründlich, ehe sie sich ihrer zweiten Beschäftigung zuwenden: *es sich gutgehen zu lassen*. (Was in Deutschland auch fast wie ein Job angegangen wird, siehe *Freizeitstress*.)

Glück heißt in Deutschland, seine Arbeit ordentlich zu beenden und sich dann eine Pause zu gönnen – gleichzeitig ist es etwas sehr Persönliches. «Hier geht es nicht um Familie und Freunde oder elterliche Verantwortung», bekräftigt Frauke. «Wenn überhaupt, dann geht es um eine Pause davon.» Und das ist in Ordnung: Wenngleich Eltern gegenüber ihren Kindern gewisse Pflichten haben, erwartet man in der deutschen Kultur nicht unbedingt, dass man etwas zurückbekommt. «Ich verlange nicht, dass sich meine Kinder um mich kümmern, wenn ich alt bin», sagt Frauke, «insgesamt rechnen wir nicht damit, dass jemand anders uns glücklich macht. Wir gehen davon aus, selbst dafür verantwortlich zu sein und dafür arbeiten zu müssen. Auch das ist wohl eine protestantische Haltung.»

«Eigentlich ist es ganz einfach», sagt Nina. «Du arbeitest ordentlich, damit du dich anschließend ordentlich amüsieren kannst, wobei du es dir natürlich *gemütlich* machst.»

ANLEITUNG ZUR *GEMÜTLICHKEIT* UND WIE MAN AUF DEUTSCHE ART GLÜCKLICH WIRD

1

Achten Sie darauf, was Ihrem *Gemüt* guttut, und räumen Sie diesen
Dingen mehr Zeit ein. (Selbstgebackene Kekse? Ofen vorheizen und los!
Kleines Schläfchen zwischendurch? Ab aufs Sofa!)

2

Und dann machen Sie es wie Nietzsche und akzeptieren,
was Sie nicht ändern können (blöde Kollegen, das Wetter, die Laune
des Partners). Arbeiten Sie hart, aber ruhen Sie sich danach auch aus.
Vernünftig. Seien Sie stolz darauf, alles getan zu haben, was Sie
tun konnten. Ein erfülltes Tagwerk ist sehr befriedigend.

3

Haben Sie einen Balkon? Machen Sie es sich darauf *gemütlich*.
Mit einem *Feierabendbier*! Ta da: Ihr ureigener Biergarten!

4

Lassen Sie die Seele baumeln (für eine bestimmte Zeit ...).
Jeder kann sich fünf Minuten In-die-Gegend-Starren erlauben.
Oder einen kleinen Kopfkinofilm.
Sehen Sie? Sie fühlen sich bereits frischer.

MERAKI

Meraki, «Mai-rah-ki» ausgesprochen, ist ein Substantiv, das auch als Adverb verwendet werden kann … (Halten Sie sich fest!) Das Wort stammt vom türkischen *merak*, das sich als «Arbeit der Liebe» übersetzen lässt. Im Griechischen bedeutet es heutzutage, etwas mit Präzision und Hingabe zu tun und einer meist künstlerisch-kreativen Tätigkeit ungeteilte Aufmerksamkeit zu widmen. Ein klarer und persönlicher Ausdruck von Liebe und Sorgfalt.

GRIECHENLAND

In Griechenland, dem Land von Dionysos, tanzt man am Strand wie in *Alexis Sorbas* mit einem Glas auf dem Kopf oder einem Ouzo in der Hand (wenn mir der Anisgeruch in die Nase dringt, muss ich jedes Mal an eine besonders denkwürdige Nacht 1997 denken) oder einfach nur so. Die Griechen wissen zu feiern, doch sie kennen keineswegs nur überschäumende, ausgelassene Partylaune, sondern können ihr Glück auch auf eine ruhigere, besinnlichere Art genießen, was jedoch außerhalb des von 13 676 km Küste umgebenen Landes weniger bekannt ist. *Meraki* heißt, sich einer Sache mit Liebe, Sorgfalt und Leidenschaft zu verschreiben – eine konzentrierte Übung, die der Seele guttut und von den Griechen seit Jahrtausenden erfolgreich praktiziert wird.

Dimitra, eine Malerin und Historikerin aus Athen, die kürzlich ins ländliche Dänemark gezogen ist (sie hatte wohl genug von Sonnenschein und Sokrates), erklärt es so: «Bei *Meraki* geht es um Leidenschaft. Es geht nicht darum, etwas schnell zusammenzubasteln, sondern etwas mit voller Aufmerksamkeit, Liebe und vielleicht gar einem Hang zum Perfektionismus zu tun. Entscheidend ist», sie drückt die Finger aufeinander, «genau und bewusst zu arbeiten und etwas mit Herzblut anzugehen.» Sie erzählt mir, wie sie kürzlich in einer von Griechen geführten Lokalität ihre Bilder ausgestellt hat. Dimitra war der Meinung, an allen Werken mit *meraki* gearbeitet zu haben, und war gerade dabei, sie aufzuhängen, als die Besitzerin erschien. «Sie sah sich alle Bilder an, ehe sie auf eins zeigte und sagte: ‹Wissen Sie, wenn sich das hier nicht verkauft, sollten Sie da noch mal rangehen.›» Bei jedem anderen hätte Dimitra es vielleicht als unhöflich empfunden, aber da die Bemerkung von einer Landsfrau kam, war ihr klar, dass sie von einem gemeinsamen Verständnis von *meraki* herrührte («hinzu kommt die berühmte griechische Ehrlichkeit»). Die Griechin konnte erkennen, ob jemand wirklich mit *meraki* am Werk gewesen war, und teilte zudem Dimitras Sinn für Perfektion und Sorgfalt. «Aber man kann auch andere Dinge mit *meraki* machen»,

klärt Dimitra mich auf. «Zum Beispiel eine Mahlzeit zubereiten oder sogar den Tisch decken.» Wichtig ist, das nicht schnell erledigen zu wollen. Auch Multitasking, indem man mit einem Beilagenteller in der einen und dem Smartphone in der anderen Hand jongliert, widerspricht der Idee von *meraki*. Stattdessen geht es darum, sich zu konzentrieren und sich einer Sache voll zu widmen. «Wann immer ich kann, koche ich mit *meraki*», sagt Angeliki, eine Architektin aus Athen. «Für mich ist es wichtig, etwas herzustellen, von dem ich weiß, dass sich andere daran erfreuen, während ich selbst ebenso viel Freude habe, etwas Besonderes zu kreieren.»

Wenn man so eine Leidenschaft hat und stolz darauf ist, kann das auch darüber hinweghelfen, wenn die Arbeit, mit der man sein Geld verdient, diese Kriterien womöglich nicht erfüllt. *Meraki* kann das Leben lebenswert machen. Man lässt sich vom Alltag nicht so leicht unterkriegen, selbst wenn man bisweilen das Gefühl hat, man erledige eine Sisyphusarbeit. Wer mit der griechischen Mythologie vertraut ist, erinnert sich vielleicht an die Geschichte von Sisyphus, der dazu verdammt war, einen dicken Felsbrocken den Berg hinaufzuwälzen, nur um ihn dann regelmäßig wieder hinunterrollen zu sehen. Wenn Sie sich dabei an Ihren Job erinnert fühlen, beherzigen Sie diesen Rat: Viele Tätigkeiten, die täglich von uns verlangt werden, sind weder besonders herausfordernd noch wirklich spannend – Akten sortieren, Bestellungen rausgeben oder auch einige weniger angenehme Aspekte des Elterndaseins. Doch Sie können diesen endlosen Kreislauf mit persönlichen Zielen durchbrechen – mit Projekten, die Sie selbst reizen und auf die Sie sich freuen. Ihr *meraki*. Wenn Sisyphus beispielsweise Makramee

gemocht hätte, wäre sein Leben vielleicht nicht ganz so hoffnungslos gewesen. Sein Wochenkalender hätte wie folgt aussehen können:

Montag: Felsbrocken wälzen, Pause, einen Halben Schlag knüpfen ...
Dienstag: Felsbrocken wälzen, nach Feierabend noch ein Kreuzknoten ...
... und so weiter ...

Meraki spielt noch in einen weiteren Bereich hinein, der den Griechen für ihr persönliches Glück sehr wichtig ist: Selbst den beiläufigsten sozialen Kontakten werden Liebe und Sorgfalt zuteil. Die moderne Psychotherapie hält, wie schon mehrfach erwähnt, den regelmäßigen Kontakt mit Freunden und Familie für einen der wichtigsten Faktoren fürs Wohlbefinden. Und daran mangelt es Griechen selten. «Manchmal braucht man eine Stunde, um nach Hause zu kommen, selbst wenn die Haustür bereits in Sichtweite ist, nur weil einen Freunde oder die Familie aufhalten», erklärt Angeliki. Und Dimitra meint dazu: «Die Griechen können sich gegenseitig einfach nicht in Ruhe lassen.» Gemeinsames Erleben wird hochgehalten, allein tut man in Griechenland kaum etwas. «Man würde zum Beispiel niemals allein in ein Café gehen», sagt Dimitra, «und wenn auch nur das Kleinste passiert, rufe ich sofort meine Freunde an.» Sie deutet mit beiden Händen Telefone am Ohr an. «In Griechenland herrscht allgemein die Auffassung, dass es nicht gut ist, Dinge mit sich selbst auszumachen, und ich glaube, auch das hat mit Glück zu tun – im Rest der Welt geht man zum Psychologen, um zu reden, in Griechenland reden wir miteinander.»

Außerdem lernen die Griechen früh, ausdrucksstark zu sein. «Gefühle werden bei uns großgeschrieben, und in unserer Sprache gibt es Begriffe für bestimmte Emotionen, die sonst niemand hat», erfahre ich von Dimitra. Mein Favorit aus dieser Kategorie ist *klafsigelos* – wenn jemand so sehr lacht, dass sie oder er weinen muss. Und die Griechen beherrschen natürlich auch das dramatische Fach. «Die griechische Tragödie ist nicht nur etwas Historisches», sagt Dimitra. «Wenn ein geliebter Mensch stirbt, wird Schwarz getragen und in Trauer geschwelgt.» Sie erzählt mir, dass man in der Stadt, aus der ihr Vater stammt, verstoßen wird, wenn man nach einem Todesfall nicht «quasi für immer» Schwarz trägt. «Wir schluchzen und klagen, wir tanzen und singen – und das auf einem ganz anderen Level als andere», fasst Dimitra die griechische Mentalität zusammen, und das ist nicht als Scherz gemeint. Die griechische Nationalhymne hat 158 Strophen. Auch das ist *meraki*.

Das Theater genießt einen hohen Stellenwert, allein in Athen gibt es 400. Selbst abgelegene Dörfer mit 300 Einwohnern haben oft ein Theater. «Wir gehen Geschichten gern auf den Grund. Und sie sind so gut geschrieben, dass immer etwas über das Wesen des Menschen offengelegt wird», erklärt Dimitra. Auch hier wird mit *meraki* gearbeitet. Eintrittskarten sind mit einem Preis um meist € 10 erschwinglich und die Aufführungen zahlreich ... «Theaterbesuche gehören seit jeher zum Leben eines jeden Griechen», erklärt Dimitra, und ich erfahre, dass sich die Menschen in der Antike klassischerweise vier Stücke nacheinander ansahen. «Erst gab es drei Tragödien für die Katharsis, die seelische Reinigung, wo man mit Dingen konfrontiert wurde, die man normalerweise nicht einmal zu denken wagte – wie der Mutter, die in *Medea* ihre Kinder tötet, oder dem Sohn, der in *Oedipus Rex* mit seiner Mutter schläft.» (All solche netten Dinge, die wir Mütter eben anstellen, wenn wir nicht gerade in unserem Buchclub Wein trinken ...) «Und den Abschluss bildete dann eine Komödie», sagt Dimitra. «Die Idee war, alles Negative oder Tabubelastete aus dem System zu bekommen und danach etwas Auf-

bauendes zu erleben. Ja, die alten Griechen verstanden etwas von Psychologie.»

Auch moderne Griechen sind in dieser Hinsicht nicht schlecht aufgestellt. Jedes Kind, das in Griechenland aufwächst, ist sich erstaunlich früh der eigenen Sterblichkeit und des eigenen Ichs bewusst. «Ab der dritten Klasse, also mit ungefähr acht Jahren, werden die Kinder in die griechische Mythologie eingeführt. Und bis zur sechsten Klasse, also mit elf Jahren, ist man bei den griechischen Philosophen angelangt», berichtet Dimitra. «Die Geschichte seines Landes lernt man überall, mit dem Unterschied, dass unsere länger ist!»

«Griechen sind mit den Grundlagen der Philosophie vertraut und damit letztlich auch mit denen der Psychologie», erklärt Dimitra. «Wir haben Sonne, mediterranes Essen, eine große Familie und alles, was erwiesenermaßen zum Wohlbefinden beiträgt. Außerdem wissen wir sehr gut, was Glück ist und bedeutet.» Und *meraki* bedeutet, dass es selbst an Tagen, an denen nicht alles wunschgemäß läuft – wenn die Dinge beschwerlich oder öde sind –, etwas gibt, worauf man sich freuen kann. Ein persönlicher Genuss, eine Leidenschaft, die einen wiederaufbaut ...

Die Griechen wissen, dass sie nicht wirklich kontrollieren können, was ökonomisch und politisch in ihrem Land geschieht, sehr wohl aber, wie sie darauf reagieren und damit umgehen können. Das griechische Volk hatte es in der Geschichte nicht leicht. Es musste fremde Besatzungen, Kriege und schwere wirtschaftliche Probleme ertragen, die bis heute andauern – dennoch sind die Menschen größtenteils zufrieden. «Wir haben eine gute Lebensqualität und machen uns nicht so viel Stress wie andere», sagt Angeliki. «Es gibt Dinge, die wir nicht ändern können, aber das nehmen wir ziemlich gelassen. Wir machen einfach weiter und finden unsere Wege, um glücklich zu sein, etwa, indem wir uns Zeit für Freunde und für *meraki* nehmen.» Und das sollten Sie auch tun.

WIE MAN *MERAKI* IN DIE TAT UMSETZT

1

Schalten Sie ihr Handy aus, und widmen Sie sich
zehn Minuten lang einer kreativen Tätigkeit.

2

Kochen Sie etwas mit Liebe, wenn Sie daran Freude haben,
ansonsten bestellen Sie sich etwas, aber auf jeden Fall sollten
Sie den Tisch so elegant wie möglich decken.
Die Serviette zum Schwan gefaltet? Ja bitte ...

3

Pushen Sie sich selbst, damit das Resultat dessen, woran Sie arbeiten,
so gut wie möglich wird. Perfektionismus ist nur dann negativ, wenn er
Stress bereitet. Bei *meraki* geht es um Leidenschaft.

4

Sie haben Ihr Ventil noch nicht gefunden?
Probieren Sie einige Dinge aus. Hobbys machen glücklich –
und sich die Zeit zu nehmen, sich bewusst einer Aufgabe zu widmen
ist gleichzeitig gut für die Achtsamkeit. Win win.

ALOHA

Aloha ist ein Substantiv und bedeutet Liebe, Mitgefühl, Freundlichkeit, Respekt und Vergeben. Man nimmt an, dass es das Wort schon seit 500 v. Chr. gibt, als polynesische Siedler nach Hawaii kamen. Laut der hawaiianischen Gelehrten Mary Kawena Pukui wurde *aloha* ursprünglich verwendet, um die Liebe zwischen Eltern und Kind zu beschreiben. Heute ist es einerseits ein Gruß, andererseits aber auch eine Leitlinie für den Umgang mit der Natur und ihren Kreaturen und eine Beschreibung der typisch hawaiianischen Lebensart.

HAWAII

Als Geburtsort von Barack Obama und des Surfens ist Hawaii an sich schon mehr als cool. Hawaiis wichtigster Exportschlager sei aber ohne jeden Zweifel *aloha*, behauptet Rob, der Freund eines Freundes aus Oahu. Er hat sich bereit erklärt, mich in die Welt der Pazifikinseln einzuführen, auf denen ich noch nie war, es aber zu gern bei nächster Gelegenheit nachholen würde. Ich geb's zu, Hawaii ist kein eigenständiges Land, aber ich habe es in dieses Buch hineingeschummelt, weil die Inselkultur speziell ist und sich in mehr Aspekten vom Rest der USA unterscheidet, als dieses Buch Seiten hat. Und auch, weil es Hawaii ist, das heißt Palmen, Ananas, Meer und Strand, Hula-Tanz und Lei, die bezaubernden Blumenkränze. Es gibt wenig, das man an dem kleinen US-Staat mitten im Pazifik nicht mögen könnte. Und was die Hawaiianer so glücklich macht, ist ihre Geisteshaltung, und das ist *aloha*. Laut mehrerer Gallup-Studien sind die Einwohner Hawaiis die zufriedensten Menschen der gesamten USA, und nur 32,1 % fühlen sich regelmäßig gestresst.

«*Aloha* ist eigentlich ganz einfach und doch vielschichtig», sagt Rob, «weil es einen zwingt, entsprechend zu handeln.» Er beschreibt den *aloha spirit* als eine Art selbstlose Liebe und ein Verantwortungsbewusstsein, was, wenn ich ehrlich bin, in meinen Ohren stark nach der Eltern-Kind-Beziehung klingt, von der schon Mary Kawena Pukui sprach. «Oft wird der *aloha spirit* als die warme, herzliche Art der Menschen in und aus Hawaii beschrieben», fügt Rob hinzu. «Und ist sie echt?» Als zynische Britin, die ich nun einmal bin, kann ich mir die Frage nicht verkneifen. «Oh ja. Sie ist vollkommen echt, denn sie entspricht unserem Naturell: Wir fühlen uns verbunden mit der Landschaft, den Bewohnern und den Werten der hawaiianischen Kultur.»

Zane, ein professioneller Surfer aus Lahaina, schließt sich ihm an: «*Aloha* ist eine Lebenseinstellung und so viel mehr als ein Gruß: Es ist Freundlichkeit, Harmonie, Demut, Geduld, Durchhaltevermögen und ausnahmslose Liebenswürdigkeit.» Ich bin fasziniert. Einfach «nett zueinander zu sein» zählt in der Glücksforschung für gewöhnlich nicht viel. Doch Zane hat recht: Liebenswürdigkeit als menschliche Eigenschaft ist total unterbewertet. Und obwohl wir inzwischen alle wissen, dass Glück von innen heraus kommen muss (oder?), ist es natürlich weitaus angenehmer, von liebenswürdigen Menschen umgeben zu sein als von einer Herde mürrischer I-Ahs. «Wie kann man sich anmaßen, jemand anderen durch seine eigene schlechte Laune mit runterzureißen?», fragt Zane. Da ist was dran. Selbst wenn Hawaiianer einen schlechten Tag haben, besinnen sie sich auf den *aloha spirit*, erzählt er mir, um «wieder nach vorn zu schauen und weiterzumachen».

Der typische Gruß auf Hawaii ist der *shaka* – eine Geste, bei der die mittleren Finger gekrümmt und Daumen und kleiner Finger abgespreizt sind. Angeblich entstand der Gruß, als ein freundlicher alter Mann, der stets Passanten zuwinkte, bei einem Unfall im Garten seine mittleren Finger verlor. «Er hätte darüber verrückt oder depressiv werden können, doch der Kerl hatte ein großes Herz, und anstatt die lädierte Hand zu verstecken, grüßte er seitdem mit ihr», erzählt Zane. Und die Leute winkten zurück, begannen sogar aus Solidarität die mittleren Finger ebenfalls einzurollen. Die Geste machte Schule, bis sie ein hawaiianischer Reporter am Schluss seiner Sendung verwendete. «Dazu sagte er jedes Mal so etwas wie: ‹Schalten Sie beim nächsten Mal für den neuesten Schocker wieder ein›», sagt Zane, «und in seinem Pidgin-Englisch klang *shocker* wohl wie *shaka*, und so ist es hängengeblieben.» Inzwischen ist der Gruß eine geläufige Art, jemandem zu zeigen, dass man ihm mit *aloha* begegnet, so Zane. «Die Leute grüßen dich am Strand mit dem *shaka*, und du erwiderst das Zeichen, um ihnen deine Anerkennung zu erweisen. Und Anerkennung ist alles in der hawaiianischen Kultur.»

Die Natur wurde auf Hawaii schon immer wertgeschätzt. Die Menschen verstanden intuitiv, wie das Ökosystem funktionierte, lange bevor die Wissenschaft sich dafür zu interessieren begann. «Die ersten Siedler blickten aufs Meer hinaus und stellten fest, dass die Welt nicht erst am Horizont beginnt, sondern im Himmel», sagt Zane und beschreibt, dass sie beobachteten, wie das Wasser von den Wolken angezogen wird, wenn es verdunstet, und wie es in die Flüsse hinabregnet, die es anschließend zurück ins Meer bringen. «Wasser ist auf Hawaii heilig. Es ist die Lebensader für Land und See, für einen gesunden Wald und das Korallenriff. Bei uns gibt es ein altes Sprichwort: *ola alla wai* (Wasser ist Leben). Und das beherzigen wir.»

Jahrhundertelang lebten die Hawaiianer dank *aloha* im Einklang mit der Natur. «Das Land und seine Menschen befinden sich in einem erstaunlichen Gleichgewicht», meint auch Rob. «Hawaiianer sind nicht der Auffassung, ihnen gehöre das Land. Nein, wir gehören den Inseln», sagt er. Deshalb fühlen sich Hawaiianer auch verantwortlich dafür, dass es dem Land gutgeht. Schon die Kinder wachsen mit *kuleana* auf, dem Bewusstsein, auf die Umwelt achten zu müssen. Der nachhaltige Umgang mit der Natur ist für sie so selbstverständlich, wie Entscheidungen zu treffen, die *pono* sind, respektvoll – und damit der Gemeinschaft, der Umgebung und dem großen Ganzen dienen. Das offizielle Motto von Hawaii lautet: *Ua Mau ke Ea o ka 'Āina i ka Pono*, was übersetzt so viel heißt wie: «Das Leben des Landes hat sich auf ewig der Gerechtigkeit verschrieben.» Das fasst die Beziehung zwischen den Menschen und ihrem Land gut zusammen. Hawaiis Inseln wurden vom Wasser, das von den Gipfeln zu den Riffen hinunterfließt, zu Keilen geformt, und traditionell bewirtschafteten die Hawaiianer jeweils einen von den Bergen bis zur See reichenden Streifen davon als Kooperative. Die Gemeinschaft teilte die Ressourcen und nutzte die Synergien, die sich durch den natürlichen Rhythmus von Land und Meer ergaben. Was auch bedeutete, dass der Kreislauf der Natur den Menschen regelmäßig Zeit zur freien

Verfügung ließ. So viel Zeit, dass sie das Wellenreiten zu einer Kunstform erhoben. Und auf Hawaii surft wirklich jeder.

«Mit der See verbindet mich eine lebenslange Liebesbeziehung, und als Jugendlicher war Surfen für mich das Größte», erinnert sich Rob. Zane beschreibt das Meer als seine «Kirche» und kann auf dem Board sogar Handstand machen – mitten in der Welle, versteht sich. (Ich habe keine Ahnung vom Surfen, aber ich kann nicht mal *an Land* Handstand machen, von daher finde ich diese Leistung ziemlich beachtlich.) Surfen, so, wie wir es heute kennen, nahm auf Hawaii seinen Anfang, und der Erste, der den Sport zu Beginn des 20. Jahrhunderts in die Welt hinaustrug, war Duke Paoa Kahinu Mokoe Hulikojhola Kahanamoku. Als ich ein wenig über «The Duke» recherchiere (was nicht schwer ist), finde ich Bilder von ihm, wie er beim Surfen sogar Golf spielt (er war demnach auch ein talentierter Golfer). Andere Fotos zeigen, wie er surfend eine Frau auf seinen Schultern trägt (sie steht ebenfalls), sowie weitere, auf denen er der Betrachterin tief in die Augen schaut (jedenfalls habe ich es so interpretiert ...). Als wahres Allroundgenie war Duke auch als Rechtspfleger, Schauspieler, Beachvolleyballer und Geschäftsmann tätig und gewann mehrere olympische Medaillen – was uns alle wie Loser dastehen lässt. Nur, wie passt das zur lockeren Surfer-Mentalität? «Na ja, arbeiten muss man natürlich auch», bestätigt Zane. «Arbeit, Angeln, Freizeit – was immer du tust, du bemühst dich stets nach besten Kräften, und nebenbei hast du Spaß. Das heißt nicht, dass man die ganze Zeit Witze reißt, aber du musst alles mit einer positiven Grundhaltung und Respekt tun.» Denn das ist *aloha*, eine Einstellung, die sich die Hawaiianer während ihrer gesamten turbulenten Geschichte erhalten haben.

Nachdem sich die polynesischen Siedler, die auf dem Ozean nur mit Hilfe der Sterne navigierten, vor 1500 Jahren dort niederließen, kamen im 17. Jahrhundert die Spanier, 1778 auch der englische Captain Cook, kurz nachdem er die Australier aufgescheucht hatte. Der Kontakt mit den Europäern hatte

katastrophale Folgen für die Inselbewohner, auch weil sie neue Krankheiten einschleppten. Wenig später trafen amerikanische evangelische Missionare ein, die den traditionellen polynesischen Hula-Tanz als heidnisch verdammten und meinten, «Seelen retten» zu müssen. 1795 wurde das Königreich Hawaii gegründet, in dem die Inseln Hawaii, Oahu, Maui, Molokai und Lānai zusammengeschlossen wurden. 1891 bekam Hawaii seine erste und letzte Königin, Liliuokalani. Sie war keine zwei Jahre an der Macht, als sie von den USA gezwungen wurde, abzudanken und alle Rechte auf den Thron abzutreten. In ihrem eigenen Thronsaal wurde ihr vor dem Militärgericht der Prozess gemacht, und man verurteilte sie zu fünf Jahren Zwangsarbeit. 1896 wurde Liliuokalani begnadigt, doch Hawaii wurde 1898 offiziell zum 50. Bundesstaat der USA. Die hawaiianische Sprache wurde damals komplett aus den Schulen und Behörden verbannt, und bis 1920 war die Zahl der Eingeborenen einer US-amerikanischen Volkszählung zufolge unter 24 000 gesunken. Erst seit der Verfassungsänderung von 1978 darf in Schulen wieder Hawaiianisch unterrichtet werden, und seit 1987 gibt es für die Umsetzung das *Hawaiian Language Immersion Program*. «Heute wird Hawaiianisch fast wieder flächendeckend unterrichtet, doch an vielen Menschen ist die Sprache ihres Heimatlandes komplett vorbeigegangen», sagt Zane.

Von den 1 400 000 Einwohnern Hawaiis haben sich bei einer kürzlich durchgeführten Volkszählung nur 141 000 als rein hawaiianisch bezeichnet. Auch wenn nur noch ein kleiner Anteil seine Herkunft bis zu den polynesischen Siedlern zurückverfolgen kann, kümmert man sich heute verstärkt um die Erhaltung und Verbreitung der traditionellen Sprache und Kultur. Haleaka Iolani Pule Dooley, bekannt als Aunty Aka, war eine der weltweit bekanntesten Repräsentantinnen der traditionellen hawaiianischen Kultur. Wohin sie auch kam, brachte sie den Menschen den *aloha spirit* näher. Als Hawaiianerin der 43. Generation und direkte

Nachfahrin der höchsten *Alii* (Anführer/Anführerinnen) und *Kahuna Nui* (Priester/Priesterinnen) Hawaiis, wurde sie 1965 in Honolulu in eine Familie von mehr als 20 Kindern hineingeboren. Haleaka wuchs ohne Strom, Fernsehen und andere moderne Errungenschaften auf, stattdessen wurde sie in das Wissen ihrer Vorfahren eingewiesen. Später lernte sie, die traditionellen hawaiianischen Weisheiten als Historikerin und Heilerin weiterzugeben und zu lehren. *Aloha* beschrieb sie in einem ihrer zahlreichen YouTube-Tutorials als eine «symbiotische Beziehung, bei der es darum geht anzuerkennen, dass man mit allem, was einen umgibt, in Verbindung steht, und man erkennen muss, wo der eigene Platz in diesem Universum ist». Haleaka spendete Präsident Barack Obama nach seinem Amtsantritt den traditionellen hawaiianischen Segen. Bis zu ihrem Tod 2014 warb sie weiter für den *aloha spirit* und machte hawaiianische Sprichwörter bekannt wie:

He 'Olina Leo Ka Ke Aloha: Freude ist die Stimme der Liebe.
'A 'ohe loa i ka hana a ke aloha: Liebe kennt keine Distanzen.
... und mein Favorit:
Ua ola no i ka pane e ke aloha: In einer freundlichen Antwort steckt Leben.

Denn anderen freundlich zu begegnen ist keineswegs nebensächlich, weshalb Nächstenliebe bei *aloha* großgeschrieben wird. Eine weitere wichtige Eigenschaft ist Akzeptanz. Sie ist unerlässlich für eine philosophische Herangehensweise an derzeitige und vergangene Lebensumstände. Haleaka erzählte einmal von einem Gespräch, das sie mit ihrer Großmutter über die «Entdeckung» der hawaiianischen Inseln durch Captain Cook geführt hatte. Als sie die Ältere fragte, wie das Konzept von *aloha* denn mit dem großen Leid in Einklang zu bringen wäre, das dem hawaiianischen Volk angetan wurde, bekam sie zur Antwort: «Wie sonst hätte die Welt von *aloha* erfahren? Und wie sollten wir uns sonst daran erinnern, dass es uns angeboren ist, bedingungslos zu lieben?»

Auch heute noch stehen die Hawaiianer vor zahlreichen Herausforderungen, und einige von ihnen befürchten, der *aloha spirit* könne verlorengehen. Jedes Jahr besuchen die Inseln mehr als 8 000 000 Touristen, die einerseits Geld bringen, andererseits viele neue Entwicklungen. «Das ursprüngliche *aloha*, mit dem ich aufgewachsen bin, ist durch die massiven Veränderungen und die vielen Menschen tatsächlich in Gefahr», sagt Rob. Er macht sich Sorgen, das traditionell lockere und produktive Inselvolk könne den Belastungen nicht standhalten. So überrascht es kaum, dass in der Nationalregierung Hawaiis viele dem Tourismus gegenüber kritisch eingestellt sind. «Auch mit den Wasserrechten gibt es Ärger», berichtet Zane, «weil Ströme umgeleitet werden, weshalb die Korallenriffe vor den Inseln absterben. Denn genauso, wie Bienen Pflanzen bestäuben, transportieren Meeresströme den Pollen von einem Riff zum nächsten.» Zane bleibt dennoch optimistisch. «Wir versuchen, allen die Hand zu reichen und sie zu bekehren», sagt er. «Wir werden nicht aufgeben, denn bei *aloha* geht es um Harmonie, Nächstenliebe und Respekt. Solange wir uns diese Grundeinstellung bewahren, werden wir schon zurechtkommen.»

Und genau das ist das Geheimrezept. *Aloha* heißt, Entscheidungen zu treffen, von denen man weiß, dass sie nicht nur gut für einen selbst sind, sondern auch für die Familie, das Land, die Freunde und die Kultur, kurz: das Wohlbefinden der Gemeinschaft. Das bedeutet Glück auf Hawaii – was die Kultur auf der ganzen Welt beliebt macht. «Als Hawaiianer erfährt man so viel Wärme», sagt Zane. «Wenn ich erzähle, woher ich komme, werden die Menschen sofort freundlicher – man ist uns wohlgesonnen. Als könnten die Leute den *aloha spirit* spüren, ohne genau zu wissen, was sich dahinter verbirgt. Und das ist etwas ziemlich Besonderes.»

WIE MAN DEN EIGENEN
ALOHA-SPIRIT ENTFACHT

1

Achten Sie die Menschen, denen Sie begegnen,
und gehen Sie offenherzig auf sie zu.

2

Gehen Sie respektvoll mit der Umwelt um. Letztens habe ich
während eines Strandspaziergangs Müll gesammelt,
weil ich mich nicht mehr hören konnte, wie ich mich darüber aufrege,
ohne selbst etwas dagegen zu tun. Später habe ich beobachtet,
wie jemand anderes das Gleiche tat.

3

Seien Sie liebenswürdiger. Versuchen Sie, mal wieder «nett» zu sein,
und warten Sie ab, was geschieht.

4

Bauen Sie eine Verbindung zum Wasser auf.
Lernen Sie das Surfen. Lassen Sie sich das Kajakfahren beibringen.
Oder gehen Sie einfach schwimmen und erleben,
wie sehr Ihr Körper es Ihnen dankt.

Þetta reddast, «ta-ta-ra-dost» ausgesprochen, heißt «wird schon klappen» und ist das Motto Islands. Der Begriff charakterisiert eine Nation moderner Wikinger, die entspannt sind und dennoch Mumm haben, was eine ungewöhnliche, aber kraftvolle Kombination ist. Auch wenn Isländer mit Schwierigkeiten konfrontiert sind, glauben sie fest daran, dass sich alles regeln lässt. Egal, wie groß das Problem ist, am Ende wird sich schon eine Lösung finden. *þetta reddast* bedeutet Widerstandskraft. Es bedeutet, dem Absturz der Finanzmärkte mit Töpfen, Pfannen und Kochlöffeln zu begegnen. Es bedeutet zu wissen, dass man selbst bei Gegenwind und angesichts des, wenn man ehrlich ist, grauslichen Wetters zu Großartigem in der Lage ist.

ISLAND

Den Kopf im Dampf und Silikon und Mineralien aus zwei Kilometern Tiefe auf der Haut – in der *Bláa Lóniō*, der Blauen Lagune von Reykjavik, fühlt man sich wie in einem riesigen heißen Milchbad. Ganz in der Nähe spritzt eine Fontäne schwefelhaltiges Wasser aus dem Boden ... Und wenn man weiter gen Süden fährt, bekommt man Berge, schwarzen Sand, Wasserfälle und Gletscher zu sehen. Islands außergewöhnliche Landschaft ist allerdings gleichzeitig außergewöhnlich unwirtlich, mit Tiefsttemperaturen von –25 ° Celsius, und im Winter gibt es nur vier Stunden Tageslicht. Selbst im Sommer scheint die Sonne so selten, dass Arbeitnehmer spontan frei – *sólarfri* – bekommen, um einen außergewöhnlich sonnigen Tag oder eine isländische Hitzewelle von 18 ° Celsius zu genießen. Das brutale Klima und die außerweltliche Landschaft veranlassten die NASA 1965 dazu, Apollo-Astronauten in Island für die bevorstehende Mondlandung trainieren zu lassen.

«Das Leben hier ist nicht ohne», bestätigt Siggi, der aus Reykjavik stammt und als Berater im Digitalbereich arbeitet, «aber wir sind schon immer hart im Nehmen gewesen. Es bleibt uns auch nichts anderes übrig.» Die Arbeitspsychologin Birna stimmt zu: «Wir Isländer sind in einer lebensfeindlichen Umgebung zu Hause, aber es ist uns gelungen, sie zu unserem Zuhause zu machen. Es funktioniert. Seit wir klein sind, sagen wir uns immer wieder: *þetta reddast*.» Umfragen ergeben regelmäßig, dass Island eins der glücklichsten Länder der Welt ist, und meine beiden isländischen Freunde Siggi und Birna gehören zu den wundervollsten Menschen, die mir je begegnet sind. Und sie sind miteinander verheiratet, was ich bei so tollen Menschen besonders toll finde. Die isländische DNA, mit der sie und ihre 350 000 Landsleute gesegnet sind, scheint eine gute zu sein. Sie hat Lichtgestalten hervorgebracht wie Björk, Sigur Rós, Halldór Laxness, Arnaldur Indriðason und Yrsa Sigurðardóttir und mit Vigdís Finnbogadóttir das erste weibliche, demokratisch gewählte Staatsoberhaupt sowie mit Jóhanna Sigurðardóttir die erste Regierungschefin, die sich offen zu ihrer Homosexualität bekennt. Und nicht nur die Menschen sind beeindruckend. Islandpferde – eine zottelige, kräftige Rasse – sind Wikinger genug, um das ganze Jahr ohne Decken oder sonstigen Schutz im Freien zu bleiben und sich nur von dem zu ernähren, was sie in der Natur finden. Das ist stark. Lange bekam Island als Nation erstaunlich viel auf die Reihe. Doch dann war da das Jahr 2008, das für zahlreiche Länder in der ganzen Welt zum Albtraum wurde, keins traf es jedoch härter als Island.

Die drei größten Banken des Landes rutschten in die Pleite, was zum größten Finanzcrash führte, den ein Land gemessen an seiner Größe je erlebt hatte. Darauf folgten ein wirtschaftliches Tief, politische Unruhen und Wut aufgrund von Staatskorruption und falschen wirtschaftlichen Entscheidungen. Doch das war der Moment, in dem die Isländer der Welt zeigten, wozu *þetta reddast* sie befähigt. «Der Finanzcrash war eine extrem schwierige Zeit, und unsere Widerstandskraft wurde hart auf die Probe gestellt», sagt Siggi. «Wir gehen nicht leichtfertig auf die Straße, um zu demonstrieren, aber während der Krise haben wir es getan. Jedes Wochenende standen wir da und taten kund, dass wir uns das nicht gefallen lassen.» Die Isländer haben sich niemals machtlos gefühlt. «Stattdessen handelten wir», meldet sich Birna zu Wort. «Mit Töpfen, Pfannen und Kochlöffeln bewaffnet, sind wir jeden Samstag auf den Austurvöllur marschiert – den Platz, an dem das isländische Parlament beheimatet ist –, um Lärm zu machen und zu fordern, dass sich etwas ändert.» Daraus wurde die «Kochlöffelrevolution», während derer der Rücktritt der Regierung und Neuwahlen gefordert wurden. Und so geschah es. Eine neue Regierung wurde gebildet, und bis Mitte 2012 war Island zu einem von Europas Vorzeigebeispielen dafür geworden, wie schnell sich ein Land erholen kann. Zudem: Das persönliche Wohlbefinden der Isländer war während der Krise nur minimal gesunken, und 25 % gaben danach sogar an, noch glücklicher zu sein als zuvor.

«Das liegt daran, dass wir uns selbst bewiesen haben, wozu wir in der Lage zu sind», erklärt Birna. «Hier war eindeutig *þetta reddast* gefragt.» Und Siggi unterstreicht: «Resilienz haben wir in unserer DNA. Als sich die Wikinger hier niederließen, mussten sie einfach lernen, in Kälte und Dunkelheit zu überleben.»

Isländische Kinder werden von Anfang an dazu erzogen, widerstandsfähig zu sein. Sie lernen früh, lange Strecken zu Fuß zurückzulegen und bei jedem Wetter draußen zu sein. Denn wenn Kinder in Island nicht bei jedem Wetter rausgingen, würden sie überhaupt nicht rausgehen. Zudem fühlt man sich in diesem Land so sicher, dass es normal ist, wenn Sechsjährige im Winter im Dunkeln allein zur Schule gehen.

Doch auch das Leben drinnen hat aufgrund des Klimas einen hohen Stellenwert. «Während es kalt und finster ist, werden drinnen viele Geschichten erzählt. Im Sommer, wenn es dann fast die ganze Zeit hell ist, benehmen sich die Menschen plötzlich total anders», erklärt Birna. «Schon allein, weil das Schlafen schwerfällt, gleichzeitig regt das Licht die Phantasie an.» Die

Haltung von *þetta reddast* prägt auch die Geschichten, die sich die Isländer seit Tausenden von Jahren erzählen, und das Land hat
eine große literarische Tradition, die bis zu
den Heldensagen der Wikinger reicht. Typisch sind die mystischen Erzählungen über
Elfen – das *huldofólk* (das versteckte Volk) –,

die zu Island gehören, seit die Wikinger 1000 v. Chr. auf der Insel landeten.
Auch heute noch glauben 54 % an Elfen, und 90 % seien zumindest der Idee
gegenüber offen, dass Elfen existieren, so Magnus Skarphedinsson, Direk-
tor der Elfenschule in Reykjavik (der, zugegeben, nicht ganz neutral sein
dürfte). Nicht zuletzt durch die Geschichten, die die isländischen Kinder hören, wird die *þetta-reddast*-Mentalität gefördert. Wussten Sie, dass in Island
nicht der Weihnachtsmann kommt, sondern die *jólasveinar*, 13 Halbtrolle
mit Namen wie Türzuschläger, Türschlitzschnüffler und Fensterglotzer? Ab
dem 12. Dezember erscheinen sie bei den Kindern und spielen ihnen Strei-
che. Jeden Tag kommt einer hinzu, bis sie an Heiligabend vollständig sind.
Ehrlich gesagt, finde ich, dass diese Gesellen ziemlich unheimlich klingen.
Als ich das laut ausspreche, meint Birna, das sei noch gar nichts: «Es gibt
auch noch die Weihnachtskatze, die Kinder frisst, die keine neue Kleidung
bekommen.» *Oha* ... «Ich weiß, das hört sich ziemlich grausam an», pflichtet
sie mir dann bei, «aber ich glaube, man wollte die Eltern einfach dazu bringen, ihrem Nachwuchs neue Socken zu stricken.» Dass Isländern die dunkle
Seite durchaus vertraut ist, brauche ich wohl nicht extra zu betonen. Zucker-
süße Disney-Geschichten sucht man hier jedenfalls vergebens.

Was die Isländer außerdem beim Ranking der glücklichsten Nationen
nach oben katapultiert, ist der Tatsache geschuldet, dass sie viel lesen. Mes-
sungen der Hirnströme haben gezeigt, dass wir beim Lesen die Handlung,
Bilder und Töne der Geschichte im Kopf nachbilden, was unsere Nerven-

bahnen stimuliert. Sich in ein Buch zu vertiefen stärkt darüber hinaus nachweislich unser Mitgefühl und sogar das allgemeine Wohlbefinden. *Blindu er bóklaus maður*, eine in Island gängige Redewendung, bedeutet: «Ein Mensch ohne Buch ist blind.» Das bestätigt Siggi: «Bücher haben einen besonderen Platz in unseren Herzen.» Weihnachten schenkt man sich traditionell Bücher, und man spricht von der alljährlichen *jolabokaflood*, der weihnachtlichen Bücherflut, zwischen September und Dezember, wenn die meisten Bücher gekauft werden. Jeder Haushalt erhält kostenfrei einen Katalog mit den Neuerscheinungen, den sogenannten *bokatidindi*, und Siggi bekommt feuchte Augen, wenn er daran denkt, wie er ihn als Kind verschlungen hat und alle Titel einkreiste, die er sich wünschte. Diese Leidenschaft für das geschriebene Wort hat zur Folge, dass es hier mehr Schriftsteller gibt und mehr Bücher pro Kopf erscheinen und gelesen werden als irgendwo sonst in der Welt. Laut einem BBC-Bericht veröffentlicht einer von zehn Isländern im Laufe seines Lebens ein Buch, und es kursiert ein alter Witz, dass eines Tages in Reykjavik eine Statue zu Ehren des einen Isländers errichtet würde, der nie ein Buch schrieb.

Es gibt noch ein weiteres Beispiel für *þetta reddast*. «Wenn wir etwas wirklich wollen, kennen wir keine Hindernisse», erklärt Birna. Wenn man also gern ein Buch schreiben oder einen Marathon laufen möchte, dann tut man es einfach. *þetta reddast* (wird schon werden)! «Ich denke, dieser Glaube an uns selbst hat etwas damit zu tun, dass wir die originalen Wikinger sind», meint Birna. «Wir sind Rebellen, die vom europäischen Festland geflohen sind, und haben einen Ort, der eher lebensfeindlich wirkt, zu unserem Zuhause gemacht. Deshalb halten wir uns für etwas Besonderes. Ich glaube fest daran, zu Großem fähig zu sein, nur weil ich Isländerin bin. Es ist eine besondere Energie, die uns antreibt, und *þetta reddast* ist unsere Lebenseinstellung – also können wir alles schaffen!»

WIE SIE EINE
ÞETTA-REDDAST-EINSTELLUNG
ENTWICKELN KÖNNEN

1

Denken Sie positiv! Wenn Isländer frohen Mutes sind, obwohl sie fast das
ganze Jahr in einem Kühlschrank leben, können Sie es auch sein.

2

Seien Sie kreativ! Arbeiten Sie mit dem, was Sie haben,
und machen Sie aus langen Winterabenden eine Tugend.

3

Wenn die Welt draußen feindselig ist, kümmern Sie sich
um Ihr inneres Wohlbefinden. Lesen Sie ein Buch, oder machen Sie es
wie die Isländer und schreiben es selbst.

4

Werden Sie zum Wikinger! Trainieren Sie, lassen Sie die Muskeln spielen,
und – ganz wichtig – nehmen Sie Fischöl. Isländer schwören darauf,
als Stimmungsaufheller und allgemein für die Gesundheit.
Kapseln sind in Ordnung, Puristen bestehen jedoch darauf, es mit dem
Löffel einzunehmen. «In Island sagt man: ‹Wenn du es nicht
aus der Flasche trinkst, bist du kein richtiger Mann›», sagt Siggi.
(«Aber nimm es vor dem Essen, sonst gibt's Fischrülpser»,
warnt Birna.) Die Revolution nach Wikingerart
und mit glänzendem Haar kann beginnen …

JUGAAD

Jugaad, «dschu-gard» ausgesprochen, ist ein als Substantiv oder Verb gebräuchlicher, umgangssprachlicher Hindi-Ausdruck, um zu beschreiben, dass mit beschränkten Mitteln etwas Neues geschaffen wird. Genauso gemeint sind Hilfsmittel, die Haltung oder der Wille, damit Dinge gelingen, egal wie. Der Name stammt von den Vehikeln, die in den 1950er Jahren aus Teilen ausrangierter Armeejeeps zusammengebastelt wurden. Heute steht *jugaad* für Improvisationsbereitschaft und Einfallsreichtum – eine typisch indische Einstellung, um das Beste aus dem zu machen, was man hat.

INDIEN

Meine Freundin Fatema wuchs mit zwei jüngeren Geschwistern, Eltern, Großeltern, Onkel, Tante und zwei Cousins in einem kleinen Haus außerhalb von Mumbai auf. «Wir haben zu elft unter einem Dach gelebt, was mit viel Freude verbunden war, doch *jugaad* gehört dazu, wenn man so eng zusammenwohnt.» Toleranz und Verzeihen lernte sie früh, Privatsphäre hingegen gab es kaum. Fatema hatte nie ein Zimmer für sich allein. «Geschlafen habe ich auf einer Matratze im Wohnzimmer, und das war in Ordnung, auch wenn ich mir immer eine eigene Wand gewünscht habe», sagt sie. «Eine Wand?», frage ich. «Ja, um meine Poster, Sticker und so'n Zeugs irgendwo aufzuhängen. Es waren immerhin die 1980er ...» Ich nicke, denn ich weiß, wovon sie redet. Sticker waren um 1988 auch mein Ein und Alles. «Im Wohnzimmer ging's nicht, weil es für Besucher blitzblank bleiben musste», erklärt Fatema, «deshalb hat meine Mum ein wenig *jugaad* betrieben und mir einen Schrank zugeteilt, dem man von außen nichts ansah, von innen aber gehörte er mir.» Sie strahlt, während sie sich daran erinnert. Fatemas Mann ist ebenfalls ein

jugaad-Fan. Er wuchs in Goa auf dem Land auf, wo es keine Spielzeuggeschäfte gab, «deshalb bastelte er sich selbst was zum Spielen, aus den Dingen, die er im Wald fand». Er hat sich sein eigenes Spielzeug gebastelt ... Ich lasse den Blick über die Lego-Berge meines Sohnes schweifen. «Das ist *jugaad*», betont Fatema.

In Indien ist es nichts Ungewöhnliches. Ein weiterer Bekannter, Sid aus Chennai, hat die Palmwedel von Kokospalmen zu Kricketschlägern umfunktioniert. «Wir haben auch Toast und Spiegeleier auf einem Bügeleisen gebacken», erzählt er. Es habe funktioniert, sei aber eine ziemlich schmierige Angelegenheit gewesen, was nicht wirklich überrascht. «Dabei haben wir aus unseren Fehlern gelernt und das nächste Mal einen Metallteller auf das Bügeleisen gestellt. Das ging dann super.»

Jugaad oder das indische Improvisationstalent, für das Ideen und Cleverness gefragt sind, heißt, mit vollem Einsatz für alles eine Lösung zu finden. «Es muss nicht immer perfekt sein, aber irgendwie schaffst du es», erklärt Fatema. Mir kommt es vor, als würde der Geist der Managementberater aus den 1970ern heraufbeschworen, das ultimative Out-of-the-box-Denken. In Indien ist es jedoch die ganz normale Art zu leben. Fatema verließ ihr Land 2014 zum ersten Mal. Jetzt lebt sie in derselben Straße wie ich, und wir besuchen gemeinsam einen Kurs für Freien Tanz, den sie super beherrscht (wegen *jugaad*), während ich wie ein verängstigter Krebs herumstolpere (wegen Englischsein). Doch ihr neuer Blick auf ihre 6616 km entfernte Heimat hat ihr einige faszinierende Erkenntnisse gebracht. Sie erzählt mir, dass sie es interessant fand zu erleben, wie sehr die westliche Welt nach Osten schaut, wenn es um Spiritualität geht und um die Vorstellung, dass das Leben mehr zu bieten hat als Materielles. «Gleichzeitig streben alle danach, immer mehr zu besitzen, während viele Inder nicht genug besitzen, um zu überleben.» Sie hat aber auch bemerkt, dass *jugaad* – eine Lebenseinstellung, die sie vorher einfach für normal gehalten hatte – auch im Westen nützlich sein kann. «*Jugaad* heißt, zu handeln, statt herumzusitzen und auf den idealen Moment oder bessere Bedingungen zu warten. Was eine furchtlose, einfallsreiche, praktische Herangehensweise angeht, da macht den Indern so schnell niemand etwas vor.» Mit anderen Worten: Sie kriegen die Dinge geregelt.

«Manchmal sage ich bei der Arbeit: ‹Ich mach da mal ein bisschen *jugaad*›», erzählt Fatema, «womit ich meine, dass ich mir eine Lösung überlege.» *Jugaad* verlangt, dass man alles gibt, damit etwas gut wird. «Aber wenn es am Ende doch nicht so läuft, wie man es sich vorstellt, stecken wir nicht den Kopf in den Sand, sondern versuchen es eben auf einem anderen Weg. Uns schmollend in die Ecke zu setzen, können wir uns nicht leisten. Schmollen ist Luxus. Vielmehr überlegen wir uns einen Plan B.» Bei einer Bevölkerung von 1 300 000 000 Menschen muss man sich um die Ressourcen

streiten, weshalb jede Möglichkeit – mit Hilfe von *jugaad* – maximal ausge-
nutzt wird. Fatema berichtet von den Auto-Rikschas, mit denen sie in ihrer
Heimatstadt immer zur Gebetsschule fuhr und in denen die Fahrer einen
zusätzlichen Platz für einen weiteren zahlenden Gast schufen. «Sie haben
neben dem Fahrer einfach noch eine schmale Platte eingebaut oder ein kleines Brett vor dem normalen Beifahrersitz befestigt, drei Kinder draufgesetzt
und das Ganze Schulbus genannt.» Beobachter von außen reagieren oft
alarmiert ... «In Indien wird dir so was verziehen», meint sie, «weil auf diese
Weise mehr Leute einen Platz bekommen und der Fahrer ein bisschen mehr
verdient.»

Manches lässt sich auch ohne Ressourcen bewerkstelligen, und man
kann innerhalb seiner Möglichkeiten etwas Neues schaffen, das die Bedürfnisse erst einmal erfüllt. «Weder im persönlichen Leben noch bei der
Arbeit lasse ich mich leicht aus der Ruhe bringen», sagt Fatema. «Ich finde
immer einen Ausweg.» Diese Haltung, und wie überzeugt sie davon ist, bildet einen erfrischenden Kontrast zu dem typisch weiblichen Problem des

Hochstapler-Syndroms. Ich glaube, jedes Arbeitsumfeld bräuchte eine Fatema, und tatsächlich preisen Management-Gurus seit einigen Jahren wieder *jugaad*. Forscher der University of Cambridge sind der Meinung, dass nicht nur Schwellenländer von dieser Grundhaltung profitieren könnten, sondern *jugaad* auch für hochentwickelte Nationen ein Weg aus einer Krise sein könnte, indem sie lernen, mit weniger Aufwand flexibler zu werden und kreativer zu denken. Das klingt alles gut und schön, dennoch ist es gefährlich, das Konzept zu romantisieren. Was Fatema bestätigt: «Viele Inder wenden *jugaad* an, weil sie schlicht keine Wahl haben.»

Dem verstorbenen US-amerikanischen Psychologen Abraham Maslow zufolge gibt es eine fünfstufige Hierarchie menschlicher Bedürfnisse, die erfüllt sein muss, ehe man beginnt, sich um andere Dinge zu kümmern. Sie beginnt mit den «Grundbedürfnissen» (Essen, Wasser, Schlaf etc.), gefolgt von «Sicherheit» (der eigenen Person, Gesundheit, Arbeit). Beides muss gegeben sein, um ein Bedürfnis nach «Zugehörigkeit» (Freundschaft, Intimität) zu haben. Die vierte Stufe bildet der «Selbstwert», als Letztes folgt «Selbstverwirklichung» – das Höchste, wonach wir alle im Leben streben, ein Verständnis dessen, wer wir sind und warum wir leben. In Indien aber steht die Pyramide auf dem Kopf. «Spiritualität spielt eine wichtige Rolle, und Selbstverwirklichung ist etwas, womit die Menschen in Indien vertraut sind, während gleichzeitig bei vielen kaum die Grundbedürfnisse gesichert sind», erklärt Fatema. Selbst wenn die besten Dinge im Leben unbezahlbar sein

mögen – Studien der Universitäten in Princeton und Purdue zeigen, dass sich Glück bis zu einem gewissen Grad sehr wohl mit Geld kaufen lässt. Der Sättigungspunkt variiert je nach Land und Studie, jedenfalls sollte die Summe eine finanzielle Sicherheit bieten, die ausreicht, um unsere Grundbedürfnisse zu decken, und uns das Gefühl gibt, auskömmlich leben zu können. Bekanntlich ist das Durchschnittseinkommen in Indien alles andere als «auskömmlich» … Wird man krank, hängt die Qualität des Krankenhauses, in dem man behandelt wird, im Wesentlichen von eigenen finanziellen Mitteln ab. Die medizinische Versorgung – die in dem Fall Glück bedeutet – lässt sich hier also keineswegs vom Geld trennen. Und doch, Inder versuchen das Beste daraus zu machen. «Sie leben nicht nach dem Prinzip *jugaad*, um kreativer zu sein, sie leben danach, weil ihnen nichts anderes übrig bleibt», weiß Parmesh Shahani, Autor und Leiter des Godrej India Culture Lab in Mumbai. «Wir machen aus weniger mehr und kommen irgendwie zurecht, was aber nicht als besonders gute Nutzung der Ressourcen gefeiert wird. Die Leute sind auf *jugaad* gepolt, um zu überleben.» Circa 270 000 000 Inder können, den Zahlen der Weltbank zufolge, mit dem, was sie haben, nicht ihre Grund-

bedürfnisse abdecken. «Jede neue Regierung verspricht viel, aber es wird nicht investiert», klagt Parmesh.

Resilienz und Standhaftigkeit sind auch in anderer Hinsicht unerlässlich. Bei der Recherche zu seinem 2008 veröffentlichten Buch *Gay Bombay: Globalization, Love and (Be)longing in Contemporary India* (etwa: Das schwule Bombay: Globalisierung, Liebe und Zugehörigkeit im heutigen Indien) fand Parmesh heraus, dass *jugaad* bei Homosexuellen sogar eine noch größere Rolle spielt. «Wir malen uns aus, wie es wohl wäre, eine homosexuelle Beziehung zu leben.» Viele Schwule und Lesben wohnen bei ihrer Familie und sehen ihre Partner auch in Langzeitbeziehungen nur heimlich am Wochenende. «Denn Homosexualität ist nach wie vor illegal und mancherorts auch gesellschaftlich noch immer nicht akzeptiert.» Parmesh bezeichnete diese Art der gleichgeschlechtlichen Lebensform als «Beziehungs*jugaad*», um die Widerstandskraft und das Durchhaltevermögen zum Ausdruck zu bringen, die Homosexuelle in Indien an den Tag legen müssen. «Mein Buch ist jetzt mehr als zehn Jahre alt – und seitdem hat sich nichts geändert», stellt er fest. «Ich möchte mir meine Beziehung nicht ‹ausmalen› müssen. Es ist anstrengend, so zu leben, doch alles andere ist für viele keine Alternative – entweder sie müssen den Kontakt zu ihrer Familie abbrechen oder zu der Person, die sie lieben.»

Jugaad aus einer stabilen Lage heraus zu praktizieren ist durchaus erstrebenswert, aus Notwendigkeit sicher nicht. «Wenn man genug zu essen hat und niemand dich rausschmeißt, nur weil du liebst, wen du liebst, dann ist *jugaad* etwas Gutes», meint Parmesh. An Orten, wo deine Grundbedürfnisse gestillt sind, kann *jugaad* Flügel verleihen. Fatema stimmt zu: «Wenn die Basis stimmt, kannst du nicht zuletzt mit *jugaad* an die Spitze der Maslow'schen Pyramide gelangen. Aber: Die Basis muss gegeben sein.»

Man kann es nur als grausame Ironie bezeichnen, dass das typisch indische Konzept von *jugaad* als Anleitung für ein erfolgreiches und glückliches

Leben am besten außerhalb des Landes funktioniert. Dafür können wir uns alle miteinander schuldig fühlen. Wir können uns aber auch alle weiter bemühen, die Welt zu einem besseren Ort zu machen, Widerstandskraft an den Tag legen und nicht aufgeben – wie es sich für *jugaad* gehört. Perfekt gibt es nicht, aber so, wie das Konzept der «ausreichend guten» Mutter das Seelenheil der halben Menschheit rettete, hat «ausreichend gut» auch als Lebenseinstellung etwas für sich, wenn man kreativ das Beste aus dem macht, was man hat.

Also geben Sie Ihr Bestes, seien Sie kreativ, überschreiten Sie Normen, und denken Sie nicht nur *out of the box*, sprengen Sie sie. Wer braucht schon Boxen?

WIE MAN MIT *JUGAAD* AN DINGE HERANGEHT

1

Schaffen Sie innerhalb der gegebenen Möglichkeiten Raum für Neues.
Sie haben keinen Raum und nicht einmal eine Wand?
Dann suchen Sie sich einen Schrank, der den Zweck fürs Erste erfüllen wird.

2

Schaffen Sie mit weniger mehr. Wem das Leben einen
Kokospalmwedel schenkt, der bastele sich daraus einen Kricketschläger.

3

Seien Sie flexibel, und denken Sie kreativ. Sie haben Appetit auf ein Brot
mit Spiegelei? Bauen Sie sich einen Herd, um es in die Tat umzusetzen.

4

Die Dinge laufen nicht so wie geplant? Versuchen Sie es mit Plan B,
denn schmollen oder den Kopf in den Sand stecken gilt nicht.
Das ist eine der besten Lehren fürs Leben.

5

Stellen Sie sich vor, was geschehen würde, wenn Sie einfach mal
öfter Ja sagten. Sie wissen nicht, wie eine bestimmte Sache geht?
Ich wette, Sie kennen jemanden, der es weiß.
Vergessen Sie das Hochstapler-Syndrom, schlucken Sie
Ihre Angst runter und tun es einfach.

CRAIC

Craic, das Substantiv leitet sich vom mittelenglischen Begriff *crak* ab und wurde im Schottland des 18. Jahrhunderts (von keinem Geringeren als Robert Burns) in der Bedeutung «Gespräch» oder «Nachrichten» verwendet. Nach England gelangte das Wort im 19. Jahrhundert, wo es zu «Klatsch und Tratsch» wurde, ehe es Mitte des 20. Jahrhunderts Nordirland erreichte, wo es eine neue gälische Aussprache bekam – *craic*. Verbreitet hat es sich dann allerdings erst in den 1970er Jahren durch den Slogan des Talkshow-Moderators Seán Bán Breathnach*: Beidh ceol, caint agus craic againn!*, was etwa so viel heißt wie: «Bei uns gibt es Musik, Gespräche und *craic*!» Seitdem steht der Begriff für alles in dem Spruch Genannte plus eine ordentliche Portion Spaß. Man sagt zum Beispiel: «It was good craic.» – «Das war ein spaßiger Abend.»

IRLAND

Ein vierjähriger Terrier namens Dinny sitzt im County Wicklow auf einem Barhocker und sieht mit sich und der Welt zufrieden aus. So, wie ein Hund auf einem Barhocker eben dazu in der Lage ist. Ihm wird an diesem Montagabend ein Ständchen gesungen – von einem Chor. Meine Freundin Niamh war auf der Gassirunde mit Dinny eigentlich nur auf einen Drink hereingekommen, doch nun steht sie mit 25 Stammgästen im Kreis und singt *One Day More* aus dem Musical *Les Misérables*. Und kein Auge bleibt trocken. Das ist *craic*. Niamh stammt ursprünglich aus Dublin, sie ist Innenarchitektin und Künstlerin und eine scharfe Beobachterin ihrer Umgebung. Wer sollte mich besser an dieses Wort heranführen können, das ich mit dem Zungenschlag meiner englischen Heimat nicht einmal richtig aussprechen kann. («Es klingt irgendwie falsch!», jammere ich. «Stimmt», bestätigt Niamh, «bei dir hört es sich wirklich komisch an.») Deshalb lasse ich sie es lieber sagen: «Der Begriff *craic* ist zwar noch relativ neu in Irland, gegeben hat es das Phänomen aber schon immer, auch als wir noch keinen Namen dafür hatten.» Früher, vor den 1970er Jahren, sprachen wir davon, «irisch zu sein», was aber nicht besonders griffig war. Also benutzten wir fortan *craic*. Und da Irland bei Umfragen zur allgemeinen Zufriedenheit der Menschen zumindest im Vereinten

Königreich immer den ersten Platz belegt, liegt der Gedanke nahe, dass wir von der Grünen Insel etwas lernen können.

«Eigentlich geht es bei *craic* ums Geschichtenerzählen», erklärt Niamh, «ob im Gespräch, in Form eines Liedes oder eines Gedichts, *craic* heißt, andere an seinen Erfahrungen teilhaben zu lassen.» Und *craic* gibt es überall. In den Pubs werden Abende organisiert, an denen Leute, die etwas erzählen wollen, eine Viertelstunde eingeräumt bekommen wie bei «Open-Mic»-Veranstaltungen, nur ohne Mikrophon. Doch die Iren versammeln sich auch gern spontan bei jemandem zu Hause rund um den Kamin. «Die Geschichten können neu sein – Klatsch und Tratsch oder eine aktuelle Nachricht des Tages –, aber gern auch von früher stammen», sagt Niamh. «Es gibt solche, die ich fast auswendig kenne, obwohl ich sie nie gelesen habe, wie die Geschichte über die Kinder Lirs, in der eine Stiefmutter die Kinder in Schwäne verwandelt, oder die von der Königin Niamh, nach der ich benannt bin, die aus dem Land der Ewigen Jugend stammt.» In dieser Geschichte reitet die Heldin übers Meer nach Irland und verliebt sich dort in den Krieger Oisín, den sie ins Land der Ewigen Jugend mitnimmt ... «Doch dann bekommt er Heimweh», erzählt Niamh, als wäre es normal für einen Krieger. «Deshalb leiht die Königin Niamh ihm ihr magisches Pferd für einen Besuch in der alten Heimat, warnt ihn jedoch, er dürfe den Boden Irlands nicht berühren. Er hält sich daran, bis er einen Mann erblickt, der versucht, einen Felsblock zu bewegen. Als er helfen will, geschieht, was geschehen muss: Er fällt zu

Boden.» Der unglückliche Reiter wird mit einem Schlag um 300 Jahre älter und sieht seine Liebe nie wieder. Eine düstere Geschichte und dennoch so packend, dass sie Generationen in den Bann zieht. Die irische Tradition des Erzählens trägt sicher ihren Teil zu der beneidenswerten Position Irlands in der Zufriedenheitsliga bei. Psychologen der Oxford University fanden heraus, dass gemeinsam erschütternde Leidensgeschichten zu hören ein Gruppengefühl schaffen kann und die Ausschüttung von Endorphinen fördert, weil sich unser Körper darauf vorbereitet, den durch die Geschichte empfundenen Schmerz im echten Leben zu bekämpfen. Gemeinsam Angst zu erleben – oder eben traurige Geschichten zu hören – kann uns also, so paradox das klingen mag, glücklicher machen.

«So was erzählt man sich seit ewigen Zeiten am Feuer», sagt Niamh. Und dieses Erbe hat einige der besten Erzähler aller Zeiten hervorgebracht. «Wenn man bedenkt, wie viele Schriftsteller und Sänger aus Irland kommen, das nur 4 700 000 Einwohner hat», sagt Niamh. «James Joyce, George Bernard Shaw, sogar Shane MacGowan [der Sänger und Songwriter von *The Pogues* und Niamhs Cousin zweiten Grades] ist ein wundervoller Dichter. Kreativität wird uns in die Wiege gelegt und von Anfang an gefördert. Als Kinder kriegten wir im Pub eine Tüte Chips und eine Flasche Cola mit Strohhalm in die Hand gedrückt, um dann unseren Großeltern beim Geschichtenerzählen oder Singen zuzuhören.»

Ah ja: der Pub.

In der ganzen Welt ist Irland bekannt für seine Pubs, und wer gern mal etwas trinken geht, wird sich freuen zu hören, dass ein Besuch im Stammlokal das persönliche Wohlbefinden fördern kann. Forscher der London School of Economics haben herausgefunden, dass es bei einer Gruppe von selbstlosen Freiwilligen um 11 % stieg, als die Leute gemeinsam in einem Pub Alkohol tranken. Diesen nicht unerheblichen Teil von *craic*, das gemeinsame Trinken, praktizieren die Iren, die bei diesem Thema schon immer vorn mit dabei waren, seit mehr als 1000 Jahren.

Der älteste Pub in Irland stammt angeblich aus dem 10. Jahrhundert und befindet sich in Athlone im County Westmeath. Selbst während der Abstinenzbewegung im 19. Jahrhundert wurde in illegalen Trinkhallen weiter *poitín* serviert – ein destillierter Kartoffelschnaps, der zwischen 40 % und 90 % Alkohol enthält (und auf der Liste der «Top 10 unfassbar starken Drinks», die im *Time* Magazin veröffentlicht wurde, Platz vier einnimmt – nur zu Ihrer Information). «Dabei finden die Iren es schrecklich, dauernd mit dem Trinken und Guinness in Verbindung gebracht zu werden», klärt mich Niamh auf und meint: «Nebenbei bemerkt habe ich das Gefühl, dass in England wesentlich mehr getrunken wird.» Wir beide haben Anfang der Nullerjahre gemeinsam in Richmond gearbeitet. Damals war es noch gesellschaftsfähig, tagsüber zu trinken, doch auch in England haben sich die Zeiten geändert, versuche ich Niamh behutsam zu verklickern: «Zwei-Stunden-Mittagspausen bei Chardonnay und Hühnchenbaguette sind passé.» Wehmütig denken wir beide einen Moment lang daran zurück. «Trotzdem», beharrt sie, «geht es bei *craic* mehr um die Geschichten als darum, sich zu besaufen.» Ist angekommen.

Das bedeutet allerdings keinesfalls, dass die Iren das Klischeebild von *craic*, in dem sie als trinkendes, *Riverdance*-steppendes und Folksongs summendes Volk daherkommen, nicht bisweilen doch bedienen, wenn es ihnen nützt:

«In Galway oder im County Kerry machen sie teilweise wirklich eine Show für die Touristen daraus», gibt Niamh zu, «aber in kleineren Orten erfreut man sich nach wie vor am gemeinsamen Erzählen und Singen.» Allerdings ist die Atmosphäre von früher auch dort von moderner Technologie bedroht. In vielen Pubs läuft heute ein Fernseher («oder auch zwei») im Hintergrund. «Meistens Sport oder irgendeine Quizshow, und es macht mich wahnsinnig», gesteht Niamh. «Aber wenn sich dann doch eine Gruppe zum Singen und Erzählen zusammenfindet, wird der Fernseher immerhin auf stumm geschaltet. Mehr Respekt kann man in Irland nicht erwarten.»

Niamh hatte es gerade in der Woche, bevor wir miteinander sprachen, selbst erlebt. «In einem Pub, in dem insgesamt nur wenig los war, fingen einige Typen an Folk zu spielen», erzählt sie. «Meine bessere Hälfte überrumpelte mich dann ein wenig, weil er zu ihnen sagte: ‹Niamh kann für euch was dazu singen.› Aber ich nahm es ihm nicht übel und dachte: Klar kriegen die einen Song von mir. Wenn man eine gute Stimme hat, muss man sie auch nutzen – so werden wir erzogen. Wenn dich jemand darum bittet, dann singst du. Nach einer Weile stimmten die anderen mit ein, und zum Schluss haben wir irische Balladen mit endlos vielen Strophen gesungen. Endlos ist hier wörtlich gemeint. Spätestens nach der 17. Strophe konnten auch die mitsingen, die das Lied am Anfang vielleicht nicht kannten.» Niamh und ihre neuen Freunde saßen letztlich bis drei Uhr morgens zusammen und sangen. Erst als jemand «Genug für heute!» brüllte, hörten sie auf und taumelten nach Hause. Das sei *craic* in seiner besten Form gewesen, schwärmt sie, «spontan, in einer besonderen Atmosphäre und offen für alle. Jeder ist dabei willkommen, und es müssen auch keine irischen Lieder und Geschichten sein. Idealerweise ist *craic* einfach … schön, man ist total gerührt und fühlt sich privilegiert, dabei zu sein.» Klingt nach einem verlockenden Glücksrezept.

«Darin sind wir Iren gut», sagt Niamh, «Wege zum Glück zu finden.» Im

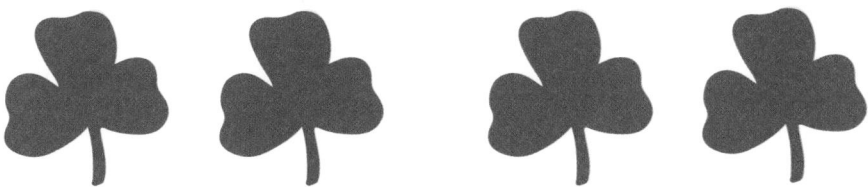

Rahmen ihrer Arbeit restauriert sie alte Möbelstücke, und wenn sie von Stühlen und Kommoden den Lack abschmirgelt, kommen darunter oft die faszinierendsten Farben zum Vorschein. «Unter all dem Beige, Grau oder Weiß leuchtet plötzlich ein frisches Gelb, ein Grasgrün oder Königsblau. Das steht für mich für die irische Mentalität. Wir haben schwere Zeiten durchgemacht und wurden übel unterdrückt, dennoch ist es uns gelungen, eine positive Haltung zu bewahren.»

Das lange Leiden hat auch zur Folge, dass die Iren Dankbarkeit empfinden für alles, was gut ist, und bereit sind, auch nicht ganz so alltägliche Dinge zu feiern, wie die irische Tradition, am 6. Januar «Frauenweihnachten» zu begehen. Mit dem Datum enden in den meisten christlichen Kulturen die Feiertage, in Irland aber dürfen an diesem Tag alle Frauen die «Sau rauslassen», nachdem sie in der Zeit davor dauernd für die Familie im Einsatz waren. «Natürlich ist es nicht toll, dass sich Frauen zwölf Tage lang ein Bein ausgerissen haben», sagt Niamh, «aber bei diesem Tag geht es darum, dass sie an einem bestimmten Punkt beschlossen haben: ‹Wisst ihr was? Wir haben genug Kartoffeln geschält. Jetzt sind wir mal dran.›» Also merken wir uns: Am 6. Januar ist Internationaler Frauen-*craic*-Tag. Alle Frauen der Welt sind herzlich eingeladen!

«Wir Iren mögen melancholisch sein», so Niamh, «dennoch würde ich behaupten, dass wir glücklich sind. Immerhin ist es uns 400 Jahre lang mit Hungersnöten und Cromwell echt schlecht ergangen. Geschunden zu werden, beherrschen wir also. Gleichzeitig sind wir ein unabhängiges Land. Wir haben eine schwere Rezession erlebt, die wir jedoch überwunden haben, und wir wissen, das Leben zu genießen. Wir haben viel durchgemacht, lächeln aber immer noch. Und das ist *craic*.»

WIE MAN *CRAIC* ERLEBEN KANN

1

Lauschen Sie den Geschichten anderer, und erzählen Sie Ihre.
Sie sitzen auf einer Hochzeit oder bei einem Abendessen neben einem
Fremden? Stellen Sie ihm Fragen, und finden Sie heraus, wie er tickt.

2

Sehen Sie sich einen Psychothriller oder ein unheimliches Theaterstück an,
oder tauschen Sie mit Freunden Leidensgeschichten aus,
um Bindungen aufzubauen und die Ausschüttung von Endorphinen
anzuregen. Um glücklicher zu werden.

3

Seien Sie spontan und lassen sich überraschen, was der Abend noch bringt.
Unvergessliche Nächte sind selten geplant und enden grundsätzlich
nicht mit der Sperrstunde.

4

Singen Sie sich die Kehle aus dem Leib. Bis drei Uhr in der Früh,
wenn Sie können. Versuchen Sie, nicht daran zu denken,
dass Sie morgens rausmüssen, sondern genießen Sie das Hier und Jetzt.
Verbringen Sie mehr Zeit mit anderen, statt sich strikt nach Ihrem
Kalender zu richten, in dem die zahlreichen Termine
in unterschiedlichen Farben markiert sind.
(Memo an mich selbst ...)

DOLCE FAR NIENTE

Dolce far niente – oder die «Süße des Nichtstuns», von lateinisch *dulcis* (süß), *facere* (machen) und *nec entem* (wörtlich «nicht seiend»). Wann der Ausdruck zum ersten Mal verwendet wurde, ist schwer zu sagen (wer sich dem hingab, war zu gechillt, um es aufzuschreiben), sicher ist aber, dass er in Casanovas Memoiren vorkommt. Als der berühmte italienische Abenteurer aus dem 18. Jahrhundert irgendwann seiner sinnlichen und geographischen Eskapaden müde war und eine Pause brauchte, war die Zeit dafür wohl gekommen. Heute existiert der Begriff als geschätztes Konzept, über das man selten offen spricht, das aber als Hashtag auf Instagram neben Bildern von Italienern in Hängematten sehr beliebt ist. Casanova wäre #stolz.

ITALIEN

Vergessen Sie, wie Anita Eckberg in *La Dolce Vita* im Morgengrauen im Trevi-Brunnen herumpaddelt. Denken Sie lieber an Fellini, wie er sich nach getaner Arbeit (und wahrscheinlich der Abschlussparty) in einer Hängematte ausruht. Oder lassen Sie das vage Gefühl von damals wiederaufleben, an einem Sommertag im Schatten zu sitzen, bevor Arbeit, Familie und das Hamsterrad des Alltags Sie in Beschlag nahmen. *Dolce far niente* ist die seelenerweiternde Erfahrung des Nichtstuns – etwas, dem in großen Teilen der Welt mit dem Kult der allgegenwärtigen Geschäftigkeit aktiv entgegengewirkt wird. Okay, Italien stand in den letzten Jahren bei der Zufriedenheit seiner Bevölkerung nicht gerade weit oben, doch das Klischee des sorglosen Italieners existiert nach wie vor. Aus gutem Grund! Aufs Nichtstun versteht man sich in Italien so gut wie sonst nirgends. Um diese Kunst zu perfektionieren, braucht es Können und Stil, denn es steckt mehr dahinter, als man im ersten Moment glauben mag.

«*Dolce far niente* ist für Italiener fast eine Trotzhaltung», meint Francesco De Carlo, ein in Rom geborener und aufgewachsener Comedian. «Wir leben in einem Land, in dem Korruption weit verbreitet ist und wir weder dem Gesetz noch irgendwelchen Regeln oder der Gesellschaft trauen ... Wir mögen nicht einmal den Schiedsrichter beim Fußball. Und Fußball an sich LIEBEN wir», schiebt er noch hinterher, ehe er seinen Gedanken fortführt:

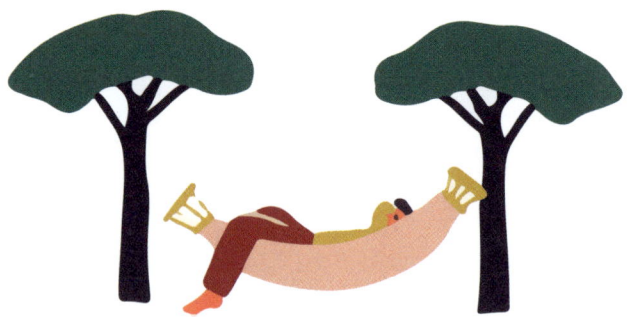

«Weshalb sollten wir also nicht ab und zu mal aussteigen? Weshalb sollten wir nicht, sooft es uns möglich ist, für unser Seelenheil eine Pause einlegen?» Francesco glaubt, es könne auch damit zu tun haben, dass Italien noch eine relativ junge Nation ist. «Bis 1861 wurden wir von anderen Ländern beherrscht, deshalb benehmen wir uns oft ein bisschen wie rebellische Teenager!»

Bei den Italienern hat es seit langem Tradition, kritisch mit Autoritäten umzugehen und die Geringschätzung ihnen gegenüber satirisch zum Ausdruck zu bringen. Das reicht von der Commedia dell'arte und den Arbeiten eines Dario Fo bis zum Spott über Berlusconi. Italien hat in den letzten Jahrzehnten mit überdurchschnittlich vielen Problemen zu kämpfen, während sich die Wirtschaft gerade erst von der längsten Rezession seit dem Zweiten Weltkrieg erholt. Die Finanzkrise traf Italien hart, laut einer Studie von 2013 hatte sich die Armut in den fünf Jahren zuvor fast verdoppelt. Bis heute ist die Arbeitslosigkeit hoch, und viele, die arbeiten, tun dies zu unbefriedigenden Bedingungen. Die meisten Italiener sagen, dass sie wenig Vertrauen in ihre Politiker haben, und eine kürzlich durchgeführte Istat-Umfrage ergab, dass fast 80 % der Italiener auch ihren Landsleuten nicht trauen, was Francesco für realistisch hält.

«Rom ist schon immer die Stadt von Politik und Parlament, von Papst und Korruption gewesen», sagt er. «Wir glauben nicht daran, dass sich der Staat oder die Gesellschaft um uns kümmert. Warum sollten wir es dann umgekehrt tun?» Dazu passt der beliebte italienische Ausdruck *chissenefrega*, «wen kümmert's?». Aber das heißt nicht, dass wir gefühlskalt sind», stellt Francesco sofort klar. «Sicher nicht, und ob wir Gefühle haben! Wir brennen für Liebe und Leidenschaft, und wir haben die Mafia – Extreme scheinen bei uns die Norm zu sein. Bist du mal in Italien Auto gefahren? Selbst im Straßenverkehr bekämpft man sich.» Ich erzähle ihm von einem unvergessenen Disput, den ich mal auf Sizilien nach einem Unfall erlebt habe, in den vier Fahrzeuge verwickelt waren. «Dann weißt du, wovon ich spreche! Überall herrscht Chaos, weshalb die Einzigen, auf die du bauen kannst, Freunde und Familie sind», meint Francesco, ehe er mit den schönen Worten schließt: «Das Glück liegt in den kleinen Dingen.»

Wenn man zum Beispiel die Welt bei einem Kaffee und einem *cornetto* – dem italienischen Croissant – vorbeiziehen lässt. Oder über Touristen lacht. Oder über Politiker. Oder über den Papst. «Wir lachen, weil wir sonst weinen müssen», erklärt Francesco. «Humor ist für uns also sehr wichtig. Besonders in Rom, wo jeder ein Comedian ist. Ehe der Kellner den Kaffee bringt, bleibt er stehen und erzählt dem ganzen Restaurant erst einmal einen Witz. Solange muss man eben warten.» Anstatt mit den Fingern auf den Tisch zu klopfen oder immer wieder aufs Handy zu schauen, während die Uhr tickt, nutzen die Italiener den Moment, um zu entspannen. Auch das ist *dolce far niente* … «In Großbritannien seid ihr besessen von euren Zeitplänen, die unbedingt eingehalten werden müssen.» Francesco schüttelt den Kopf. «Die Leute arbeiten viel, und wenn sie endlich damit fertig sind, lassen sie sich total hängen und betrinken sich besinnungslos.» Ich beginne unbehaglich auf dem Stuhl umherzurutschen. «In Italien trinken wir zum Genuss. Zwischen arbeiten und nicht arbeiten besteht für uns kein so großer Unterschied, und wir machen uns auch nicht allzu viele Gedanken über die Zukunft – *chissenefrega* – und genießen lieber das Hier und Jetzt.»

Eine Art zu denken, die bestechend ist, weil sie so einfach klingt: keine Reisen an exotische Orte, Trinkgelage oder anderes mehr, um der Last des Alltags zu entrinnen, sondern einfach ein *chisse-*

nefrega, und wir lassen uns ein aufs Chaos, nehmen es wie ein heißes Bad, in das wir uns hineingleiten lassen ... Wir müssen unsere Ration Spaß nicht für den jährlichen Urlaub aufsparen, sondern können sie einfach ins tägliche Leben investieren. Italiener scheinen das zu tun. Weitere wichtige Vokabeln in diesem Zusammenhang sind übrigens *penchilla*, das eine ähnliche Bedeutung hat wie die spanische *siesta*, oder *meriggiare*, ein poetischer Begriff, um auszudrücken, dass man «die heißesten Stunden des Tages im Schatten verbringt». Schön ist auch *abbiocco*, ein Substantiv für die Müdigkeit, die einen nach einer üppigen Mahlzeit überkommt. Trägheit gilt in Italien als Kunstform, was sich im Wortschatz der Sprache widerspiegelt.

«Egal, woher jemand stammt, im *dolce far niente* ist jeder Italiener gut», bestätigt Chiara, eine Freundin vom Lago Maggiore. («Nein, das ist nicht der, an dem George Clooney gewohnt hat.») Chiara lebt auch in Dänemark, wo sie mit internationalen Kollegen zusammenarbeitet, die mit ihrem Konzept des Nichtstuns durchaus Probleme haben. «Ein typischer Satz für einen Italiener wäre: ‹Du machst morgen nichts? Wie schön für dich!›», erklärt sie. «Deutsche und Dänen hingegen würden gleich irritiert fragen: ‹Warum? Alles in Ordnung?› Ich versuche dann immer zu erklären, wie angenehm es ist, einfach nur zu genießen. Für Italiener ist *dolce far niente* Teil des täglichen Lebens. Aber die anderen verstehen das nicht immer ... Allerdings würden

Italiener *dolce far niente* nicht laut aussprechen, meint Chiara. «Das liegt aber daran, dass *far* die Infinitivform ist und sich der Begriff nicht konjugieren lässt.» Klar … «Es ist eben eher ein Gefühl», erklärt sie, «und ein Instagram Hashtag.» Tatsächlich gibt es Hunderte von Instagram-Posts mit dem Hashtag *dolce far niente*. Auf mindestens der Hälfte der dazugehörigen Bilder sind Hängematten zu sehen. Auf der anderen Hälfte Wein.

«In Italien ist es total normal, dass gegen 17 : 00 Uhr jemand sagt: ‹Eh, lass uns doch ein Glas Wein trinken gehen!› Egal, mit wem man gerade zusammen ist», sagt Chiara. «Auch wer Kinder zu Hause hat, lässt sich nicht davon abhalten und genießt die nächste Stunde einfach.» Die Leute, mit denen man loszieht, müssen einem offenbar nicht einmal besonders nahestehen. «Es ist zum Beispiel gut möglich, dass ich mit jemandem aus dem Fitnessstudio auf ein Bier gehe.» Ein Bier als Anreiz, Sport zu machen, das gefällt mir, kommentiere ich.

«Für mich persönlich heißt *dolce far niente*, mit einem Glas Prosecco vor dem Mittagessen im Schatten zu sitzen und den Moment zu genießen.» Chiara lächelt verschmitzt. «Am liebsten im August, wenn alle anderen in Italien im Urlaub sind und es nichts anderes zu tun gibt, als einfach dazusitzen und sich am Essen und Trinken zu erfreuen.» *Dolce far niente* wird auffällig oft mit Essen und Trinken in Verbindung gebracht. Ich denke darüber nach und wage dann darauf hinzuweisen, dass ja auch jemand kochen müsse, wenn alle so gern essen.

«Ja …», antwortet Chiara ein wenig zögernd, «das machen normalerweise die Großmütter, oder vielmehr macht das *eine* Großmutter.» Wahrscheinlich stimmt es, dass Großmütter in Italien traditionell über die Familie herrschen, aber sie ernähren sie auch. Chiara erzählt mir, dass die *nonna* (Großmutter) ihres Mannes 93 Jahre alt ist und immer noch darauf besteht, für alle zu kochen. «Lasagne, *pasta al forno*, gern ein Gericht aus dem Ofen», schwärmt sie mit verklärtem Blick. Ich sage, dass es für mich nach viel Arbeit klingt, worauf sie antwortet: «Das ist gar nichts. In der Toskana stehen die Großmütter um fünf Uhr morgens auf, um die Nudeln frisch vorzubereiten, mit genau dem richtigen Druck in den Fingerspitzen gerollt.» Und dieser Nebeneffekt von *dolce far niente* wird einfach hingenommen? Dass jemand anders die Arbeit machen muss?, merke ich an. «Irgendwie schon», gibt sie zu und fährt dann fort: «Meine Mama ist jetzt auch Großmutter, und sie verwendet das Nudelholz ihrer Großmutter. ‹Nur damit kann man vernünftig arbeiten›, hat sie zu mir gesagt. ‹Und eines Tages gehört es dir!› Als ich klein war, lebte und kochte meine Großmutter bei uns, und zu meinen schönsten Kindheitserinnerungen gehört, wie wir in der Küche aufs Essen warteten und sie den Kanten vom Parmesan in die Flamme des Gasherds hielt, bis er weich wurde. Dann reichte sie ihn uns Kindern, in Papier gewickelt, zum Naschen ...» Chiara spricht nicht weiter, und wir brauchen beide einen Moment, um uns zu sammeln, während uns das Wasser im Mund zusammenläuft. «Also ja, irgendjemand tut immer was, nur wir selbst nicht!» Und dann muss ich einfach fragen, wie sie es denn handhaben wird, wenn sie selbst Großmutter ist. «Dann werde ich als Chefin anerkannt, muss dafür aber ein bisschen kochen und auf die Kinder aufpassen», antwortet sie. «So ist es einfach, aber ich würde es auch gar nicht anders haben wollen.»

Die italienische Nation ist stolz auf ihr Erbe – vom Römischen Kaiserreich bis zu den Philosophen. Natürlich gehört das alles zum Schulstoff, als Erwachsene leben Italiener aber nur noch nach einer alten Weisheit: *carpe diem*. «Den lateinischen Spruch hört man in Italien sehr oft. Wir haben die Einstellung, dass man ja nicht wissen kann, ob man morgen überhaupt noch da sein wird, weshalb man lieber jetzt leben – und, wichtiger noch, Geld ausgeben – sollte», erklärt Chiara. «Statussymbole sind nach wie vor wichtig, und es gibt diese Vorstellung, dass ein größeres Auto oder eine Designerhandtasche Glück bedeutet. Sein Leben den vorhandenen Mitteln anzupassen gilt nicht als erstrebenswert.» Momentanes Glück wird oft über langfristiges Wohlergehen gestellt, und, wie Chiara es formuliert: «Dein Status ist wichtiger als dein Kontostand. Was zählt, ist das Äußere.»

Als ich in meinem früheren Leben für Hochglanzmagazine in New York, London, Mailand und Paris auf den Fashion Weeks unterwegs war, war Mailand immer mein Highlight, nicht nur wegen der Pasta und auch nicht wegen der unvergleichlich stilvollen Kleidung (dieser Preis geht an die Franzosen). Nein, geliebt habe ich, wie der maßlose Glanz gefeiert wurde – die farbenfrohe Üppigkeit und der Überfluss der Versace-Show, das Drama von Dolce & Gabbana (der Flagship Store ist ein spektakulärer Anblick) und die überzogene Art von Valentino, dem Mannequin einfach alles überzuwerfen und dann abzuwarten, was hält. «Minimalismus ist in Italien ein Fremdwort», bestätigt Chiara. «Einen Italiener kann ich überall auf der Welt innerhalb von fünf Sekunden erkennen», meint auch Francesco. «Weil wir wie Pfaue sind.»

Italien ist ein Land der Widersprüche. Es ist Leidenschaft und Trägheit. Es ist *jetzt* Spaß haben und *später* zahlen. Es ist *carpe diem* mit anschließendem katholisch-schlechtem Gewissen und wertvoller Zeit im Beichtstuhl. «Für uns ist Arbeit etwas, das in der Zukunft auf uns wartet», sagt Chiara. Ich erinnere sie an das Nudelholz ihrer Mutter, daran, dass irgendjemand ja kochen muss. «Aber wenn man gerade *dolce far niente* genießt, dann bist es nicht *du*. Noch nicht.» Ja, erst einmal noch ein wenig ausruhen. Und dann vielleicht ein Glas Prosecco ...

WIE MAN *DOLCE FAR NIENTE* IN VOLLEN ZÜGEN GENIESST

1

Nehmen Sie sich mitten in der Woche einen Tag frei, um ... nichts zu tun.
Erzählen Sie niemandem davon, und nehmen Sie sich nichts vor
(schon gar nichts, was zu erledigen ist).
Genießen Sie einfach ein wenig *dolce far niente*.

2

Wenn Sie wieder zurück im normalen Leben sind, nutzen Sie
die nächsten freien Minuten nicht dazu, um E-Mails zu checken oder
auf Facebook zu gehen, nur um zu sehen, was Sally aus dem Vertrieb
im Urlaub gemacht hat. Versuchen Sie auch jetzt, *nichts* zu tun.

3

Ich meine es ernst: *nichts*. Schalten Sie auch abends
und am Wochenende ab.

4

Machen Sie öfter mal ein Schläfchen.
Wenn ich Ferien habe, freue ich mich am meisten auf den Mittagsschlaf –
mit der gesamten Familie. Göttlich.

5

Noch immer rastlos? Wenn es später als Mittag ist und keine
gesundheitlichen Einschränkungen zu beachten sind, ist bestimmt schon
irgendwo Happy Hour. Warum genehmigen Sie sich nicht einen kleinen Drink?
Oder eine Portion Pasta? Oder beides? *Chissenefrega!*

WABI-SABI

Wabi-Sabi, «wah-bi-sah-bi» ausgesprochen, setzt sich aus *wabi* (Einfachheit) und *sabi* (die Schönheit von Alter und Abnutzung) zusammen und beschreibt eine Weltsicht, die der Vergänglichkeit und dem Unvollkommenen Raum bietet. *Wabi-sabi* bricht mit allen ästhetischen Idealen, die nach Perfektion streben, und nimmt die Dinge so an, wie sie sind. Ein Schwelgen in der Struktur und Komplexität des realen Lebens – und im Charme des Unperfekten. Man denke nur an asymmetrische Gesichter, knubbeliges Gemüse und Töpfe mit einem Sprung.

JAPAN

Von allen nur schwer in andere Kulturen zu übertragenden Konzepten ist *wabi-sabi* besonders schwer zu begreifen. Ich habe in den letzten zehn Jahren einige Zeit in Japan verbracht, habe viel über Land und Leute gelernt und faszinierende Dinge im japanischen Fernsehen gesehen, dennoch war ich kaum klüger als zuvor. Erst nachdem mir das Konzept mehrfach bewusst erklärt worden ist, glaube ich, inzwischen wenigstens eine Ahnung zu haben, was sich dahinter verbirgt. Die vorrangige Analogie scheint folgende zu sein: «Es ist wie mit deiner Großmutter», sagt die Designerin Yukiko, die ursprünglich aus Hiroshima stammt. «Als älterem Mitglied der Familie begegnet man ihr mit Respekt, denn alt zu sein ist in der japanischen Kultur nichts Schlechtes. Vielmehr heißt es, dass du eine Geschichte hast, was deinen Wert steigert.» Und mit dem Alter kommt die Weisheit, was wichtiger ist als je zuvor. Denn obwohl die Lebenserwartung der Japaner so hoch ist wie in kaum einem anderen Land, das Bruttoinlandsprodukt weit über dem Durchschnitt liegt und sich in den Buchhandlungen die Lebenshilfe-Ratgeber stapeln, ist Japan kein besonders glückliches Land. Urbane Isolierung und eine immer weiter auseinandergehende Schere zwischen der alternden Bevölkerung und den Jungen führt dazu, dass viele Menschen einsam, gestresst und verunsichert sind. Dabei wäre es wahrscheinlich gerade in diesen Zeiten sinnvoll, nicht nur das Glänzende, Neue zu sehen, sondern Verbindungen zur Vergangenheit zu halten. Die *wabi-sabi*-Lehre mit ihrer Wertschätzung alter Dinge könnte Abhilfe schaffen.

Yukiko hat als Kind viel von ihrer Großmutter gelernt. «Sie hat Reis angebaut und war überzeugt davon, dass Gott in jedem einzelnen Reiskorn steckt.» Yukiko wurde schon sehr früh beigebracht, dass es für ein zufriedenes Leben unerlässlich ist, die Natur und den natürlichen Kreislauf des Lebens zu achten. Sie bilden das Grundprinzip von *wabi-sabi*. Während

Yukiko ihrer Großmutter auf dem Feld half, sahen sie jeden Tag das Gras am Rand der Felder neu sprießen, das dem Reis Nährstoffe und Wasser raubte. «Jeden Tag haben wir es abgeschnitten», erzählt sie, «aber am nächsten Tag war es wieder da. Das ist Natur! Wir haben gelernt, die Kraft der Natur mit all ihren Mängeln zu respektieren. Sie verändert sich ständig, und alles geschieht in einem Kreislauf.» Manche Ernten sind gut, andere nicht. Manchmal ist das Wetter förderlich für das Wachstum der Pflanzen, manchmal nicht. Aber in der japanischen Kultur ist man immer dankbar – und versucht das Beste aus dem zu machen, was man hat.

«Wir lernen von Anfang an, die Unvollkommenheiten zu feiern», sagt Yukiko. «Für mich ist *wabi-sabi* mit eurem Wort Patina vergleichbar.» Mit dem Unterschied, dass die Dinge bei uns oft nicht für ihre Patina geschätzt werden. Ein alter Ledersessel, dessen Lehnen rissig werden? Wird restauriert. Lachfalten? Werden aufgefüllt. Mein Bauch nach drei Schwangerschaften? Am besten trage ich bis in alle Ewigkeit weite Kleider. («Der hängt nicht, das ist ‹Patina›», hat noch nie jemand zu mir gesagt.) Als ich Yukiko darauf anspreche, bestätigt sie: «In Japan ist es anders. Wir schätzen Altes und Benutztes – ob Menschen oder Töpfe.»

Das wird bei *kintsugi* nur allzu deutlich, der alten japanischen Kunst, gesprungene Keramik mit Metalllack wieder zusammenzukleben, sodass die Sprünge keineswegs unsichtbar sind, sondern in purem Gold hervorgehoben – man könnte sagen: gefeiert – werden. Bei *kintsugi* wird die Narbe vergoldet und das Objekt aufgrund und nicht trotz seines Mangels als schön angesehen. Der Knacks wird zum Clou. *Kintsugi* huldigt dem Alten und steigert den Wert eines Gegenstands gegenüber dem Pendant frisch aus der Verpackung noch. Das ist *wabi-sabi*.

Doch das heißt nicht, dass Fehler in der japanischen Kultur nie ein Problem wären. «Scheitern mögen wir grundsätzlich nicht», bekennt Yukiko. «Unsere Angst vor Fehlern ist sogar so groß, dass nach dem Weg fragende Touristen bisweilen nur die Antwort ‹No, sorry!› zu hören bekommen, weil der Angesprochene sich im Englischen nicht sicher ist und nicht riskieren will, einen Fehler zu machen.» Bei der Arbeit ist es noch schlimmer. «Wenn es etwas ist, das ich selbst beheben kann, dann geht es vielleicht noch. Vielleicht ... Aber wenn ich andere Leute einweihen muss – Familie, Freunde etc. –, schäme ich mich in Grund und Boden», gesteht Yukiko. Und das ist das Paradoxe. Die homogene japanische Gesellschaft hat hohe Standards. Diese Standards können dem Rest der Welt «perfektionistisch» erscheinen, in Japan sind sie jedoch normal. Das buddhistische Konzept des Akzeptierens und Loslassens ist den Japanern in der Theorie wohlbekannt. In der Praxis heben viele von ihnen Sorgfalt, Gewissenhaftigkeit und Genauigkeit auf ein gefährlich hohes Niveau.

Karēshi oder der «Tod durch Überarbeiten» ist in Japan eine echte Gefahr. Schlaganfälle, Herzinfarkte oder Selbstmord sind keine Seltenheit. Der erste staatlich beauftragte und 2016 veröffentlichte Bericht über *karēshi* ergab, dass bei einem von fünf Angestellten das Risiko besteht, an den Folgen von Überarbeitung zu sterben. Japaner arbeiten deutlich länger als die Bewohner anderer Industriestaaten, und es ist üblich, dass Angestellte weniger als die Hälfte des ihnen zustehenden Jahresurlaubs nehmen. Der Stress am Arbeitsplatz ist also weit verbreitet. «Das ist ein großes Problem», gibt auch Yukiko zu. «Selbst bei einigen Begriffen aus der Volkskultur wie *ikigai* (Sinn des Lebens), die für den Rest der Welt so klingen, als hätten sie etwas mit Glück zu tun, geht es eher um Pflichterfüllung als um Genuss. Dein *ikigai* kann dein Job sein oder deine Familie, was aber nicht bedeutet, dass sie dich glücklich machen, sondern nur, dass es deine Aufgabe ist, dafür hart zu arbeiten. Und egal, in welchem Bereich, wir arbeiten immer hart.»

Und wo bleibt da *wabi-sabi*? «Das versteckt sich in den kleinen Quäntchen Glück», antwortet Yukiko. «Wir arbeiten hart, und anschließend ziehen wir uns in die Natur zurück, um durchzuatmen und Kraft zu tanken. Zahlreiche 20- bis 30-jährige Stadtbewohner bemühen sich, das Wochenende oder Teile davon in der Natur zu verbringen, um sich anschließend wieder frischer zu fühlen.»

Wabi-sabi heißt auch, die Schönheit und Einzigartigkeit der Jahreszeiten zu schätzen – angefangen beim fallenden Laub über vom Wind zerstreute Blütenblätter bis hin zu mit Moos bedeckten Steinen. «Die Natur beruhigt die Sinne und wirkt stressreduzierend, sodass wir anschließend erfrischt in unser normales Leben zurückkehren können», erklärt Yukiko. Miyuki, eine Kollegin aus Tokio, bestätigt dies und fügt hinzu: «Die Unvollkommenheiten von *wabi-sabi* scheinen unserer menschlichen Natur zu ähneln und schenken dem Geist Ruhe und Entspannung. Wenn wir *wabi-sabi* spüren, ist es, als würde eine wohlige Stille unser Herz erfüllen, und sei es auch nur für einen Moment.» *Wabi-sabi* kann den Geist auch insofern erfrischen, «als es uns einen anderen Blick auf den Alltag schenkt», sagt sie. Das letzte Meeting mag total schlecht gelaufen sein, aber das Moos an deinem Lieblingsbaum im Wald beginnt zu wachsen, oder die Knospen der Zimmerpflanze auf der Fensterbank öffnen sich langsam.

Eine wichtige Bedeutung haben in Japan auch der Besuch der *onsen* (heiße Quellen) sowie das gemeinsame Bewundern von Blüten, insbesondere von Kirschblüten, was auf Japanisch *ohanami* heißt. Und dann gibt es noch die wunderbare japanische Tradition des *shinrin-yoku*, des «Waldbadens». Für so ein Waldbad braucht man kein Wasser, es ist wie Sonnenbaden, nur im Wald, und es geht darum, die Wald-Umgebung bewusst zu erleben und aufzunehmen. Eine Studie aus dem Jahr 2010, die die Chiba-Universität in Japan durchgeführt hat, belegt, dass Teilnehmer, die im Wald spazieren gingen, anschließend einen niedrigeren Blutdruck hatten und geringere Mengen des Stresshormons Cortisol produzierten. Nach einer Studie der japanischen Gesellschaft für Physiologische Anthropologie beeinflusst das Waldbaden sogar unsere Hirnaktivitäten, da es entspannungsfördernd wirkt. Dabei geht es nicht um ein Raus-in-die-Natur-wir-sind-ja-so-gesegnet-oberflächliches-Bilderbuchglück, mit dem wir auf Instagram bombardiert werden – es geht ums Auftanken, Sich-Erholen und darum, Zeit in der Wildnis zu verbringen. Danach kann man zu seinem vollgepackten Job, dem anstrengenden Arbeitsweg oder der Familie zurückkehren – gestärkt und bereit für die Herausforderungen, vor die der Tag einen stellt. Anstatt sich kaputt zu machen, ist dies ein nachhaltiger Weg zu leben, bei dem man sich Vergangenheit und Zukunft zu eigen macht – und sich mit beiden versöhnt. Es geht auch nicht um ein brandneues Ich, sondern darum, das alte zu stärken. Um *wabi-sabi* eben.

«Im Alltag beherzigen wir es nicht immer», sagt Yukiko, «aber ideal wäre es. Die *wabi-sabi*-Haltung verhilft uns zu Glück und Zufriedenheit. Wir wissen, dass es der richtige Weg ist, um gesund zu bleiben und sich zu erholen.» Deshalb ist *wabi-sabi* auch im modernen Leben ein gutes Mittel, um uns erneut zu erden. Ich bin kein vom Wetter zerrüttetes Wrack, ein Schatten meiner Selbst, das nur noch von Trockenshampoo, Kaffee und Willenskraft zusammengehalten wird: Ich bin ein wertvolles *kintsugi*-Geschöpf. Wir alle sind von uns selbst geformte *wabi-sabi*-Meisterstücke. Unsere Sprünge und Narben sind aus Gold – und jeder soll sie sehen.

WIE MAN NACH
WABI-SABI-KRITERIEN LEBT

1

Wertschätzen Sie alles Alte, Abgenutzte und Gebrauchte.
Von Rentnern bis zu Töpfen (und nur mäßig straffen Bäuchen
nach Schwangerschaften ...)

2

Geben Sie alten Dingen einen neuen Wert, und benutzen Sie sie weiter.
Reparieren Sie die gesprungene Schüssel mit *kintsugi*.
Funktionieren Sie ein altes Möbelstück um. Setzen Sie sich
mit Nachhaltigkeit nach *wabi-sabi* auseinander.

3

Finden Sie einen Ort zum Auftanken. Im Wald, in einem Park,
an einem Fluss oder irgendwo, wo Sie die Asymmetrie der Natur
erleben und bestaunen können.

4

Öffnen Sie sich für die Schönheit der Natur,
die blühende wie die vergehende – und sei es nur durch eine
neue Pflanze auf der Fensterbank.
Achten Sie auf die Verfärbung der Blätter oder wie ein Blütenblatt
nach dem anderen fällt.

TŪRANGAWAEWAE
& HAKA

Tūrangawaewae, «tu-rang-a-wei-wei» ausgesprochen, ist ein Substantiv, hinter dem sich ein Konzept der Māori verbirgt, das sich aus *tūranga* (Standort) und *waewae* (Füße) zusammensetzt, und ist also «ein Ort, an dem man stehen kann» – oder das Recht hat, dies zu tun. Das Wort gibt es wohl schon ewig, schriftlich aber erscheint es erst ab den 1960er Jahren. Heute versteht man unter *tūrangawaewae* Orte, an denen sich die Menschen stark, unabhängig und zugehörig fühlen und mit denen sie sich identifizieren können.

Haka, das Substantiv, steht für ein zeremonielles, in der Gruppe gesungenes Lied mit synchronisierten Bewegungen – ein typisches Stampfen und kraftvolle Gesten, die von lautem Rufen begleitet werden. *Haka* entwickelte sich wahrscheinlich seit dem 13. Jahrhundert, als die Inseln von Polynesiern besiedelt wurden. Weltweit bekannt wurde der Tanz durch neuseeländische Sportteams, insbesondere die All Blacks, das Rugby-Nationalteam, das *haka* seit 1905 vor internationalen Spielen aufführt.

NEUSEELAND

Ein Raum voller Fremder und ich bewegen sich mehr oder weniger synchron in Hockposition und singen dazu: «*Ka mate, ka mate, ka ora! ka ora!*» Ich lasse 38 Jahre aufgestaute Emotionen aus mir heraus und fühle mich stark und geerdet. Und auf seltsame Art und Weise verbunden mit den Menschen um mich herum, auch wenn wir uns zum ersten Mal begegnen. Gleichzeitig bin ich davon überzeugt, gerade eine kulturelle Aneignung in Reinform zu betreiben, indem ich als Engländerin *haka* praktiziere. Doch das sei o. k., versichert mir Kane Harnett-Mutu vom Stamm der Ngāti Kahu aus der Northland-Region: «Seit Jahrhunderten bringen wir Māori euch Europäern etwas bei …» Dabei zwinkert er, aber in seinen Worten steckt ein wahrer Kern. Von den Māori wird oft gesagt, sie seien das einzige indigene Volk, das die Briten nicht bezwingen konnten. Anders als viele andere Kulturen überlebten sie größtenteils intakt. Dass das nicht einfach war, ist nicht überraschend. Deshalb sind *tūrangawaewae* und *haka* bei den Māori für Glück und ein gelungenes Leben so entscheidend.

In der traditionellen Māori-Kultur besitzt niemand das Land. «Man hat seinen *tūrangawaewae* – den Platz, an dem man steht –, aber alle teilen und arbeiten zusammen, um das Land für die nächste Generation zu erhalten», erklärt Kane und sagt, die einzige Aufgabe eines Māori sei es, «das Land in einem besseren Zustand weiterzugeben, als wir es bekommen haben». Ein wunderbarer Vorsatz. Doch dann kamen die Briten. (Und an dieser Stelle entschuldige ich mich für meine Vorfahren.) Die Ankunft der Europäer in Neuseeland im 17. Jahrhundert führte zu enormen Veränderungen, dennoch war die Beziehung anfänglich freundschaftlich. Die Briten garantierten den Māori 1840 nicht entziehbare Rechte dafür, dass die europäischen Siedler Rohstoffe abbauen durften, und beide Kulturen existierten nebeneinander. «Wir haben uns ziemlich schnell an die Neuankömmlinge angepasst», meint Kane, «und die besten Teile ihrer Kultur gleich übernommen.»

Doch dann wurden die Europäer gierig (ich weiß, das passt gar nicht zu uns, oder doch?), und die Spannungen nahmen zu, bis ein Konflikt um Land 1860 dazu führte, dass die Kolonialregierung große Teile der Māori-Gebiete konfiszierte. Viele Māori hatten nun keinen Zugang mehr zu ihrem *tūranga-waewae*. Die Lage spitzte sich immer weiter zu (mehr dazu können Sie zum Beispiel bei dem englischen Historiker Simon Schama nachlesen), und eine 100 Jahre andauernde Unterdrückung begann. In den 1960er Jahren ersuchten Māori-Älteste Schulen sogar, den Gebrauch der traditionellen Sprache im Unterricht einzuschränken, da sie befürchteten, sie würde der nächsten Generation den Eintritt ins Berufsleben erschweren. «Damit war unsere Kultur unversehens auf einmal kurz davor auszusterben», sagt Kane, «denn ohne Sprache kann man eine Kultur nicht aufrechterhalten.»

Stammesführer aus ganz Neuseeland erkannten bald, dass sie handeln mussten. «Wir wussten, dass wir auf die Regierung nicht zählen konnten, deshalb mussten wir uns selbst zusammenraufen und unsere Ressourcen bündeln», erklärt Kane. So wurde 1982 das *Te-Kohanga-Reo-* oder «Sprach-nest»-Projekt gestartet. Man richtete Kindergärten ein, in denen Māori-Äl-teste auf die Kinder aufpassten und ihnen Sprachunterricht gaben. Durch diesen direkten Kontakt konnten sie die Kultur an die nächste Generation weitergeben. «Meine Generation der inzwischen 40- bis 50-Jährigen hat allerdings Pech gehabt», beklagt der inzwischen 52-jährige Kane, «die Jün-geren jedoch bekamen wieder die Chance, Māori durch neuentwickelte Sprachkurse oder in der Schule zu lernen.» Auch wurden zu dieser Zeit *kapa haka* (*haka*-Teams) an Schulen, Universitäten und Arbeitsplätzen gegründet.

«Das haben wir nicht getan, weil wir wütend waren und sie plötzlich be-kämpfen wollten», stellt Kane klar. «Die Leute haben eine falsche Vorstel-lung von *haka*. Sie sehen die All Blacks, starke, selbstbewusste Männer, die ihr souveränes Spiel abreißen, und verbinden die Kraft von *haka* automa-tisch mit der Aggressivität eines Rugby-Spiels. Doch um zu sehen, was *haka* für die Māori wirklich bedeutet, muss man das Stadion verlassen.» Es gibt Hunderte verschiedene Arten von *haka* – für unterschiedlichste Anlässe. Einige wurden speziell für Hochzeiten choreographiert, andere hauptsächlich für Frauen. Es gibt auch spezielle *haka* für Kinder und zum Motivieren am Arbeitsplatz. «*Haka* ist weder aggressiv, noch ist es ein Macho-Ding», versichert mir Kane und erklärt, dass Stärke und Gefühle zu zeigen in der Māori-Kultur ein und dasselbe sind und dass mit dem Posieren, das sich *pūkana* nennt – wildes Starren mit geweiteten Pupillen, gern auch mit herausgestreckter Zunge –, lediglich bestimmte Worte betont würden. «Es geht um Kommunikation, Einigkeit und letztlich um Liebe.»

Haka wird aufgeführt, um besondere Gäste willkommen zu heißen, große Leistungen zu feiern und um freudige oder auch traurige Ereignisse zu begehen. Im Kern geht es bei *haka* allerdings immer um Einigkeit und die Verbindung von Körper und Geist, nicht jedoch um den Einzelnen. Kane erläutert, dass die Māori sich mit der Vorstellung eines gemeinsamen Glückserlebnisses viel wohler fühlen als mit der Idee von individuellem Glück. «Zufriedenheit ist für uns immer etwas Gemeinschaftliches. Glück ist etwas, das wir teilen, und wenn sich einer von uns nicht wohlfühlt, muss die Gruppe daran etwas ändern», erklärt Kane. Die Kultur ist so sehr auf Gemeinschaft ausgelegt, dass sogar das Wort *māori* «normal» oder «gewöhnlich» bedeutet – ursprünglich, um in Legenden und mündlichen Überlieferungen die Sterblichen von Gottheiten und Geistern zu unterscheiden *(wairua)*. «Letztlich sitzen wir doch alle in einem Boot», sagt Kane, «und bei *haka* ist es genauso. Am Ende können wir uns alle zufrieden und glücklich in die Augen sehen.»

Dank der Sprachprojekte erfahren mehr Māori auch mehr vom Hintergrund des *haka*, und mit der Ausbreitung des *Māori Culture Education Programme* konnten jüngere Mitglieder eines Stammes mit ihrer Kultur verbundene Geburtsrechte zurückerlangen. In den 1990er und 2000er Jahren handelten die Māori eine Entschädigung für ihre Verfolgung in der

Vergangenheit aus und bekamen mehr als NZ$ 9 000 000, oft in Form von Land. Das sicherte und schützte den *tūranga-*  *waewae* für Stammesmitglieder und sorgte dafür, dass auch zukünftige Māori das Glück dieser speziellen Orte erleben können. Für die Māori ist es selbstverständlich, dass ein *tūran-* *gawaewae* immer andere Menschen miteinschließt und stets geteilt wird. Deshalb kümmern sich die Māori darum, sich rechtlich abzusichern, dass ihre Landrechte weder missbraucht noch ihnen wieder genommen werden können.

«Wir werden weltläufiger, was unsere Kultur angeht, und dazu gehört auch, wie wir mit *haka* umgehen», sagt Kane. Inzwischen ist *haka* für den Rest der Welt zu einer Kuriosität geworden und wird vereinnahmt, um beinahe alles zu verkaufen, von Lebkuchen bis zu Autos. So offen die Māori mit ihrem Erbe auch umgehen, egal ist ihnen keineswegs, wie *haka* aufgeführt und dargestellt wird. «Wir lassen es nicht zu, dass sich jeder unsere Kultur einfach aneignet und willkürlich benutzt», betont Kane. Viele Māori würden ihr *taonga*, ihr «Geschenk», mit großem Nachdruck verteidigen. «Dennoch sind die Grundideen, die durch *haka* zum Ausdruck gebracht werden, universell, und jeder darf daran teilhaben.»

Kane beginnt den *haka*-Workshop mit einem Händedruck, bei dem wir uns gegenseitig am rechten Unterarm festhalten und eine «Lebensspirale» bilden. «Das zeigt unseren Willen, Energie zu teilen und sie in diese Erfahrung einzubringen», erläutert Kane. Indem wir uns vorbeugen und uns mit der linken Hand gegenseitig an der Schulter berühren, erinnern wir uns daran, dass wir auf den Schultern unserer Ahnen stehen. Mir fällt auf, wie selten wir in meiner Kultur unsere Vorfahren würdigen oder uns auf sie beziehen, wenn man von dem gelegentlichen «Oma wäre stolz» angesichts eines gelungenen Sonntagsbratens einmal absieht. Dabei tut es gut, sich bewusst zu machen, wem wir zu verdanken haben, dass wir hier sind. Kane erklärt uns inzwischen, sein Ziel sei es, «eine ungezügelte Energie aus den Leuten herauszuholen, von denen viele gar nicht wissen, dass sie sie haben, und sie ihnen anschließend in einer Form zurückzugeben, die sie verstehen können». Das klingt ein wenig beängstigend. «Mein Mantra ist, dass sich deine Seele immer authentisch verhält. Selbst wenn wir versuchen, uns zu verstellen, wird durch unsere Seele am Ende die Wahrheit ans Licht kommen.»

Meine Seele will meine Geschichte trotzdem verbergen, doch als ich anfange, Hände, Arme, Beine, Füße, Stimme, Augen, die Zunge und den ganzen Körper in vollkommen ungewohnter Weise zu bewegen, stelle ich fest, dass ich etwas fühle, das ich noch nie zuvor erlebt habe. Als eine Frau des 21. Jahrhunderts bin ich es nicht gewohnt, Raum einzunehmen. Auch bin ich es nicht gewohnt, laut zu sein. Oder zu schreien. Oder zu stampfen. Oder irgendetwas von dem zu tun, was *haka* von mir verlangt. Es verändert mich, holt mich aus meiner Komfortzone. Mir wird schnell klar, dass *haka* für moderne Frauen sehr gut ist. Am Ende bin ich total k. o. Und in Tränen aufgelöst. Und alles, was ich jetzt noch will, ist, nach Hause zu meiner Familie zu fahren – zu meinem *tūrangawaewae*. Und genau darum geht es anscheinend.

«In der westlichen Welt unterdrückt man viele Gefühle», meint Kane, «bei *haka* aber lässt man die Gefühle als Teil der Gruppe einfach raus. Und einen *tūrangawaewae* brauchen wir, wenn wir ehrlich sind, alle.»

Hier soll keinesfalls Tribalismus propagiert werden. Oder gar Krieg. Auch appelliere ich an niemanden, besonders nicht an Männer, sich aggressiv zu verhalten. Es geht schlicht darum, etwas mehr Dankbarkeit zu zeigen, ehrlicher mit den eigenen Gefühlen umzugehen und anzuerkennen, woher wir kommen. Das könnte uns allen nicht schaden.

WIE MAN SEINEN TŪRANGAWAEWAE FINDET

1

Schließen Sie die Augen und stellen sich vor, was Sie tun würden,
wenn morgen die Welt unterginge.

2

Mit wem würden Sie Zeit verbringen? Wohin würden Sie gehen?
Dann gehen Sie dorthin, und halten Sie sich diesen Ort und
diese Leute warm. Für immer.

WIE MAN *HAKA* ERLEBEN KANN

1

Schauen Sie sich den Tanz online an, und geben Sie sich
den Raum und die Zeit, gerührt zu sein.

2

Wenn Sie besonders mutig sind, suchen Sie sich eine Möglichkeit
in Ihrer Nähe, um *haka* selbst auszuprobieren
(aber bitte angeleitet von einem Māori, damit es kulturell authentisch
und nicht kulturell angeeignet ist).

3

Fressen Sie Ihre Gefühle nicht in sich hinein, sondern lassen Sie ihnen
freien Lauf. Heulen ist erlaubt. Ab und zu die eigene Komfortzone
zu verlassen ist Pflicht.

FRILUFTSLIV

Friluftsliv, «fri-lüfts-liv» ausgesprochen, ist ein Substantiv, das wörtlich übersetzt «Freiluftleben» bedeutet – ein philosophischer Begriff, den der norwegische Dramatiker Henrik Ibsen in dem Gedichtzyklus *På vidderne* («Auf den Höhen») 1859 populär machte. Er beschrieb darin, wie wertvoll es für das geistige und körperliche Wohlbefinden sei, Zeit an abgeschiedenen Orten zu verbringen. Die benachbarten Schweden und Dänen haben den Begriff längst übernommen, am überzeugendsten gelebt wird dieser Lebensstil jedoch nach wie vor von Norwegern.

NORWEGEN

Montagmorgen bei −5 ° Celsius, die Sonne nur eine ferne Ahnung. Mit steifen Fingern besorge ich mir den ersten Kaffee des Tages und jammere, dass der Schneesturm der letzten Nacht noch immer nicht nachlässt. Doch die anderen Leute am Frühstücksbuffet sind bester Laune. Ich bin umgeben von nordischen Superhelden, die sich in voller Skiausrüstung sauren Hering auf den Teller legen. Ihre Gespräche kreisen darum, wie man vor der Arbeit am besten ein paar Runden unterbringt. Weder Eisregen noch Schnee oder sonst irgendein suboptimales Wetter können sie von ihrem *friluftsliv* abhalten – und dabei sehen alle fast provozierend gesund aus und könnten sich auch als Models verdingen. Oslo, wohin mich meine Dienstreise führt, hat erstklassige Museen zu bieten, exzellente Restaurants und nicht zuletzt – meiner Erfahrung nach zumindest – große, durchtrainierte, skandinavische Halbgötter im Überfluss. Dies ist kein Ort, den man mit mangelndem Selbstbewusstsein besuchen sollte.

Norwegen, Skandinaviens Zweizack und das Land, dem wir Edvard Munch, Henrik Ibsen und a-ha zu verdanken haben. Bei einer Zahl von nur 5 300 000 Einwohnern genießen die Norweger alle Vorteile des nordischen Wohlfahrtsstaats mit zusätzlichem Sicherheitsnetz in Form eines riesigen Ölvorkommens, das die Finanzen des Landes nicht unerheblich stärkt und für ein Viertel des norwegischen Bruttoinlandsprodukts verantwortlich ist.

Außerdem hat Norwegen kürzlich Dänemark vom ersten Platz im UNO-Ranking des «glücklichsten Lands der Erde» verdrängt, und der Demokratieindex der Zeitschrift *The Economist* stufte Norwegen in den letzten Jahren als «weltbeste Demokratie» ein. Dessen eigentlicher Trumpf ist jedoch die Natur. Polarfüchse, Wölfe, Wale, Riesenhaie, Elche und Eisbären sind dort heimisch – also «die ganzen echt coolen Tiere», wie mein Vierjähriger es formuliert. Die vielgerühmte Landschaft mit ihren Bergen, Gletschern und Fjorden – tiefe, nach dem Ende der Eiszeit von der See überspülte Einschnitte ins Land – kann man tatsächlich nur als spektakulär bezeichnen. Bestechend in der Tiefe mit Hornindalsvatnet, dem tiefsten See Europas, genauso wie in der dauerfrostigen Höhe der Berge, die märchenhafte Namen tragen wie Glittertind und traumhafte Aussichten bieten. Und hier kommt *friluftsliv* ins Spiel.

«Es ist ein großer Teil von dem, wer und wie wir sind», sagt Erik Salvesen im typischen Singsang der Westküste des Landes. «Am besten erklärt man es mit der wörtlichen Übersetzung ‹Freiluftleben›, auch wenn sie die Bedeutung nicht vollständig abdeckt. Man muss *friluftsliv* erleben, um es ganz zu erfassen und begreifen zu können, wie wichtig es den Norwegern ist.» Erik und ich sind uns 2013 begegnet, als ich ihn für den *Guardian* über den weltweit ersten Wikinger-Freizeitpark in Haugesund interviewte («der mit der Disney-Plastikwelt nicht viel zu tun hat, hier werden Äxte geschwungen und der Umgang mit dem Schwert erlernt»). Erik setzt sich mit Leidenschaft dafür ein, «die guten Teile» der Wikingerkultur einem breiteren Publikum zugänglich zu machen. Und dazu gehört auch *friluftsliv*.

«Norwegen hat vergleichsweise wenige Einwohner, die sich zudem über ein großes Gebiet verteilen, die freie Natur ist für die meisten also nur wenige Minuten entfernt. Und sie ist leicht zugänglich», sagt Erik. «Jagen und Fischen hatten bei uns schon immer einen hohen Stellenwert, besonders in den Fjordregionen.» Doch während sich die Norweger früher in der Natur aufhielten, um zu überleben, verbringen sie heutzutage ihre Freizeit dort. «*Friluftsliv* tut unserer Seele gut», meint Erik. «Selbst die Leute aus den Großstädten», er hält inne, um sich zu verbessern, «wir haben nur eine Großstadt, also, sogar die Osloer haben größtenteils

irgendwo in den Bergen eine Hütte. *Friluftsliv* ist uns zu wichtig, um es unter den Tisch fallen zu lassen.» Erik beschreibt die Erfahrung, Zeit draußen in der Natur zu verbringen, als «spirituell» und fügt hinzu: «Man fühlt sich dort einfach anders, weil man anderen Energien ausgesetzt ist. Bisweilen kann die Schönheit dich schier überwältigen, doch dann betätigen wir uns draußen, was entspannend wirkt, und schon empfinden wir das traumhafte Panorama als wunderbar beruhigend.» Für Erik ist es aktive Meditation («und im Vergleich zu anderen Europäern sind wir ziemlich gelassen»). Ihn selbst zieht es jeden Tag hinaus, die meisten Leute «mindestens» zwei- bis dreimal in der Woche. «Es ist auch gut fürs Sozialleben. Man kann mit Freunden und Familie unterwegs sein, etwas zu essen mitnehmen und einen Tagesausflug draus machen. *Friluftsliv* ist Natur und bedeutet, aktiv zu sein, Zeit mit Leuten zu verbringen, die man mag, gemeinsam zu essen ...», schwärmt Erik weiter, während er Merkmale aufzählt, die erwiesenermaßen gut für Gesundheit und Wohlbefinden sind.

Kinder lernen von Anfang an, was *friluftsliv* ist, und selbst wenn mit sechs Jahren die Schule beginnt, verbringen sie noch viel Zeit draußen. «Bei uns gibt es auch das Wort *fjellvant*, was heißt: ‹gewohnt sein, in die Berge zu gehen›», übersetzt Erik, «und das ist bei allen Altersstufen verbreitet.» In den *fjellvettreglene* – den «Gebirgsregeln» – wird ein respektvoller Umgang mit der Natur propagiert, was für die norwegische Kultur sehr wichtig ist. Denn Norweger steigen gern hoch hinauf, wie es scheint. «Hoch hinaufzugehen gibt dir ein Ziel», erklärt Erik, «und wenn du einen Norweger draußen in der

Natur triffst, ist sein Ziel ziemlich sicher der höchste Berg in der Gegend.»
Ich erwidere, dass es für mich eher nach harter Arbeit klingt. «Ist es auch»,
antwortet er. «Und darum geht es: Man muss es sich verdienen. Bei uns gibt
es ein Sprichwort: *Du må yte før du kan nyte* (sinngemäß: ‹Erst die Arbeit,
dann das Vergnügen›). Nach getaner Arbeit kommt *kos*, beziehungsweise
wird es *koselig*, was vergleichbar ist mit dem dänischen *hygge*.» Und natürlich an das deutsche *kuschelig* denken lässt.

Die ultimative Belohnung nach dem Winter ist dann *utepils*, das erste
draußen genossene Bier, mit dem man feiert, dass es, wenn auch noch nicht
warm, doch zumindest ein bisschen weniger kalt ist. «Wenn du dich viele
Monate danach gesehnt hast, raus in die Sonne zu gehen – oder zumindest
ins weniger Düstere –, gibt es nichts Besseres», sinniert Erik. «Besonders an
den Fjorden und mit einer Portion frischer Krabben dazu ...» Verzückt hängt
er seinen Gedanken nach. Und wann ist dieser nicht ganz so winterliche Tag
üblicherweise?, frage ich. «Wenn man Glück hat, im April, aber es kann auch
später sein. Jedenfalls erscheinen an dem Tag, an dem sich alle einig sind,
dass die Zeit für *utepils* gekommen ist, jedes Mal Fotos von Menschen, die
im Freien Bier trinken, in der Zeitung.» Ähnlich wie in England lange alle Zeitungen am Ende eines Schuljahrs ein Bild von einer fotogenen Schülerin ab-
gedruckt haben, die ihre Prüfungsergebnisse öffnet.

Genau wie seine skandinavischen Nachbarn ist Norwegen ein Land, in
dem Gemeinschaftserfahrungen die Menschen einen. Wenn sie also nicht
gerade einhellig mit *utepils* den Frühjahrsbeginn feiern oder mit anderen
draußen aktiv sind, versammeln sie sich um den Fernseher, um sich ihre Portion *friluftsliv* stellvertretend dort zu holen.

Im norwegischen Fernsehen war der größte Erfolg der letzten zehn Jahre *Sakte*-TV (Slow-TV). Dafür werden scheinbar banale Geschehnisse in Echtzeit gefilmt, normalerweise aus dem Naturbereich. Angefangen hat es mit einer Sendung, für die Norwegens Staatssender NRK während einer siebenstündigen Zugfahrt aus dem Fenster Berge und Fjorde filmte und sich das 1 200 000 Zuschauer ansahen. In der Folge konnten die Norweger den Blick von einem TV-Kreuzfahrtschiff genießen, das fünfeinhalb Tage an der norwegischen Küste unterwegs war – die Einschaltquote lag bei 36 %. Weitere Slow-TV-Erfolge waren eine zwölfstündige Sendung über ein Lagerfeuer, inklusive dem Holzaufstapeln und feierlichen Entzünden, ein 18-stündiges Lachsfischen-Special sowie eine 168-Stunden-Rentier-Wanderung live. Sicher kein typisches Blockbuster-Material, doch wie Thomas Hellum, Produzent bei NRK, es formuliert: «Es geht immer um *friluftsliv*.»

Zum ersten Mal begegnet bin ich Thomas, als Slow-TV noch in den Kinderschuhen steckte und niemand ahnte, wie erfolgreich es werden würde. Inzwischen ist es eine feste Größe im norwegischen Fernsehen und wird weltweit exportiert. Selbst auf Netflix gibt es eine begeisterte Anhängerschaft. Ich entschuldige mich nachträglich bei Thomas, an der Idee gezweifelt zu haben. Er sagt, er würde mir vergeben, zumal er im Moment sowieso sehr gelassen sei, weil er gerade vom Skifahren käme und sein Bedürfnis nach *friluftsliv* gestillt habe. Es ist 13:00 Uhr an einem Dienstag. Nicht schlecht, denke ich. «Slow-TV funktioniert, weil alle Norweger vernarrt in die Natur sind – in die Berge und das Wasser», erläutert Thomas. «Wenn wir die Bilder der schönen Landschaften sehen, lösen sie in uns sofort etwas aus, sie wirken wie Balsam für die Seele. Es ist tief in uns drinnen, und die meisten Norweger träumen davon. Wenn man uns *friluftsliv* wegnähme, wäre es, als würden wir eines Teils unseres Ichs beraubt.» Ich frage ihn nach

Eriks Theorie, nach der das Gefühl bei den Norwegern besonders ausgeprägt sei, sowie ein Berg in der Nähe ist. «Wir gehen gern hoch hinaus»,
bestätigt er grinsend. «Von dort oben sieht alles kleiner aus und die Sorgen
gleich mit. Leute aus anderen Ländern verstehen das oft nicht.» Ob er damit ein bestimmtes Land meint?, frage ich. «Dänemark», antwortet er wie
aus der Pistole geschossen, «und die Niederlande vielleicht. Die Flachländer
eben.» In Ländern, in denen es keine Erhebungen gibt, hat man einen anderen Zugang dazu, in Norwegen aber ist man besessen von den Bergen.
«Manche Leute fragen, warum es so schwer sei, 20 Meter unter dem Gipfel
stehen zu bleiben? Von da habe man doch auch eine schöne Aussicht ...
Für einen Norweger ist das undenkbar!» Thomas schüttelt den Kopf. «Wir
haben etwas in uns, das uns nach draußen zieht und auf den nächsten Berg
treibt, den wir dann anschließend gern auf Skiern wieder runterfahren. So
ein Erlebnis brauchen wir mindestens ein- bis zweimal in der Woche, und an
den Tagen, an denen es uns nicht möglich ist, schauen wir es uns eben an.»

Seit 1957 hat Norwegen eine *Lov om friluftsliv*, eine «Freiluft-Erho-
lungs-Verordnung», in der steht: «Jeglicher Naturgrund darf angemessen
rücksichtsvoll zu Fuß das ganze Jahr über betreten werden.» Selbst auf
Privatland darf sich also jeder frei bewegen und sogar sein Zelt aufstellen,
sich vom Vogelgezwitscher wecken lassen und sich dann am Feuer sein

Frühstück bereiten, ehe er sich auf die Suche nach etwas Essbarem für die Mittagsmahlzeit macht. «Solange man Maß hält und nur nimmt, was man wirklich braucht, wird einen niemand daran hindern», erklärt Thomas. «Dafür ist die Natur da. Aber sie fordert auch.» Das bezieht sich vor allem auf einen anderen Bereich derselben, der in Norwegen ein großes Thema ist: das Wetter. «Es bestimmt unseren Tag, entscheidet, ob wir ein Meeting neu ansetzen müssen oder ob wir uns mit dem Auto auf die Straße wagen können. Es bestimmt alles! Wir haben zwei Jahreszeiten: Frühling-Sommer und Winter.» Gleichzeitig schränkt Thomas schmunzelnd ein: «Außer in Bergen, wo ich lebe. Da haben wir die ‹Regenzeit› und die ‹noch regnerischere Regenzeit›.»

Doch die Norweger lassen sich von ein bisschen Regen, Schnee oder einer Mischung aus beidem nicht aufhalten. «Wenn die Wege zu verschneit zum Gehen sind, nimmt man eben die Langlaufski», sagt Thomas. «Aktiv sind wir immer, zumal wir uns die Entspannung ja verdienen wollen. Die meisten Norweger sind der Meinung, dafür müsse man sich erst einmal körperlich abmühen und die Elemente besiegen. Wenn man den Berg in Regen und Kälte erklommen hat, kann man sein Abendessen richtig genießen.» Auch Thomas ist davon überzeugt, dass es dann besser schmeckt. «Außerdem erinnern wir uns auf diese Weise daran, dass die Menschen vor unserer Zeit, unsere Vorfahren, auch ihre Muskeln einsetzen mussten, um ihr Ziel zu erreichen. Deshalb sollten wir uns fragen: Was haben wir heute getan? Was haben wir erklommen? Wohin sind wir gegangen? Das ist ein großer Teil von dem, was *friluftsliv* ausmacht. Und das bedeutet in Norwegen Glück.»

WIE MAN *FRILUFTSLIV* LEBT

1

Steigen Sie auf jeden Berg –
Gipfel sind dazu da, erklommen zu werden,
außerdem sieht von oben alles besser aus.

2

Verdienen Sie sich Ihr Mittagessen.
Erst spielen/klettern/wandern/Ski laufen, dann entspannen.

3

Gehen Sie nach draußen, egal, bei welchem Wetter.
Schlechtes Wetter gibt es sowieso nicht, nur falsche Kleidung.

4

Nehmen Sie Tempo raus – sei es beim Fernsehen oder beim
Betrachten der Landschaft im Wandel der Jahreszeiten.

5

Gönnen Sie sich ein *utepils* – oder ihren Lieblingsdrink –
im Freien, am ersten schönen Tag des Jahres.

AZART

Azart, das Substantiv bedeutet «Feuereifer, Aufregung, Begeisterung, Inbrunst bis hin zu Leidenschaft». Auch «Wagemut» und «Risikobereitschaft» schwingen in dem Wort mit, das sich von französisch *hasard* (Zufall) ableitet. Jedenfalls ist es eine Gefühlsregung, die von Erfolg ausgeht, egal, wie realistisch oder wahrscheinlich er ist. Oft verwendet im Zusammenhang mit einem Spiel oder etwas Gefährlichem. Wie Liebe. Oder dem Roulettetisch.

RUSSLAND

Als großes Land mit großen Köpfen und noch größeren Gefühlen ist Russland nicht gerade als glückliches Land bekannt. Bei Russland denken die meisten von uns wahrscheinlich an Putin, die Sowjetvergangenheit oder auch das literarische Vermächtnis, das Tschechow, Tolstoi, Turgenjew, Dostojewski, Puschkin und andere hinterlassen haben. Die ja die Fröhlichkeit auch nicht gerade erfunden haben. Moskau wurde kürzlich zur unfreundlichsten Stadt der Welt gewählt, und russischen Kindern wird angeblich in der Schule beigebracht, nicht zu lächeln (stattdessen müssen sie wahrscheinlich Puschkin abschreiben ...). Oder verkennen wir im Westen die Russen total? Ksenia, die Freundin einer Freundin aus Chelyabinsk im Ural, erklärt mir an einem frostigen Freitag das Konzept von *azart*. Dabei geht es offenbar nicht um Glück, wie wir es kennen, zumindest nicht im Sinne von heiterer Zufriedenheit, sondern um Feuereifer und vor allem um Leidenschaft.

«Man verwendet *azart*, um das Gefühl zu beschreiben, wenn man sich nicht mehr zurückhalten kann, weil man von seinen Emotionen überwältigt wird», sagt Ksenia. «Dabei spielt der Schauer der Erregung eine wichtige Rolle, aber es hat für uns auch mit Glück zu tun. Wir sind ein sehr emotionales Volk, viele unserer Entscheidungen treffen wir aus dem Bauch heraus – leidenschaftlich und mit geschlossenen Augen.» Und *azart* ist die Vorfreude auf das Prickeln: der köstliche Schmerz, sich nahe am Abgrund zu befinden, der vielen Russen zu einer Lebenslust verhilft, von der wir alle lernen können.

Winston Churchill beschrieb Mütterchen Russland mit den berühmten Worten: «Russland ist ein Rätsel innerhalb eines Geheimnisses, umgeben von einem Mysterium», oder, wie Ksenia es formuliert: «In Russland zu leben ist nicht einfach, weshalb wir uns einige einzigartige Wege gesucht haben, um uns dennoch zu erfreuen.» Viele Leute hätten aber auch ein falsches Bild von Russland, behauptet sie. «Sie halten uns für grausam und glauben, dass wir alle so sind wie die Regierung. Dem ist nicht so. Wir sind geschundene Seelen und ein einzigartiges, liebenswürdiges Volk, das

vom Staat schlecht behandelt wird.» Darüber hinaus hat die russische Mentalität etwas Fatalistisches: «Wir sind wie Kakerlaken, wir überleben immer und haben gelernt, dankbar zu sein für das, was wir haben.» Viele Russen hatten keine Wahl. In der Sowjetunion wurden Kleidung, Lebensmittel und selbst Wohnungen rationiert. «Man war Teil einer großen Menge und bekam buchstäblich etwas zugeworfen», sagt Ksenia, «und die Leute waren dankbar, überhaupt etwas zu haben. Irgendwas. Denn man hatte nichts. Und deshalb haben wir gelernt, mit allem zurechtzukommen.»

Vor diesem Hintergrund ist eine ungewöhnliche Form von Glück entstanden – das Gefühl von *azart* als Wärmequelle, nach der man greifen darf, als Unterstützung sozusagen. Traditionell hat die Familie in Russland eine große Bedeutung, und die war zumindest in der Vergangenheit sehr patriarchalisch geprägt. «Für Mädchen war der Weg klar vorgezeichnet: ‹Sei eine gute Ehefrau, die immer ein ordentliches Essen auf den Tisch bringt, wenn der Mann nach Hause kommt. Serviere ihm Borschtsch und dann ab ins Bett und Kinder machen!›», veranschaulicht Ksenia die Erwartungen an Frauen. «Für Männer hieß es: ‹Besorg dir einen Job und schaff dir ein vernünftiges Haus, eine gute Frau und Kinder an.› Alles nach Plan!», so Ksenia. «Es gibt ein altes russisches Sprichwort: ‹Wenn du erfolgreich sein willst im Leben, musst du ein Haus gebaut, einen Baum gepflanzt und Kinder gezeugt haben›, und genau danach strebten die meisten Menschen.» Anfang der 1990er brach die Sowjetunion dann zusammen, und die Russen begannen mehr zu wollen. Autos, Geld, Häuser … *mehr von allem.* Sie begannen in einem jüngeren Alter und so hart wie möglich zu arbeiten, um sich einen Vorteil zu verschaffen. Ksenia nennt es «zielorientiert», was allerdings auch bedeutete, den Weg dorthin nicht zu genießen. Die spezifisch russische Vorstellung von Glück ist also nichts, was ruhig und friedlich genährt wird. Es handelt sich eher um flüchtige Momente, nach denen man verzweifelt mit beiden Händen greifen muss.

Möglicherweise hat *azart* auch etwas mit dem Wetter zu tun (Achtung Spoiler: Es ist kalt …), denn Russen mögen's heiß, «und das ist wörtlich und im übertragenen Sinn, zum Beispiel beim Reden, gemeint», sagt Ksenia. Sie erklärt mir, dass ein Russe nie stehen bleiben würde, um sich zu entschul-

digen, wenn er jemanden auf der Straße anrempelt. Es wird einfach akzeptiert, dass alle nur so schnell wie möglich nach drinnen ins Warme wollen. Doch sobald man dort angekommen ist, heizt sich alles auf. Eine weitere russische Form von Glück, auf die ich bei der Recherche gestoßen bin, sind *posidelki* (Küchengespräche), wenn man buchstäblich mit Freunden und Familie um den Küchentisch sitzt und über Gott und die Welt redet. Das ergibt Sinn: Wie schon erwähnt, sagt fast jede ernst zu nehmende Studie, dass der enge, regelmäßige und offene Kontakt zu Freunden und Familie eine zentrale Komponente für Glück ist. Mit dem Unterschied, dass es in Russland oft schnell hitzig und leidenschaftlich zugeht.

«Bei uns wird's sofort tiefschürfend», erläutert Ksenia. «Während die Briten gut im höflichen Smalltalk sind, *bla, bla, bla* ...», sie imitiert mit der Hand einen Mund und verdreht die Augen, «gehen wir gleich aufs Ganze. Mit der Unterstützung von Alkohol, versteht sich.» Natürlich. Alkohol hat einen heiklen Einfluss aufs Glück. Geschickt eingesetzt, kann er aber auch helfen, eine Beziehung aufzubauen und einen echt schönen Abend zu verbringen. (Siehe «Irland».) Meine Lektorin bekniet mich, ich möge darauf hinweisen, dass Alkohol eindeutig NICHT zum Wohlbefinden beiträgt. In dem Fall wäre es um die Gesundheit der gesamten russischen Bevölkerung nicht gut bestellt. Der Alkoholkonsum ist nach wie vor einer der höchsten der Welt. Ein Durchschnittsrusse trinkt nach Recherchen der University of Oxford 20 l Wodka im Jahr. Das Trinken von Alkohol ist in der Kultur so fest verankert, dass es mit *zapoi* ein eigenes Wort für das mehrtägige Betrinken gibt. Und bis 2011 fiel Bier nicht einmal in die Kategorie Alkohol, weil es nicht stark genug war.

Auch Russlands Größe scheint eine Rolle zu spielen, wenn es um Glück und soziale Beziehungen geht. Denn genauso wie Küchengespräche preist Ksenia eine weitere russische Tradition: *razgovory v poezde* (Zuggespräche). Russland ist so groß, dass man sieben Tage mit dem Zug fahren muss, um es zu durchqueren und dabei durch elf verschiedene Zeitzonen kommt. Unterwegs sitzt man im Abteil zusammen, teilt sein Essen und unterhält sich. «Einer hat vielleicht ein Huhn dabei, der nächste Alkohol, und so isst, trinkt und lebt man zusammen mit Leuten, die vorher Fremde waren und die am Ende der Reise zu Freunden geworden sind», erklärt Ksenia. Die Idee ist gut, dennoch bin ich als Engländerin nicht davon überzeugt, dass eine Woche mit Fremden in einem Zugabteil zwangsläufig Glück bedeutet. Als ich meine Bedenken äußere, gibt Ksenia zu: «Klar leidet man ein bisschen, aber wir Russen leiden eigentlich gern.» Ah, das ist der Punkt, den ich nicht verstanden habe ... «Zwei Stunden vor Ankunft in einer größeren Stadt darf man nicht mehr aufs Klo gehen, da es nur ein auf die Gleise führendes Loch ist. Natürlich ist das unangenehm. Es gibt auch keine Duschen, weshalb wir uns breitbeinig am Wagenübergang eine Flasche Wasser über den Körper gießen. Oder wir springen kurz vor einem längeren Halt in der Nähe eines Sees ab und nehmen ein kurzes Bad. Das ist anstrengend, aber das mögen wir. Wir sind randvoll mit *azart* – es ist Teil von uns.»

Wenn wir leiden, weil wir endlich etwas von unserer langen To-do-Liste erledigen, gibt es uns das gute Gefühl, etwas geschafft zu haben – und anschließend folgt ein Dopamin-Schub. Das ist erwiesen. Mich beschleicht je-

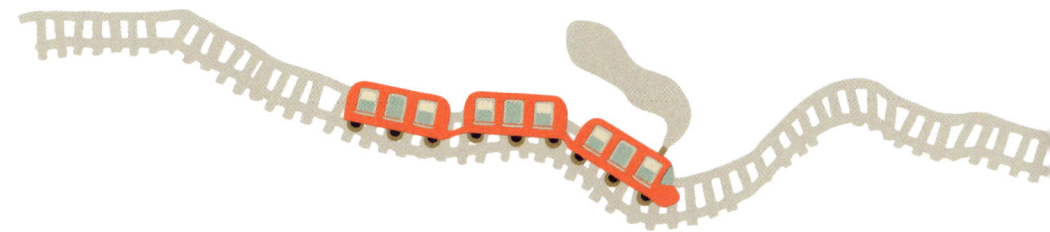

doch der Gedanke, die Russen betreiben diese Taktik in einem ganz anderen Maß.

Wenn Ksenias Landsleute ihr Ziel erreicht haben, gehen das Leiden und Suchen nach Hitze für viele auf andere Art und Weise weiter: in der russischen Sauna, der *banya*. Für viele Russen ist sie ein wichtiger Bestandteil von Glück und gehört zur wöchentlichen Routine. Einige gehen jeden Sonntag, um sich auf die bevorstehende Woche vorzubereiten, und in der *banya* werden, bei 100° Celsius, sogar geschäftliche Meetings abgehalten. Da ich in Skandinavien lebe, war ich auch schon das ein oder andere Mal in der Sauna, bei der russischen Variante aber scheint das Element des Leidens unabdingbar dazuzugehören. Russen schwitzen nicht nur, sie essen und trinken auch in ihren Saunen (und oft «nicht zu knapp»), ehe sie sich «heftig mit Birkenzweigen schlagen und anschließend draußen im Schnee wälzen».

«Besucher schreien oft entsetzt auf, wenn sie das sehen, und wollen wissen, warum wir das tun», berichtet Ksenia. «Aber es ist Teil unserer Kultur und hat mit unserer Geschichte und Religion zu tun. Dort, wo ich aufgewachsen bin, musste man während der Messe stehen. Es gab keine Bänke oder Stühle, und Weihnachten und Ostern verbrachte man die ganze Nacht in der Kirche. Meine Oma ist 80 und legt noch immer zweimal in der Woche den 40-minütigen Weg in die Kirche zurück, weil sie meint, leiden zu müssen, um das, was sie hat, zu verdienen. Ostern bestand sie sogar darauf, den Weg, genau wie Jesus, mit einem Kreuz zurückzulegen. Dann stürzte sie und brach sich ein Bein. Ich sagte zu ihr: ‹Oma, vielleicht war das keine so gute Idee ...› Sie aber antwortete: ‹Nein, ich habe unterwegs etwas Schlechtes gedacht, deshalb hat Gott mich bestraft ... es ist richtig so. Jetzt habe ich gelitten, und es darf mir wieder gutgehen.›» Da kann das Leiden, das man in meiner Kirche in England in Form von dünnem Tee und trockenen Keksen auf sich nimmt, natürlich nicht mithalten. Aber genau das ist es letztlich, was die Menschen mitten im Winter in zwei Meter hohem Schnee oder überhaupt in Zeiten der Not nicht verzagen lässt. Der Mensch hält viel aus. Und vielleicht – möglich ist es doch – tragen wir alle diese Gluthitze, dieses Feuer, dieses *azart*, in uns.

Wenn wir tiefschürfende Gespräche führen, tief ins Glas schauen [Anmerkung des Lektorats: nicht zwingend notwendig] und nach allem greifen, was uns das Leben vor die Füße wirft, kann uns *azart* vielleicht helfen, das Leiden zu überstehen. Damit wir uns das Glück anschließend auch wirklich verdient haben.

ANLEITUNG FÜR *AZART*

1

Wer wagt, gewinnt. Viele von uns neigen zu Schadenslimitierung
und Vorsicht. Ein Risiko einzugehen ist angsteinflößend, aber auch aufregend.
Und Aufregung regt Glücksgefühle an.

2

Überspringen Sie die Phase des Smalltalks und führen stattdessen
tiefschürfende und engagierte, möglicherweise vom Wodka
angeregte Gespräche am Küchentisch, wenn das nächste Mal
jemand zum Essen kommt.

3

Machen Sie es wie die Russen, und leiden Sie ein bisschen
für Ihren nächsten Dopamin-Schub. Gehen Sie an einem eiskalten Tag
spazieren, widmen Sie sich einer ungeliebten Aufgabe, die Sie schon
ewig lang vor sich herschieben, oder gehen Sie in die nächste Sauna
(optional mit Birkenzweigen und Im-Schnee-Wälzen).
Egal, womit Sie sich nach der Selbstgeißelung belohnen:
Sie werden es umso mehr genießen.

UBUNTU

Ubuntu ist ein Substantiv aus den Bantusprachen, das sich zusammensetzt aus -ntú (Mensch) und ubu, einer Vorsilbe, um den abstrakten Begriff «Menschlichkeit» oder auch «Menschheit» zu bilden. Der Begriff ist seit dem 19. Jahrhundert in Verwendung, und gemeint ist damit: «Ich finde meinen Wert in dir und du deinen umgekehrt in mir.» So wird der Gedanke einer Verbundenheit zum Ausdruck gebracht, der Glaube an ein universelles Zusammengehörigkeitsgefühl der Menschen. Bantu wird von diversen Ethnien im mittleren und südlichen Afrika gesprochen. Als Lebensphilosophie hat sich ubuntu in den letzten 30 Jahren aber speziell Südafrika auf die Fahnen geschrieben.

SÜDAFRIKA

Wir befinden uns im Jahr 2013, und der Gedenkgottesdienst für Nelson Mandela wird weltweit im Fernsehen übertragen. Barack Obama hält eine bewegende Trauerrede in Soweto, Johannesburg. Er sagt: «In Südafrika gibt es ein Wort – *ubuntu* –, das seine [Mandelas] größte Gabe beschreibt: die Erkenntnis, dass wir alle miteinander verbunden sind, auf eine Art und Weise, die für das Auge nicht unbedingt sichtbar ist, dass es aber dennoch ein Einssein der Menschheit gibt – und wir uns selbst verwirklichen, wenn wir uns selbst mit anderen teilen und für unsere Mitmenschen einsetzen.» Damals hörte ich den Begriff *ubuntu* zum ersten Mal. Während des Apartheid-Regimes war ich noch zu jung gewesen, um die Bedeutung des Wortes während dieser Zeit zu erfassen. Doch jetzt blieb er hängen. Und für eine Weile war ich fast besessen davon.

«Das ist auch richtig so», meint Vusi, der Freund eines Freundes aus Welkom in der Provinz Free State. «*Ubuntu* ist eine ethische Lebensauffassung, die fürs Glück wesentlich ist. Es geht darum, sich miteinander verbunden zu fühlen – in Harmonie und Frieden mit anderen zu leben –, das ist die Essenz des Menschseins.» Das ist allerdings ein hoher Anspruch, Vusi ... «Aber es ist doch wahr», erwidert er, «denn wie soll man glücklich sein, wenn die Leute um einen herum es nicht sind?» In dem Punkt hat er recht. *Ubuntu* ist ein philosophischer Begriff, der viel mit traditionellen Werten einer Gemeinschaft zu tun hat. «Und es geht darum, wer wir als Südafrikaner sind», fügt Vusi hinzu.

Zum ersten Mal dokumentiert wurde das Konzept im Jahr 1846, als Ausdruck des Bedürfnisses, nach den grausamen Erlebnissen der Kolonialisierung die Würde der afrikanischen Völker wiederherzustellen. Später wurde *ubuntu* zu einem Begriff, den die Schwarzen in Südafrika verwendeten, um ihre eigene Identität und eigenen Werte zu behaupten und sich damit von der Kultur der Kolonialherren abzuheben. Populär wurde der Begriff dann in den 1950er Jahren durch die Artikel von Jordan Kush Ngubane in *The African Drum* (jetzt: *Drum*-Magazin), und in den 1970er Jahren war *ubuntu* endgültig das Synonym für eine besondere Art des afrikanischen Humanismus geworden. In den 1990er Jahren wurde es schließlich als Leitbild für die Anti-Apartheid-Bewegung weltweit bekannt und sogar in Südafrikas Übergangsverfassung aufgenommen, die 1993 in Kraft trat. Als Nelson Mandela 1994 der erste schwarze Präsident des Landes wurde und entschlossen war, dem institutionalisierten Rassismus den Garaus zu machen und auf Versöhnung hinzuwirken, sollte «ich bin, weil ihr seid» der Spruch werden, der das moderne Südafrika beschrieb. Erzbischof Desmond Tutu propagierte *ubuntu* als das theologische Konzept, nach dem er seine Arbeit als Vorsitzender der südafrikanischen Wahrheits- und Versöhnungskommission ausrichtete. In einem Interview mit Dr. Frank Lipman zu seinem 2004 veröffentlichten Buch *Gott hat einen Traum* sagte Tutu: «*Ubuntu* ist die Essenz dessen, was uns als Menschen ausmacht. Es bedeutet, dass wir erst durch andere Menschen zum Menschen werden. Allein können wir kein vollständiger Mensch sein. Wir sind für die Wechselbeziehung, für die Familie, gemacht. Mein Menschsein ist mit deinem Menschsein verwoben, und wenn sich deins verbessert, dann auch meins. Umgekehrt gilt aber auch, dass eine ‹Entmenschlichung› deinerseits unweigerlich Gleiches bei mir zur Folge hat.»

Bei *ubuntu* geht es darum, dem Leben und Wohlbefinden eines anderen Menschen einen hohen Stellenwert einzuräumen. Es heißt «Mitgefühl und Respekt», so Vusi, und heutzutage wird es als ethischer Grundsatz für

Verständnis und Großzügigkeit gesehen. *Ubuntu* gibt einer Gemeinschaft eine gemeinsame Verantwortung, und sie macht gerade wegen der Anerkennung von individuellen Unterschieden Fortschritte und nicht trotzdem. Während Sozialismus-Skeptiker befürchten, dass durch verpflichtendes Teilen letztlich alle schlechter dran sind, geht *ubuntu* davon aus, dass unserem Nächsten zu helfen auch uns selbst besser macht – genauso wie die Gesellschaft als Ganzes. «Es ist offen und universal und damit wahrscheinlich der wichtigste Grundsatz, nach dem ich lebe», bekennt Vusi.

«Aber wird uns nicht immer gepredigt, dass wir nicht die Last der Welt auf unseren Schultern tragen sollen? Werden wir nicht irgendwann des Mitleids müde, wenn wir uns immer um alle und alles kümmern?», werfe ich ein. «Nein», lautet Vusis Antwort. «Denn ‹alle› ist deine Familie. Sie machen dich zu dem, was du bist.» Das meint er nicht wörtlich, vielmehr will er damit sagen, dass unsere Verbindung zur Menschheit «immer größer ist als unsere Blutsverwandtschaft». *Ubuntu* heißt auch, zu den Menschen um uns herum zu sagen: «Ich verstehe, wie schwer ihr es habt. Ich sehe, wie steinig euer Weg ist.» Und wir alle befinden uns auf irgendeinem Weg.

In Nelson Mandelas Autobiographie *Der lange Weg zur Freiheit* werden die 27 Jahre beschrieben, die er im Gefängnis auf Robben Island verbracht hat. Er hätte mehr Grund gehabt als viele andere, enttäuscht von der Welt zu sein und nicht mehr bereit, noch mehr von ihrem Schmerz und ihren Problemen auf sich zu nehmen. Doch das war nie eine Option für Mandela – wegen *ubuntu*. 2006 interviewte ihn der südafrikanische Journalist Tim Modise und fragte, wie er den Begriff definieren würde. Darauf antwortete Mandela: «Früher, als wir noch jung waren, musste ein Reisender, wenn er durch ein Dorf kam, nicht nach Essen oder Wasser fragen. Sobald jemand da ist, bekommt er zu essen, und man beschäftigt sich mit ihm. Das ist ein Beispiel für *ubuntu*.» *Ubuntu* heißt nicht, dass wir nicht auf uns selbst achten sollen, aber dass wir zugleich die Verpflichtung haben, «der Gemeinschaft um uns herum zu helfen, was ihr dann dabei hilft, sich selbst zu verbessern», wie es Mandela formuliert. Damit wird *ubuntu* zum Versprechen einer offenen Gesellschaft und einer tragfähigen Zukunft für alle.

In der Realität ist *ubuntu* im heutigen Südafrika dennoch nicht allgegenwärtig. Es gibt zahlreiche Ungerechtigkeiten, Korruption ist weit verbreitet, und, wie Vusi sagt: «Südafrika ist noch immer kein glückliches Land.» *Ubuntu* wird vom modernen Leben herausgefordert, was Vusi mahnend kommentiert: «In den Medien wird uns oft suggeriert, dass wir mehr Geld brauchen, um glücklich zu sein, oder dass man dafür so und nicht anders aussehen und sich kleiden müsse. Wir leben in einer Welt der iPhones und des Internets, und die Leute sind auf Besitz fokussiert. Aber das ist nicht *ubuntu* – und immer mehr besitzen zu wollen macht uns langfristig unglücklich.» Jay Naidoo, ein ehemaliger Minister aus Mandelas Kabinett, der sich auch nach seiner aktiven Zeit noch politisch und sozial engagierte, vertritt in seinem Buch *Change: Organising Tomorrow, Today* die These: «Wir müssen zurückgehen und den Geist von *ubuntu* Schritt für Schritt neu aufbauen. Ich bin dafür, zu den Werten zurückzukehren, die das politische Wunder von 1994 ermöglicht haben.» 2017 sagte er in der südafrikanischen Nachrichtensendung *News 24*: «Gemeinsam müssen wir mit Menschlichkeit, Liebe und Mitgefühl eine neue Zukunft erschaffen. Wir können nicht nur darüber schreiben, wir müssen sie leben.»

Also lesen Sie nicht nur über *ubuntu*, leben Sie es auch. Nehmen Sie Anteil an anderen, egal, woher sie kommen, womit sie ihr Geld verdienen und wie viel sie besitzen. Vusi formuliert es so: «Wir müssen *ubuntu* einspannen, um über unsere persönlichen Grenzen hinauszugehen und uns nicht von den Hindernissen, die sie uns in den Weg stellen, abschrecken zu lassen.»

WIE MAN *UBUNTU* LEBT

1

Vergeben Sie. Ja, das ist schwer. Oft tut es sogar weh.
Aber fast immer ist es der beste Weg, um voranzukommen.

2

Wertschätzen Sie den Weg, den Sie gehen.
Es mag dramatischere und edlere geben, aber dieser ist Ihrer –
und er ist der, auf dem Sie vorankommen.

3

Halten Sie sich die Menschen warm, die Sie zu dem machen, was Sie sind.
Und denken Sie daran: Familie muss nichts mit Blutsverwandtschaft
zu tun haben. Öffnen Sie sich der Menschheit als Ganzes.

4

Kümmern Sie sich mehr. Selbst um Menschen, die Sie nicht kennen.
Auch wenn es schmerzt, in den Zeitungen Bilder von Not und Leid zu sehen –
so ist das Leben. Desmond Tutu fand dafür folgende Worte:
«So leid es mir tut, das zu sagen, aber Leiden ist nichts Freiwilliges.»

5

Vergessen Sie Descartes. «Ich denke, also bin ich.»
(Ein Satz, von dem ich niemals glaubte, dass ich ihn schreiben würde.)
Die Zeit ist reif für einen neuen philosophischen Spruch
auf der Heckscheibe: «Ich bin, weil ihr seid.»

TAPEO & SOBREMESA

Tapeo, «tap-ay-oh» ausgesprochen, ist ein umgangssprachlich verwendetes Verb, das sich vom Substantiv *tapas* ableitet und bedeutet, Freunde auf der Straße zu treffen und mit ihnen in einer (oder mehreren) Bar(s) etwas zu trinken und zu essen. In Spanien ist das eine heilige Tradition und für viele der Inbegriff von Glück.

Sobremesa, «sob-rem-essa» ausgesprochen, ist ein aus *sobre* (über) und *mesa* (Tisch) zusammengesetztes Substantiv, also «Über-den-Tisch-Gespräche». Beschrieben wird damit die Zeit nach dem Essen, wenn alle noch am Tisch sitzen bleiben und munter weitergeplaudert wird.

SPANIEN

Stellen Sie sich einen Abend vor, der so warm ist, dass Sie ohne Jacke rausgehen können (ja, ich weiß, das ist für viele von uns schwer, versuchen Sie es dennoch ...). Die Sonne ist bereits hinter dem Horizont verschwunden, doch das Kopfsteinpflaster strahlt noch eine wohlige Wärme aus, und Vorfreude liegt in der Luft: ein Gefühl, dass die Nacht Ihnen gehört. Jetzt müssten Sie nur noch mit einigen Ihrer «Lieblingsmenschen» unterwegs sein mit dem einzigen Ziel, sich etwas Gutes zum Essen und Trinken zu besorgen. Vielleicht trinken Sie erst einmal ein Glas Wein oder einen Martini, wahrscheinlich gönnen Sie sich dazu *calamares*. Sie reden und essen und trinken, und dann gehen Sie weiter in die nächste Bar und tun das Gleiche wieder. Und dann wieder weiter und noch einmal, bis Sie irgendwann den Abend mit dem befriedigenden Gefühl beenden, dass alle eine gute Zeit hatten. Klingt verführerisch? Das ist *ir de tapeo* – und in Spanien gleichbedeutend mit Glück.

«*Tapeo* ist in Spanien ein Grundbedürfnis, egal, wo man ist», erzählt mir Diego, ein Graphikdesigner aus Andalusien. «Selbst wenn man auf dem Land lebt, nimmt man jeden Samstagabend den Bus in die Stadt.» Das bestätigt auch meine Freundin Marta aus San Sebastián: «Ein Leben ohne *tapeo* ist unvorstellbar. Man trifft sich zum Beispiel am Samstagabend gegen 19 : 30 Uhr und lässt sich dann überraschen, was der Abend bereithält.» *Ir de tapeo* heißt meistens, ein alkoholisches Getränk in der einen Hand und einen Snack in der anderen zu haben und beides im Stehen entweder in einer Bar oder auf der Straße zu konsumieren. Man plaudert, isst und trinkt, und nach einer Weile zieht man weiter in die nächste Bar, bis man «mindestens drei, möglicherweise aber auch sieben oder mehr» Lokale aufgesucht hat, erklärt Marta.

«Im Alter zwischen 20 und 30 sind die Leute gern bis zum nächsten Morgen um elf Uhr unterwegs, wenn es Zeit für *churros* mit Schokoladensoße ist», sagt Diego, der in diesem Alter ist. «Ab 30», fast schüttelt es ihn bei dem Gedanken, «kann schon früh um fünf oder sieben Uhr Schluss sein, und ab 40 dann *vielleicht* bereits um zwei. Aber früher sicher nicht!» Ich schaue ihn an. «Seid ihr dann nicht am nächsten Tag total groggy?» Er schmunzelt. «Klar doch!» Anscheinend ist das aber kein Problem, weil man ja weiß, dass man sich schlecht fühlen wird und deshalb nichts geplant hat. Ein ausgiebiges Frühstück ken-

nen die Spanier nicht. «Wir fragen uns, was das soll, es ist Wochenende, warum steht ihr dann vormittags auf? Nein, einfach nein!» Die vom *tapeo* noch müden Spanier essen lieber gegen 13:00 Uhr eine Kleinigkeit und anschließend um 15:00 Uhr eine leichte Mittagsmahlzeit, ehe sie wieder von vorn beginnen.

«Irgendwas zu essen und zu trinken gibt es eigentlich immer, wenn man mit anderen Leuten zusammen ist», sagt Marta, «und wenn man überall eine Kleinigkeit isst, wird man auch davon satt.» In vielen Bars sind die Tapas umsonst, wenn man ein Getränk kauft. «Oft ist nicht genug Platz zum Sitzen», beschreibt Marta eine typische Bar, «und man steht zusammen wie Sardinen in der Büchse, aber weil man steht, fühlt es sich dynamischer an, und man ist automatisch offener, auch Fremden gegenüber.» Zahlreiche Studien belegen, dass Stehen gesünder ist als Sitzen, und die Mayoklinik fand heraus, dass das Risiko, fettleibig zu werden, um ein Drittel reduziert wird, wenn man sechs Stunden am Tag steht. Gleichzeitig Sangría zu schlürfen könnte dem ein wenig entgegenwirken, dennoch ist eine aufrechte Position in jedem Fall besser, als schlaff auf einem Stuhl zu hängen. Stimmt's?, überlege ich. «Keine Ahnung», erwidert Marta skeptisch und erinnert mich daran, dass sie Designerin und keine Ärztin ist. «Aber sicher ist, dass man sich lebendig fühlt, wenn man umgeben von anderen Menschen unter freiem

Himmel steht.» Und Spaniens mildes Klima lädt dazu ein, Zeit draußen zu verbringen.

Den größten Teil des Jahres scheint in den meisten Teilen des Landes die Sonne und spendet seinen 46 500 000 Einwohnern regelmäßig eine stimmungsaufhellende Dosis Vitamin D. Doch selbst im spanischen Winter verzichten die Spanier nicht auf ihren *tapeo*, was super ist, weil regelmäßiger Kontakt mit Freunden und frische Luft erwiesenermaßen gut fürs Seelenheil sind. Marta bestätigt, dass das Gemeinschaftsgefühl ein wichtiger Aspekt beim *tapeo* ist. «Sowie andere Leute um mich herum sind, steigt meine Stimmung», erklärt sie. «Es ist wie eine kollektive Erfahrung, an der wir alle zusammen Spaß haben», stimmt Diego zu. «Wenn man auf die Straße geht und fröhliche Leute sieht, hebt sich gleich die eigene Stimmung. Selbst wenn du sie gar nicht kennst, Lautstärke und gute Laune wirken ansteckend!»

Denn Spanier sind nicht nur gern mit anderen Leuten zusammen, sie lassen auch gern Dampf ab. «Es gibt nichts Schöneres, als abends auszugehen und dabei zu jammern», erklärt Marta. «Dampf abzulassen tut uns gut. Wir jammern wirklich gern – übers Geld, die Steuern, unseren Lohn und dass er nicht bis zum Ende des Monats reicht. Bei Ratings zum Thema Zufriedenheit rangiert Spanien jedenfalls oft ziemlich weit unten, und wir haben auch viele politische Probleme», erzählt Marta weiter und macht eine Geste, die wohl heißen soll, dass sie damit alles meint, vom Spanischen Bürgerkrieg und dem Franco-Regime bis zur großen Wirtschaftskrise, die 2008 begann und fast ein Jahrzehnt dauerte. «Wir haben viel Stoff, an dem wir uns abarbeiten können, aber irgendwie haben wir auch einen Hang zum Drama», analysiert sie ihr Volk. Genau wie die meisten anderen Mittelmeeranrainer besitzen viele Spanier eine extrovertierte Art, die Nordeuropäer und Asiaten oft verblüfft. «Wir machen unser Privatleben gern öffentlich», bestätigt Marta, «nichts wird zurückgehalten. Riesendramen sind bei uns normal. Die Unterstützung von Freunden verschafft Erleichterung, und die bleibt aus, wenn man seine Probleme für sich behält. Uns tut es gut, so intensiv zu fühlen und uns auszudrücken. Fast möchte man sagen, wir ziehen unseren Stolz daraus.» Dann fügt sie hinzu: Solange wir leiden, leben wir.» Was mich vage an den spanischen Autor Federico Lorca erinnert und seinen tragischen Tod unter Franco. «Unsere Dramen zu teilen, das bedeutet in Spanien Glück. Am besten beim Essen, das ist sowieso das Wichtigste!» Marta ist ein Strich in der Landschaft, aber ihr Mantra lautet schon ewig: «Iss, bis du keinen Platz mehr in der Hose hast. Dann öffne den Knopf und iss weiter.»

Man kann Marta nur als inspirierend bezeichnen.

Essen ist in Spanien die Grundlage für ein gutes Leben, und Marta erklärt mir, dass jede Region des Landes stolz auf ihre Spezialität ist: «Die besten Meeresfrüchte gibt es in Galizien, die beste *paella* in Valencia. In Andalusien mögen sie so gern Fisch, dass es Verkaufsautomaten für Köder gibt.» (Meine australische Freundin Gen kommentierte diese Kuriosität mit den Worten: «Wenn du so was mal irgendwo anders siehst, sag Bescheid.») «Dort bekommt man auch die beste *gazpacho*, und wir im Baskenland sind berühmt für unsere *pintxos*», fährt Marta fort. Typisch für die baskische Kultur sind auch die *txokos* – Clubs, in denen die Leute zusammenkommen, um gemeinsam zu kochen und anschließend zu essen. «Es macht Spaß, beim Kochen mit anderen zu reden und das Resultat dann mit ihnen und ihren Familien oder Freunden zu teilen», meint Marta. Gleichzeitig ist der Aufwand groß. «Als Gastgeber musst du sicherstellen, dass genug zu essen für 100 Leute da ist, auch wenn ihr beim Kochen nur zu fünft seid. Als Maßstab gilt, dass man

den Teller unter dem Essen nicht sehen sollte.» Das kann dauern, denke ich, und Marta bestätigt: «Gut und gern zehn Stunden, aber danach kann man gemütlich zusammensitzen und plaudern.» Im Spanischen gibt es ein eigenes Wort für die Gespräche am Tisch nach dem Essen: *sobremesa*. Dabei schwingt unterschwellig mit, dass der Magen zu voll ist, um sich noch bewegen zu können, als würde einen das schiere Gewicht auf dem Stuhl festhalten. Dieses nicht unbedingt unangenehme Gefühl bedeutet, dass man keine andere Wahl hat, als sich den tiefschürfenden, entspannten, von Kohlehydraten unterfütterten Gesprächen mit seinen Tischgenossen hinzugeben. *Sobremesa* gehört für die meisten Spanier zu einem guten Leben untrennbar dazu und kann zwischen 20 Minuten und mehreren Stunden dauern. «Wenn man jemanden um 15:00 Uhr zum Mittagessen trifft, weiß man, dass man sich vor 20:00 Uhr mit niemand anderem verabreden kann», erläutert Marta. Wegen *sobremesa*. «Es macht einfach nur Spaß und ist eine Art, sich für all die Speisen erkenntlich zu zeigen, die jemand für dich zubereitet hat.» Oft sitzt man bei den Mahlzeiten mit mehreren Generationen zusammen. Kinder sind auch in Restaurants und auf den meisten gesellschaftlichen Veranstaltungen willkommen. Hunger ist dabei nicht unbedingt eine Voraussetzung. In dem Zusammenhang fällt Marta ein weiteres spanisches Wort ein: *gula* – der Wunsch, etwas zu essen, nur weil es so gut schmeckt, ein Gefühl, das jeder, der ein bekennender «Gernesser» ist, nur allzu gut kennt und nach dem man in unserem Wörterbuch vergeblich sucht.

In Spanien heißt Glück also, mit anderen Leuten gemeinsam zu essen, sei es im Stehen oder im Sitzen, Hauptsache, es gibt viel, und man ist in guter Gesellschaft. Marta formuliert es so: «Wir Spanier haben Spaß am Leben, weil wir wissen, wie man isst.»

WIE MAN *TAPEO* PROBIEREN KANN

1

In Ihrer Stadt gibt es keine Tapas-Kultur?
Schlagen Sie Ihrer Stammkneipe vor, das kulinarische Angebot
ein wenig zu erweitern, oder schnorren Sie sich einen Abend lang bei
Freunden durch, deren Wohnungen zu Fuß erreichbar sind.

2

Suchen Sie sich Leute, mit denen Sie losziehen können.
Tapeo ist keine Solo-Angelegenheit. Dazu noch ein paar Snacks und Drinks,
mehr braucht man nicht zum Glück.

3

Gehen Sie raus. Sie leben in einem kalten Land?
Dann mummeln Sie sich dick ein, und stellen Sie sich vor, Sie seien
irgendwo, wo es warm ist. (Ich nenne es ein «Trockenbad».)

4

Geben Sie nicht sofort auf, wenn Ihnen die erste Bar nicht zusagt.
Vielleicht ist Bar Nummer 6 der Renner ...

ANLEITUNG FÜR *SOBREMESA*

1

Vergessen Sie alles, was Ihre Mutter Ihnen beigebracht hat, und springen
Sie nicht auf, sobald Sie fertig gegessen haben, um den Tisch abzuräumen.
Bleiben Sie sitzen und warten ab, was passiert.

2

Sie befürchten, die anderen am Tisch werden sofort nach dem Essen
aufspringen? Ermutigen Sie sie, noch nachzunehmen, und schenken Sie Wein
ein, bis alle so voll sind, dass sie nicht mehr aufstehen können. Nun steht
tiefschürfend-philosophischen Gesprächen nichts mehr im Weg.

SMULTRONSTÄLLE
& LAGOM

Smultronställe bedeutet wörtlich «Walderdbeerenstelle». Seit Anfang des 20. Jahrhunderts wird mit dem Begriff aber vor allem ein idyllischer Ort bezeichnet, an den man sich zurückziehen kann, um zu entspannen. Inzwischen wird er allgemein für einen ruhigen Lieblingsplatz verwendet, an dem man alle Sorgen vergessen kann. Oft ist er für andere nur schwer zu finden.

Lagom, das Adjektiv oder Adverb stammt vom schwedischen Wort *lag* (Team). Angeblich sagten die Wikinger *laget om*, was wörtlich übersetzt «um das Team herum» heißt, wenn ein mit Met gefülltes Horn herumgereicht wurde, von dem jeder etwas abbekam – nicht zu viel und nicht zu wenig. Im heutigen Gebrauch zu einem Wort zusammengezogen, bedeutet es nach wie vor dasselbe: «gerade genug».

SCHWEDEN

Stellen Sie sich einen Ort vor, an den Sie sich zurückziehen können, und niemand weiß, dass Sie dort sind – und wenn es doch jemand weiß, ist diese Person schlau genug, Sie dort nicht zu stören. Es ist ein Ort, zu dem Sie gehen, wenn Sie gestresst oder müde sind oder Ihnen alles zu viel wird. Ein Ort, an dem Sie sich wohlfühlen. Es kann ein Wäldchen sein oder eine ruhige Stelle in einem nahe gelegenen Park, Ihr Lieblingscafé oder sogar der eigene Garten. Jedenfalls ist es ein nach außen unscheinbarer Ort, der für Sie einen besonderen Wert hat und wo Sie sich sofort besser fühlen. Das ist Ihre *smultronställe*.

«Eine *smultronställe* zu haben, ist für uns Schweden sehr wichtig», sagt Hanna, die aus einem Dorf bei Malmö stammt. «Jeder hat eine andere, aber jeder hat eine. Es ist der Ort, an den ich gehe, wenn ich Kraft tanken muss.» Schweden gilt als «glückliches» Land, das gleiche Rechte für alle anstrebt und bei weltweiten Zufriedenheitsumfragen regelmäßig ganz oben steht. Verhilft es den Schweden zum Glück, mit einer *lagom*-Haltung an das Leben heranzugehen und eine sichere *smultronställe* zu haben? Hanna ist davon überzeugt.

Schwedische Kinder lernen durch Elsa Beskows Kinderbuchklassiker *Die Wichtelkinder* von 1910, was eine *smultronställe* ist. Die Illustrationen zeigen flachsblonde, kleine Phantasiegestalten, die Walderdbeeren auf einen festen, dicken Grashalm aufspießen (der *timotei* heißt, aber nicht mit der beliebten Shampoo-Marke zu verwechseln ist). Die Wichtelkinder leben tief unter den Wurzeln einer alten Pinie und verbringen die Tage damit, mit Eichhörnchen zu spielen und wilde Beeren zu pflücken, und wenn es regnet, suchen sie unter Pilzen Schutz. «Ich habe die Bilder noch immer vor Augen», gesteht Hanna. «Wenn man damit aufwächst, lassen sie einen nie wirklich los. Und es ist etwas, das alle schwedischen Kinder kennen», erklärt sie mir.

«Im Sommer steckt man Erdbeeren auf einen Halm, und wenn er voll ist, isst man sie. Wenn ich es inzwischen mit meinen eigenen Kindern mache, erinnert es mich an sorglose Zeiten.» Die Sehnsucht nach diesem Idyll, das in die eigene Vergangenheit zurückführt, ist so tief im Bewusstsein der Schweden verankert, dass Ingmar Bergman 1957 den Film *Smultronstället* (deutsch: *Wilde Erdbeeren*) drehte, in dem es um einen alten Mann geht, der eine Tür öffnet und dahinter alles so vorfindet wie in seiner Kindheit.

Doch *smultronställe* ist mehr als eine nostalgische Erinnerungsreise, es ist gleichzeitig ein Ausbrechen aus dem Alltag. «Meine *smultronställe* ist eine kleine Lichtung im nahen Wald, auf der im Herbst Pfifferlinge wachsen», bekennt Christian aus Uppsala, von dem ich auch erfahre, dass sich viele Schweden nach Einsamkeit sehnen und sich deshalb eine *smultronställe* suchen, an der sie wahrscheinlich niemandem begegnen. «Wir brauchen nur wenige andere Leute zu unserem Glück und haben kein Problem mit dem Alleinsein. Eher denken wir: Wie schön ruhig!», sagt Christian. «Wir sind gern allein», stimmt Hanna ihm zu. «Ich glaube, wir Schweden sind allgemein sehr private Menschen und behalten unsere Gefühle lieber für uns. Vielleicht sieht es sogar so aus, als wären wir nicht glücklich, dabei reden wir nur nicht viel darüber.» Wenn ich beruflich oder privat Zeit in und mit Schweden verbringe, fällt mir stets ein Hang zur Melancholie in ihrem Charakter auf, mit dem jedoch niemand ein Problem zu haben scheint – oder der sogar gewünscht ist. Als wäre Zeit für eine gründliche Selbstreflexion ein wesentlicher Bestandteil des Menschseins und nichts, wogegen man sich wappnen müsste. Wie

auch in Norwegen weiß man in Schweden nicht zuletzt aufgrund des recht harschen Klimas die angenehmen Dinge besonders zu schätzen. Die meisten Schweden sind zufrieden mit dem, was sie haben, auch wenn es «gerade genug» ist.

Ich schreibe dies in einem Hotel auf Gotland, einer Insel vor Stockholm, das angeblich vier Sterne hat. Es ist sauber und funktionell eingerichtet, aber alles andere als «luxuriös». Es gibt ein Bett und Graubrot zum Frühstück, und eine Dusche ist auch im Zimmer. Aber das ist alles. Der Rest ist so praktisch-minimalistisch, wie ich es von dem Land, das der Welt *lagom* beschert hat, zu erwarten gelernt habe.

«*Lagom* beschreibt, wie die meisten Schweden das Leben sehen», bestätigt Christian, der, wie er selbst sagt, von klein auf mit dem Konzept konfrontiert war. «Zu meinen frühesten Kindheitserinnerungen gehört, gefragt zu werden, wie viel ich zu essen haben möchte, und darauf mit *lagom* zu antworten. Oder auf die Frage, ob ich genug gegessen habe, mit: ‹Ich habe *lagom*.› Oder auf: ‹Passen dir die neuen Sachen?›, mit: ‹Ja, sie sind *lagom* groß.›» *Lagom* bedeutet «ausreichend» oder «genug», aber auch «so viel und so lange, wie es eben dauert», und steht damit für den schwedischen Blick auf die Welt. Christian verweist auf Jante Lagom und dessen zehn Gebote, auf skandinavische Art zu leben (siehe «Dänemark»), und erzählt: «Wir werden in dem Glauben erzogen, dass es falsch ist, Aufhebens um sich zu

machen. Sogar allzu auffällige Kleidung ist verpönt.» Ich blicke auf meinen «Statement»-Pul-
lover mit Glockenärmeln und versuche unwillkürlich, meine übergroßen Ohrringe im Haar
zu verstecken. «Wir mögen nichts, was allzu laut
ist», sagt er mit so sanfter Stimme, dass ich auch
sofort ein Dezibel leiser spreche, «und raumgrei-
fendes Verhalten wird in Schweden nicht gern
gesehen. Wir sind keine ...» Er beißt sich auf die
Zunge, um nicht «Amerikaner» zu sagen, und ver-

sucht es stattdessen mit: «... wir gehen nicht einfach auf Leute zu, die wir
nicht kennen und ...» Er fuchtelt mit den Händen in der Luft, was ihm prompt
peinlich zu sein scheint, als hätte er durch das Imitieren einer extrovertierte-
ren Nation meine Privatsphäre verletzt. «Was ich sagen will, ist, dass selbst
die Dänen offener sind als wir. Und die Norweger erst! Mit ihrem Skifahren, und immer sind sie lustig drauf.» Bei ihm klingt es, als wäre es etwas
Schlechtes. «Bei uns im Norden gibt es ein Gefälle von extrovertiert zu int-
rovertiert mit Norwegen am einen Ende der Skala, gefolgt von den Dänen,
die Schweden befinden sich irgendwo in der Mitte, und am anderen Ende
stehen die Finnen», erklärt Christian. «Die Finnen sind jenseits von *lagom*,
wenn's nicht unbedingt sein muss, vermeiden sie es, mit anderen zu sprechen. Wir in Schweden sagen zumindest *skål* (Prost!), während die Finnen
nur trinken – scherzt man bei uns.» Ich mag die liebevollen Insiderwitze der
Nordländer. «Aber was wir alle gemeinsam haben, ist die Liebe zur Natur»,
findet er einen versöhnlichen Abschluss.

So, wie aus *smultronställe* eine hohe Wertschätzung der Natur und ein
Sinn für die erholsame Kraft von Ruhe spricht, die viele Schweden dort finden, gibt es in der schwedischen Sprache viele weitere poetische Ausdrü-
cke, in denen die Natur metaphorisch gepriesen wird. Ein Nickerchen etwa

heißt *tupplur*, da der Hahn *(tupp)* offenbar im Ruf steht, nicht viel Schlaf zu brauchen. Besonders schön ist das fast Spanisch anmutende *tulipanaros*, in dem *tulipan* (Tulpe) und *ros* (Rose) vereinigt sind, um eine wünschenswerte, aber unmögliche Kombination zu beschreiben, eine pflanzliche Quadratur des Kreises sozusagen.

Sobald sich die Temperaturen nicht mehr um den Gefrierpunkt bewegen und es im Frühling langsam wärmer wird, zieht es die Schweden nach draußen, wo sie wandern, joggen oder Ski langlaufen und danach auf einem der zahlreichen öffentlichen Grill- oder Picknickplätze essen. Wie in allen Ländern des Nordens ist es auch in Schweden gesetzlich erlaubt, sich draußen frei zu bewegen oder zu campen, solange man sich der Natur, Tiere, Pflanzen und Bewohner gegenüber respektvoll verhält. Mehr als 80 % der Bevölkerung leben nicht mehr als 8 km vom nächsten Nationalpark, Naturschutzgebiet oder Reservat entfernt. Und wie wir inzwischen wissen: Zeit in der Natur zu verbringen baut unseren Stress ab und sorgt für ein besseres mentales Wohlbefinden. Untersuchungen des NYU Langone Medical Center in New York zufolge wird dadurch sogar der Blutdruck gesenkt. Schweden lernen von Beginn an, wie bedeutsam die Natur ist. Im Kindergartenalter gehen viele von ihnen in eine sogenannte «Naturschule», und später werden ihnen Grundfähigkeiten in der Nahrungssuche und des Kartenlesens beigebracht.

«Beim Essen legen die Schweden besonderen Wert auf saisonale, lokale und Bio-Produkte», weiß die auf Essen und Ernährung spezialisierte Journalistin Liselotte aus Uppsala und fügt hinzu: «Wir lieben es, Pilze und Beeren zu sammeln, und niemand wundert sich, ganzen Familien mit gutgefüllten Eimern im Wald zu begegnen. Und klassische Gerichte wie Brennnesselsuppe mit halben gekochten Eiern und Blaubeerkuchen hat fast jeder Schwede im Repertoire.» Laut der nationalen Statistikbehörde SCB hat mehr als die Hälfte der schwedischen Bevölkerung Zugang zu einem Sommerhaus oder einer Hütte auf dem Land, und die meisten Menschen verbringen gern ihre Zeit in der Natur – besonders, wenn es um Sport geht. Schweden mögen es, auch im Regen, Schneematsch oder bei eiskaltem Nebel zu laufen. Während meines letzten Besuchs in Schweden habe ich haufenweise Jogger beobachtet, die vor dem Frühstück mitten in einem Schneesturm unterwegs waren. In Skellefteå finden jedes Jahr die Skandinavischen Winterbademeisterschaften statt, wo Hartgesottene in 0,3 ° Celsius kaltem Wasser nur in Badehose oder Badeanzug, aber mit Mütze (die zum Schutz gegen Unterkühlung Pflicht ist) schwimmen gehen. Viele schwedische Firmen fordern ihre Mitarbeiter aktiv dazu auf, sich Zeit für Outdoor-Aktivitäten zu nehmen, und der Staat bietet Firmen Steuererleichterungen, wenn sie Bewegung fördern.

Erst wenn Kälte, Dunkelheit und der Sonnenmangel übermächtig werden, ziehen sich die Schweden auf der Suche nach *mys* in ihre Häuser zurück. Während *smultonsälle* meist ein in der Natur gelegener Rückzugsort ist, heißt *mys*, sich drinnen wohlzufühlen.

«*Mys*, das ist, sich aufs Sofa zu kuscheln, Kerzen anzuzünden und zu plaudern», sagt Christian. «Bei uns gibt es auch *fredagsmys*, gemütliche Freitage, an denen wir bei Kerzenlicht ein bisschen was Besonderes essen. Meist allein.» Auf meinen zögernden Blick hin wird Christian konkret: «Na ja, oft sind es Chips.» Ich sage ihm, dass ich das für ziemlich bescheiden halte. «Es ist *lagom*», verbessert er mich. Fingerfood und Knabbereien werden offenbar als «etwas Besonderes» angesehen, weil niemand zu kochen und nachher die Küche aufzuräumen braucht. Da die Schweden so viel Sport treiben und sich ansonsten (wahrscheinlich) immer von einem

bunten Strauß selbstgesammelter, vor Ort gewachsener und der Saison entsprechender Produkte ernähren, sind Chips am Freitag wahrscheinlich eine willkommene Abwechslung. «Zu Hause ist *mys*, und darum geht es», erklärt Christian. «Und das Zuhause ist uns Schweden wichtig. Wir sagen gern: ‹Unterwegs ist's gut, aber zu Hause ist's besser.›» Klingt nach Kalenderspruch, aber ich verstehe, was er damit meint. So gern die Schweden draußen sind, viele von ihnen müssen im Winter mit 24 Stunden Dunkelheit zurechtkommen und mit Minustemperaturen, die ihnen keine andere Wahl lassen, als viel Zeit drinnen zu verbringen. Deshalb ist ihr Zuhause ein Zufluchtsort, und folglich ist es nicht verwunderlich, dass Design so eine wichtige Rolle spielt. Von Ikea einmal abgesehen, wird der schwedische Stil stets gepriesen – sei es bei Möbeln oder Mode und sogar bei Schriften. 2014 hat Schweden die nationale Corporate Identity sogar mit einer eigenen Schrift unterstrichen, die man von stylishen Landsleuten entwickeln ließ: die Sweden Sans. (Könnte es einen Namen geben, der mehr *lagom* ist?) Schwedische Ministerien, Behörden und Firmen wollten eine klare visuelle Markenerkennung, die für das steht, was Schweden ist. Jegliche Schnörkel wurden eliminiert, und was übrig blieb, war *lagom* Sweden Sans.

Das Einzige, wovon die Schweden wirklich nie genug bekommen, ist Kaffee. Die Schweden gehören zu den größten Kaffeekonsumenten der Welt (nur den Niederländern und den Finnen müssen sie sich geschlagen geben, wer hätte das gedacht?). Sie trinken so viel von dem schwarzen Gebräu, dass sie sich mit *tretår* ein eigenes Wort für das Nachschenken nach einer zweiten, *påtår*, einer dritten Tasse ausgedacht haben. «Das ist alles Teil von *fika*», erklärt Hanna, «was so etwas Ähnliches ist wie *hygge*, mit dem Unterschied, dass wir nicht die ganze Zeit darüber reden wie die Dänen. Wir machen es einfach.» *Fika* geschieht, wenn die Schweden genug ihrer Isolation gefrönt haben und bereit sind, für einen Plausch mit Kaffee und Kuchen zusammenzukommen. *Fika* ohne Kuchen ist nicht vorstellbar! (Glauben Sie mir, immer, wenn ich danach gefragt habe und egal, wo in Schweden, hat man mich fassungslos angesehen.) Die schwedische Behörde für Landwirtschaft und Statistik hat errechnet, dass die Schweden durchschnittlich 316 Zimtschnecken pro Kopf und Jahr essen. (Aber stehen sie ihnen nicht gut?) Ein wichtiges Detail von *fika* ist, dass niemand es wagt, das letzte Stück Kuchen oder die letzte Zimtschnecke zu nehmen. «Man kann das letzte Stück zweiteilen und eine Hälfte nehmen», sagt Christian ernst, «und auch das verbleibende Stück kann man noch mal teilen. Und noch mal. Und dann noch einmal – bis zum letzten Krümel.» Leider kann ich mir die Frage nach dem «Warum?» nicht verkneifen. «Weil es nicht *lagom* wäre, das letzte Stück zu nehmen und damit nichts für die anderen übrig zu lassen. Das tut man einfach nicht!» Teilen und Kuchen sind in Schweden so wichtig, dass damit ein ganzer Komplex an Benimmregeln einhergeht.

Von Christian erfahre ich auch, dass die meisten seiner Landsleute ein gutes Leben an kleinen Dingen festmachen – und davon gerade genug (außer, wenn es um Kaffee geht, bei dem gilt: je mehr *påtår*, desto besser). *Lagom* ist etwas, woran ich arbeite, seit ich 2013 nach Dänemark gezogen bin. Und ich glaube, ich werde langsam besser darin. Mein Haus ist inzwischen *lagom*. Mein Auto ebenso. Selbst der sechs Jahre alte Pulli, den ich gerade trage und der am Ellbogen schon ziemlich dünn ist, aber noch immer wunderbar warm hält, ist *lagom*. Und wenn ich mich unausgeglichen fühle und das Gefühl habe, eine Pause zu brauchen, um Kraft zu tanken und mein Gleichgewicht wiederzufinden, dann gibt es immer noch meine *smultron-ställe*. Und Zimtschnecken. Und Kaffee.

WIE MAN AN EINER *SMULTRONSTÄLLE* KRAFT TANKT

1

Finden Sie Ihre eigene Walderdbeerenstelle. Für mich liegt sie auf dem Hügel unweit von meinem Haus (der einzigen nennenswerten Erhebung in Dänemark) oder auch in meinem begehbaren Kleiderschrank, wo ich eine Lichterkette aufgehängt habe und mich hinter Wintermänteln in mein eigenes *Narnia* träume. Dorthin ziehe ich mich gern nach einem harten Tag zurück oder wenn ich mich vor meiner Familie verstecken muss (falls sie dies liest, eigentlich räume ich dort sorgfältig auf oder bringe mal schnell den Müll raus … bin gleich wieder da …).

2

Versuchen Sie, so oft es geht, dem Alltag zu entfliehen. Möglichst, bevor Sie zusammenbrechen. Setzen Sie sich nieder, atmen tief durch und versetzen sich in eine Phantasiewelt, in der Sie sorglos mit Eichhörnchen spielen, Beeren sammeln und unter Pilzen Schutz vor dem Regen suchen.

WIE MAN *LAGOM* LEBT

1

Fragen Sie sich WWEST? (Was würde ein Schwede tun?) Ist die Tasse wirklich halb leer oder doch gerade voll genug?

2

Steigen Sie aus dem Hamsterrad aus. Mehr zu arbeiten, um mehr kaufen zu können, führt zu nichts. Überlegen Sie sich, was Sie wirklich brauchen (nicht «wollen»), und nehmen das als Maßstab.

3

Sie sind nach wie vor unzufrieden? Essen Sie Kuchen, nur nicht zu viel (sorry), und denken Sie daran, ihn mit anderen zu teilen. Bis zum letzten Krümel.

FEDERISMUS

Federismus* (Substantiv) ist eine bestimmte Philosophie oder Ideologie, die nach dem Tennisspieler Roger Federer benannt ist, jedoch für die Schweizer Nation als Ganzes gelten kann. Ein Begriff, der für Kontrolle, Präzision, Athletik, Fleiß, Ordnung und Sauberkeit steht – alles Eigenschaften, die dem in Basel geborenen Tennisprofi zugesprochen werden, die aber auch auf seine Landsleute insgesamt zutreffen.

* Mir ist sehr wohl bewusst, dass das Wort *Federismus* (noch) nicht im Wörterbuch steht, aber dies ist mein Buch, weshalb ich mir die Freiheit nehme, diesen von Fans des Tennisspielers geprägten Begriff zu übernehmen, weil ich finde, dass er wunderbar zusammenfasst, was diese Nation ausmacht.

SCHWEIZ

Das Land der Lindt-Kugeln, Banken, Uhren – und auch die Heimat von Tina Turner. In Umfragen wurde die Schweiz jahrzehntelang als glücklichste Nation der Welt ermittelt. Warum, weiß niemand so genau, am wenigsten die Schweizer selbst. Das bergige Land ohne Meerzugang, in dem in 26 Kantonen vier Sprachen gesprochen werden und das 7 800 000 Einwohner zählt, hat uns lebensverändernde Erfindungen wie den Klettverschluss, Müsli und die WC-Ente beschert. Des Weiteren hat es 25 Nobelpreisträger hervorgebracht und den größten Grand-Slam-Tennischampion aller Zeiten. Auftritt Roger Federer: Mann, Muse und die Quintessenz all dessen, was an der Schweiz so fabelhaft ist.

«Natürlich sind wir stolz auf Federer, aber wir protzen nicht mit ihm. Wir protzen überhaupt mit nichts», sagt Stephan, der Freund eines Freundes aus Zürich. Ich traf ihn an einem Dienstag mitten im Winter, als ich mit einer Bronchitis kämpfte und mühsam versuchte, meine Mattheit und das Gefühl loszuwerden, auf dem Prüfstand zu stehen. Angesichts von Stephans ruhiger, kühler, ach so schweizerischer Art komme ich mir noch viel britisch-chaotischer vor als sonst. Er wirkt so «beieinander», dass ich mich plötzlich fühle wie Hugh Grant in seinen peinlichsten Momenten in *Vier Hochzeiten und ein Todesfall*. «Wir Schweizer sind sehr kopfgesteuert», teilt er mir mit, für den Fall, dass es mir bislang noch nicht aufgefallen sein sollte. «Bei uns gibt es Sicherheit, Stabilität, offene Diskussionen und ein gutes Niveau bei eigentlich allem.» Er berichtet mir von der geringen Arbeitslosenquote und den niedrigen Steuern, während die Qualität des Gesundheitssystems und der «Lebensstandard allgemein» hoch seien.

«Dazu kommen die Berge», fügt er hinzu, «es ist sauber in der Schweiz, und die Dinge funktionieren. Wir haben eine solide Demokratie, und auch finanziell geht es uns recht gut ...» So kann man es formulieren. Man kann aber auch geradeheraus feststellen, dass die Schweiz derzeit das weltweit achthöchste Pro-Kopf-Einkommen verzeichnet und Schweizer Bankkonten

legendär sind. «Wir sind *zufrieden*», ist alles, wozu Stephan sich hinreißen lässt, wenn es darum geht anzuerkennen, wie stinkreich sein Land ist. Aber über Geld zu reden ist immer schwierig, und die Schweizer hängen ihren Wohlstand nicht gern an die große Glocke. «Stattdessen sind sie auf eine unscheinbare Art und Weise selbstbewusst», weiß Diccon Bewes, ein Kollege der schreibenden Zunft und Autor von *Der Schweizversteher*, der seit 13 Jahren in Bern lebt. «Sie haben nichts Extravagantes an sich, und zur Schau zu stellen, was man hat, wird nicht gern gesehen. Sie wissen, dass sie im Vergleich zum Rest der Welt eine ziemlich gute Lebensqualität genießen – insbesondere wenn sie nach Großbritannien oder in die USA schauen», sagt Diccon. «Die Zufriedenheit in der Schweiz ist sehr hoch, und das zu Recht.» Was Planung, Ordnung, Kontrolle, Beständigkeit und die Gabe betrifft, beim Ernten der Früchte ihrer Arbeit zur Stelle zu sein, ist die Schweiz schlichtweg überragend. Die Schweizer praktizieren, was Tennisfans weltweit als *Federismus* bezeichnen.

Ob man sich für Sport interessiert oder nicht (nur um es klarzustellen: Mir persönlich ist es ziemlich egal, ob jemand einem Ball hinterherrennt) – dass Roger Federer eine Klasse für sich ist, lässt sich nicht bestreiten. Abgesehen von seinem makellosen Haar und seiner bewundernswerten Leidenschaft für trendige Strickjacken ist er übernatürlich ruhig auf dem Platz, stöhnt nicht und ist erfreulich immun gegen das Machogehabe so vieler anderer männlicher Spieler. Außerdem zeichnet er sich durch ein außerordentlich gutes Benehmen aus, und von einem Tontechniker, der kürzlich mit Roger für Filmaufnahmen zusammengearbeitet hat, erfahre ich, der Star habe jedem die Hand gegeben und seinem jeweiligen Gesprächspartner die ganze Zeit in die Augen geschaut. Am Ende sei es ihm außerdem wichtig gewesen, dem

Team zu danken («sehr selten», so der Tontechniker). «Außerdem trug er ein Oberteil aus der weichsten und edelsten Wolle, die ich je gesehen habe, und roch sehr, *sehr* gut ...», berichtet mir mein «Spion». Jeder, der Federer je begegnet ist, äußert sich begeistert über seine gelassene, höfliche und professionelle Art, und einige wenige erwähnen tatsächlich seinen Duft. Wie er sind seine Landsleute eher dem Anstand als dem Drama zugetan (und meiner Erfahrung nach riechen viele von ihnen gut). «Üblicherweise sind sie höflich und zurückhaltend», erläutert Diccon. «Draußen können –17 ° Celsius herrschen, ein Schweizer sagt trotzdem nur: ‹Es ist ein bisschen frisch›, oder er erwähnt das Wetter gar nicht.» Manchmal sind sie allerdings sehr zugeknöpft, was Diccon bestätigt. «Eine Weile habe ich eine Buchhandlung geleitet, und die Leute in Personalgesprächen dazu zu bringen, etwas Positives über die eigenen Leistungen zu sagen, war fast unmöglich.» Denn *Federismus* bedeutet auch Understatement.

Lange war R-Fed im Tenniszirkus ohne einen Trainer unterwegs, der ihm sagte, was er tun sollte. Sein früherer Coach Paul Annacone ließ die Presse damals wissen, er glaube nicht, dass der Meister ohne ihn schlechter spielen würde, denn «wahre Größe lässt sich nicht aufhalten». Und natürlich lieferte der Star weiterhin und gewann *trotzdem* Grand Slams.

Federismus bedeutet zudem Kontrolle, und die behalten die Schweizer gern. So nah an einer Direkten Demokratie wie sie ist sonst niemand. Jeder Bürger kann eine Verfassungsänderung vorschlagen, und um ein Volksreferendum für ein neues Gesetz abzuhalten, bedarf es lediglich eines Antrags. Die Regierung besteht aus einer dauerhaften Vier-Parteien-Koalition. Ohne die Zustimmung der Bevölkerung können die Politiker jedoch oft nichts ausrichten. Darüber hinaus sind die 26 Kantone relativ autonom. «So etwas wie das EU-Referendum hätte in der Schweiz nicht einfach von einer Person angesetzt werden können», erklärt mir Diccon. «Hier hätte das Volk erst per Unterschriftensammlung entscheiden müssen, ob es ein Referendum geben soll, dann würde darüber abgestimmt werden, und schließlich können sie auch noch entscheiden, ob es ein weiteres Referendum geben soll.» Direkte Demokratie heißt, dass Regierung und Parlament nur ungefähr 80 % der Entscheidungen treffen und alle an dem politischen Prozess beteiligt sind, was bisweilen durchaus mühselig sein kann. «Wir stimmen alle drei Monate über eine ganze Reihe von Fragen ab, etwa über Berns neue Straßenbahnlinie», erzählt Diccon. «Selbst am Arbeitsplatz dürfen alle mitbestimmen, sodass es manchmal Stunden dauert, bis eine Entscheidung gefallen ist. Aber die Schweizer scheint es glücklich zu machen, so oft wählen zu können.» Der Schweizer Volkswirtschaftler Bruno Frey, der sich mit dem Zusammenhang von Demokratie und Glück beschäftigte, fand heraus, dass die Schweizer, die in den Regionen leben, in denen die meisten Referenden abgehalten werden, glücklicher sind als ihre anderen Landsleute und sich eher für voll genommen fühlen. So überrascht es nicht, dass in der Schweiz auch die Sterbehilfeorganisation Dignitas beheimatet ist; das Thema ist *das* Vorzeigebeispiel, wenn es um persönliche Mitbestimmung geht.

Und dann wäre da noch die Schokolade. Schweizer Schokolade ist weltberühmt, und es wurde schon spekuliert, ob vielleicht Tryptophan, eine Aminosäure, die in Schokolade nachgewiesen wurde und im Gehirn zu Serotonin umgebaut wird, dafür verantwortlich ist, dass die Schweizer so glücklich sind. Selbst Elitesportler lieben Schokolade ... Federer etwa bekannte gegenüber einem Sportjournalisten: «Ich mag sehr gern Schokolade ... ich gönne mir Süßes, und zwar ohne Reue.» Allerdings meint die Wissenschaft, man müsse mehrere Kilogramm Schokolade essen, damit man genug Tryptophan aufnimmt, um durch Serotonin ausgelöste Glücksgefühle zu spüren. Außerdem wird in der Schweiz zwar mehr Schokolade als in jedem anderen Land der Welt verkauft, ein großer Teil wird jedoch exportiert. Vergessen wir also die Kugeln von Lindt und konzentrieren uns lieber wieder auf die kleinen gelben aus Filz. Das heißt auf Roger.

Roger Federer hatte bereits Grand Slams gewonnen, als er im Alter von 35 Jahren beschloss, an seiner Rückhand zu arbeiten. Weil er seine Fähigkeiten noch perfektionieren wollte. Und in dem Versuch, andere dazu zu motivieren, seine Arbeitsmoral zu übernehmen, sagte er: «Ohne harte Arbeit geht es nicht. Nehmt die Herausforderung an.» Eine weitere Perle für faule Säcke: «Manchmal scheint man für Leid und Mühen nur wenig belohnt zu werden, aber lasst euch eins gesagt sein: Wenn man sich richtig bemüht, wird es sich irgendwann auszahlen.» Und: «Wenn du gut in einer Sache bist, dann mach sie zu deinem Ein und Alles.» So, wie Federer sich nicht auf seinen Lorbeeren ausruhen oder selbstzufrieden werden will, so sind auch die Schweizer gern für alle Eventualitäten gerüstet – und das nicht nur dank ihres berühmten roten Messers. In der Schweiz herrscht auch Wehrpflicht für jeden tauglichen männlichen Staatsbürger, und für den Fall eines Angriffs werden regelmäßig Panzermanöver durchgeführt, obwohl die Schweiz stolz auf ihre Neutralität ist und seit 1847 in keinen Krieg mehr involviert war. *Federismus* bedeutet zudem Akribie: Denken Sie zum Beispiel an Schweizer Uhren, die ein Musterbeispiel für Präzision sind. Die Schweiz ist darüber hinaus berühmt für klare Luft, saubere Straßen – und eben Pünktlichkeit. «Das ist nicht nur ein Klischee», meint Diccon. «In Großbritannien gelten Züge als verspätet, wenn sie mehr als zehn Minuten hinter dem Fahrplan zurück sind; in der Schweiz sind es drei Minuten. Und trotzdem sind sie zu 88 % pünktlich.» Denn als Schweizer oder Roger Federer setzt man sich hohe Ziele.

Federismus heißt nicht zuletzt, wachsam zu sein, was entscheidend ist, um den Moment bewusst wahrzunehmen. Denn wenn man so viel harte Arbeit investiert und sich aufwendig vorbereitet, kann man es sich auch leisten, den Augenblick zu genießen. Und die Schweizer sind sehr gut darin, in der Gegenwart zu leben. «Sie wirken selten gehetzt oder vermitteln das Gefühl, eigentlich woanders sein zu müssen», sagt Diccon, «und sie bleiben gern so lange, bis sie etwas richtig erlebt haben.» Psychologen der Universität von Harvard haben herausgefunden, dass die Fähigkeit, sich voll auf eine Sache einzulassen und im Hier und Jetzt zu leben, für unser geistiges Wohlbefinden förderlich ist und uns glücklicher macht. Vorteil *Federismus*.

Wenn sich der Charme des Moments oder der gute Duft ihrer Landsleute endgültig verflüchtigt hat, werden die Schweizer aktiv. «Die naturverbundenen Schweizer gehen gern zum Wandern oder Skifahren in die Berge», sagt Stephan. Nur zu Ihrer Information: Federer ist beidem zugetan, gewohnt souverän, versteht sich (ich danke Google Bilder ...), oft begleitet von seiner Frau, die früher ebenfalls Tennisprofi war, und ihren vier Kindern (VIER!). Sich in der Natur aufzuhalten und draußen zu bewegen macht nachweislich glücklicher, und der *Federismus* verlangt eine tägliche Dosis von beidem. Matchball Roger/die Schweizer.

Schließlich steht *Federismus* für Beständigkeit. Es bringt nichts, einen Tag brillant zu sein und am nächsten in den Seilen zu hängen. Die Schweizer antworten seit Jahren auf die Frage, wie es ihnen gehe, mit «Danke, ganz gut», und das Ergebnis von Zufriedenheitsumfragen, egal, ob auf Französisch, Deutsch, Italienisch oder Rätoromanisch, bleibt konstant. Ja, clever sind sie auch noch, die guten vielsprachigen Schweizer. Gleichzeitig können sie ganz schön konservativ sein, einige meinen auch «engstirnig», und Tradition ist mindestens so wichtig wie Innovation. Obgleich sie einige Errungenschaften des

modernen Lebens voll angenommen haben, ist ihnen der Sonntag nach wie vor heilig. Der Tag ist für die Familie da, und Geschäfte bleiben ausnahmslos geschlossen.

Zurück zu Federer, der die superhöflichen, zurückhaltenden und reichen Schweizer, auch wenn sie es nur ungern zeigen, perfekt repräsentiert. Er ist Rolex-Markenbotschafter, wählt aber stets die dezentesten Uhren und wirkt «wohlhabend, aber nicht protzig», wie mein Tontechniker es formuliert. Als die Organisatoren der Swiss Open 2003 nach einem passenden Geschenk für den Sportstar und Multimillionär suchten, um seine Leistungen zu würdigen, entschieden sie sich für eine Kuh. Federer bedankte sich so herzlich und aufrichtig, als hätte er sich nichts sehnlicher gewünscht, worauf er einige Jahre später noch eine zweite bekam.

Federismus, das heißt gute Manieren, Disziplin, Selbstbeherrschung und alle Eventualitäten zu bedenken, damit nur wenig schiefgehen kann. Eine Herangehensweise ans Leben, die ehrgeizig, aber erreichbar ist – und extrem exportfähig, ohne dass man sich auch nur einen Deut für Sport interessieren muss. Spiel, Satz, Match *Federismus*.

WIE *FEDERISMUS*
TEIL IHRES LEBENS WIRD

1

Werden Sie wirklich sehr gut in etwas, aber protzen Sie nicht damit.
Seien Sie immer höflich und zuvorkommend. Zu jedem.

2

Bereiten Sie sich auf alle Eventualitäten vor. Zwar müssen Sie nicht
jeden Tag ein Schweizer Messer dabeihaben, aber Ihre Sachen in Ordnung
zu halten, vorauszuplanen, ein Lunchpaket mitzunehmen, fürs nächste
Wochenende zu planen, Karriereziele niederzuschreiben und herauszufinden,
wie man dorthin gelangt – das müsste doch möglich sein.

3

Leben Sie den Moment. Wenn Sie richtig vorbereitet sind,
können Sie mit Finesse und Stil beherzt aufspielen, ohne Sorgen,
dass etwas schiefgehen könnte.

TARAB

Tarab, das Substantiv, bezeichnet durch Musik hervorgerufene Ekstase oder Verzückung. Der Begriff wird seit dem Mittelalter zur Beschreibung von Musik und Musikern verwendet. Bekannt wurde er im Osmanischen Reich. Heute ist damit die besondere emotionale Wirkung gemeint, die eine besondere Form der in der arabischen Kultur und speziell in Syrien beheimateten Musik auslöst. Oft sind es traditionelle Kompositionen, in denen die Oud, ein lautenähnliches Saiteninstrument, eine tragende Rolle spielt.

SYRIEN

Trotz fruchtbarer Ebenen, hoher Berge, roter Wüsten und biblischer und sprichwörtlich gewordener Schlüsselerlebnisse auf dem Weg zu seiner Hauptstadt ist Syrien nicht gerade ein Ort, den man gemeinhin mit Glück verbindet. Das Land hat im Laufe der Jahrhunderte mehrere Invasionen und Besatzungen erlebt, bis 2011 ein friedliches Aufbegehren gegen den Präsidenten schnell eskalierte und zu einem ausgewachsenen Bürgerkrieg wurde. Mehr als 21 100 000 Syrer mussten seitdem ihre Heimat verlassen, und der Krieg ist noch immer nicht beendet. Madian, der Freund eines Freundes, musste 2015 aus Damaskus fliehen und wurde zu einem von 51 000 Syrern, die Österreich zu ihrem neuen Zuhause gemacht haben. Er lebt heute in Wien und meint, dass der Eindruck, den viele Fernseh- und Zeitungsberichte von Syrien vermitteln, nur die halbe Wahrheit liefert.

«Natürlich vermisse ich meine Heimat, und der Krieg hat viele Menschenleben gefordert, aber ich bin am Leben, hier und jetzt», sagt Madian, «letztlich bleibt uns nichts anderes übrig, als nach einem Weg zu suchen, wieder glücklich zu werden.» Gerade weil das Gefühl vorherrscht, ein angemessenes Maß an Leid gar nicht finden zu können, «sollten wir nach vorn schauen», meint er, «und es gibt ja nach wie vor Dinge, die Freude machen». Für Madian heißt das, Freunde zu treffen, gutes Essen, Pferde (er ist ein Pferdenarr und in Damaskus regelmäßig geritten) und *tarab*.

«Wir haben in Syrien ein starkes kulturelles Erbe», erzählt er mir. Zwar sind große Teile davon im Krieg zerstört worden (alle sechs als UNESCO-Welterbe gelisteten Stätten sind beschädigt), viele traditionelle Kunstformen haben jedoch überdauert. Durchs Internet können Syrer nicht nur mit ihren Freunden und Verwandten in Kontakt bleiben – egal, wo auf der Welt sie gelandet sind –, es ermöglicht auch eine Verbindung zu ihrer Kultur. «Wenn das Land deiner Jugend nicht mehr existiert und du nicht weißt, wann du es wiedersehen wirst», sagt Madian, «tut es gut, Videos zu sehen und zu hören wie *tarab*-Musik auf YouTube. *Tarab* ist …», er sucht nach dem richtigen Wort, und als er es findet, klingt er entrückt, «… magisch! Wenn wir *tarab*-Musik hören, fühlen wir uns wie in einer anderen Welt – als würde uns die Musik betrunken machen.» Er lächelt verklärt. «Es ist etwas ganz Besonderes.» Um *tarab* zu erleben, müsse man aufmerksam zuhören und vor allem etwas länger. «Das sind keine Songs, die nach fünf Minuten vorbei sind», erklärt Madian, «die Stücke dauern 30 bis 40 Minuten, manchmal so-gar eine Stunde. Es ist Musik, die einen mit auf eine Reise nimmt.»

Bei *tarab*-Musik werden oft Herzensangelegenheiten thematisiert («ich würde sagen, 80 % sind Liebeslieder, bei dem Rest geht es um Religion»), und sie ist sehr ergreifend. Madian gibt mir einen groben Überblick über die metaphorischen Begriffe, die für ein *tarab*-Stück typisch sind. *Tushakil asi* sei so einer. Übersetzt heißt er: «Mögest du meine Myrte pflanzen.» Und Ma-dian erklärt: «Diese Pflanze wächst in Syrien üblicherweise auf Gräbern. Ge-meint ist damit also, dass man vor seinem geliebten Partner sterben möchte, damit man nicht ohne ihn leben muss.» In eine ähnliche Richtung gehen *tatalie e qabri*, «mögest du auf meinem Grab stehen», *takafuni*, «mögest du mich einhüllen», oder *tuqbirni*, das sehr direkt für den Wunsch steht: «Mö-gest du mich begraben.» Wie heiter! «Wir reden viel über den Tod, wenn wir über Liebe reden», so Madian, «aber wir meinen es nicht so.» Entspre-chend versuchen sich Syrer im Exil mit einem mitunter etwas makaber klingenden Humor zu trösten: «Vielleicht sind die Krise und all die toten Menschen die Antwort Gottes darauf, dass wir die Worte *tuqbirni, taka-funi, tushakil asi* so oft wiederholt haben …»

Tarab ist durch und durch arabisch, und einge-setzt werden Instrumente wie die Oud, die man nirgendwo sonst hört. Hinzu kommen einzigar-tige Arrangements wie *maqamat*, sich wiederho-lende Tonfolgen mit einer sich nach bestimmten

Mustern entwickelnden Melodie. Damit ich *tarab* selbst erleben kann, gibt mir Madian eine Liste von Stücken und Interpreten an die Hand, die ich mir auf YouTube anhören soll. Ich beginne mit Farid el Atrache, dem 1974 verstorbenen ägyptisch-syrischen Sänger, der «König der Oud» genannt wird. Außerdem lerne ich Sabah Fakhri kennen, einen kultigen Tenor aus Aleppo, der mit seinem Publikum interagiert und darauf besteht, dass im Zuschauerraum das Licht nicht ausgeschaltet wird, damit er die Stimmung dort besser lesen kann. Und dann gab es noch die Umm Kulthum (1904–1975). Was auch immer Sie vorhatten, nachdem Sie dies hier fertig gelesen haben, verschieben Sie es. Nehmen Sie sich eine gute Stunde und hören stattdessen Umm Kulthum. Die Sängerin, die auch als «Stern des Orients», «die Stimme Ägyptens» und sogar «Ägyptens vierte Pyramide», bekannt ist, wurde auch von Bob Dylan, Maria Callas und Bono (lassen Sie sich davon nicht abschrecken …) gefeiert. Wie sie tiefste Gefühle zum Ausdruck bringt, brachte ihr weltweit Anerkennung ein. Ich glaube, sie ist die berühmteste Person, von der ich noch nie gehört hatte. Wie bei *tarab* üblich, war Zeit für Kulthum keine feste Größe, und die Länge eines Lieds variierte je nach ihrer Stimmung an dem Abend. Wenn sie eins ihrer berühmtesten Lieder, *Ya Zalemni*, öffentlich sang, konnte es zwischen 45 und 90 Minuten dauern, weil sie dazu neigte, einzelne Zeilen zu wiederholen, wobei sie aber jedes Mal die Betonung ein wenig veränderte, bis sie ihr Publikum in Hochstimmung – *tarab* – versetzt hatte. «Diese Musik hat eine unglaubliche Kraft, dich zu rühren, und sie ändert deine Sichtweise auf viele Dinge», schwärmt Madian, «und ja, sie macht glücklicher.»

Zahlreiche Studien zeigen, wie Musik unsere Laune beeinflussen kann, und ich bin schon lange ein Fan der psychologischen Maßnahme «emotionale Erregung»: Man schaut sich einen Film an oder hört Musik, die eine solche Sogwirkung hat, dass sie zu einem Energieschub führt. Das kann helfen, um etwas Unangenehmes in Angriff zu nehmen – ein Meeting, das einem Bauchschmerzen bereitet, oder eine schwierige Entscheidung. Gleichzeitig ist Musik häufig wichtiger Bestandteil unserer Kultur. Viele Zeremonien wären ohne Musik undenkbar, und sie dient zur Entspannung in unserer Freizeit. Musik verleiht uns Identität, verbindet Menschen und hilft, Grenzen zu überschreiten. Ein 2016 im *International Social Science Journal* veröffentlichter Artikel stellt die These auf, dass in einer von Migration geprägten Welt Musik einen entscheidenden Anteil daran hat, dass Immigranten in der neuen Umgebung ihre Identität sogar weiterentwickeln können. Für die Millionen von Syrern, die sich derzeit außerhalb ihres Landes befinden, ist ihre Musik wahrscheinlich nie wichtiger gewesen als heute. Im Libanon gibt es sogar ein von der UNESCO finanziertes Programm zur Bewahrung des musikalischen Erbes Syriens und der Region. Dazu gehören die Lehre der Theorie und Geschichte der arabischen Musik sowie das Oudspiel.

Ich bin Madian unendlich dankbar für seine Einführung in die syrische Musik und habe jetzt richtig Lust, mehr über die Region zu erfahren. Allerdings würde ich auch gern wissen, ob es eine westliche Musik gibt, die ebenfalls *tarab* auslösen kann. «Nein», antwortet er und bekräftigt gleich darauf: «Nein, nein, nein, nein, nein.» *Sag, was du wirklich denkst, Madian ...* «Aber das sehe vielleicht nur ich so», fügt er einschränkend hinzu. «Vielleicht also doch.»

Tarab kann in jedem Fall lebenserhaltend wirken. Wahrscheinlich könnten wir im Westen in den Genuss von *tarab* kommen, wenn wir uns etwas mehr auf die Musik einließen, als wir es gewohnt sind. In einem dreiminütigen Popsong die mit *tarab* verbundene Ekstase und tiefe Verzweiflung zu erleben, ist fast unmöglich. Man muss als Zuhörer bereit sein, sich auf eine Reise mitnehmen zu lassen, die ein bisschen länger dauert.

«Unvergleichlich ist natürlich, *tarab*-Musik live zu erleben», lässt Madian mich noch wissen, als ich schon dabei bin, mich zu verabschieden. «Es ist ein Wahnsinnsgefühl, wenn das Publikum voll mitgeht. Dieses Gemeinschafsgefühl vermisse ich immer noch. Mit Live-Musik ist man nicht mehr allein, für eine Weile zumindest.» Forscher vom Imperial College London fanden heraus, dass die Anzahl der Stresshormone durch Live-Musik gesenkt wird. Der Verhaltensforscher Patrick Fagan, der an der Goldsmith's University lehrt, spricht davon, dass die Laune von Live-Konzertbesuchern um 21 % stieg. Madian erzählt mir, dass er in Syrien häufig Live-Darbietungen besucht hat. «Es war total normal, und wenn man etwas fast jeden Tag erlebt, nimmt man es für gegeben hin. Aber wenn es dann plötzlich nicht mehr da ist, fühlt es sich an, als wäre etwas von dir selbst verlorengegangen.»

Dieser Gedanke lässt mich tagelang nicht mehr los. Sich so oft wie möglich den Gefühlen und Gedanken hinzugeben, die sich beim Musikhören abspielen, kann gar nicht genug gepriesen werden, zumal es so einfach ist – online oder über Kopfhörer. Doch plötzlich erscheint es mir absolut erstrebenswert, unsere Freiheit voll auszunutzen und Musik live zu genießen. Denn wenn man vor einem anderen Menschen steht und erlebt, wie er singt, baut sich eine direkte Verbindung zu ihm auf. Und wenn man es gemeinsam mit anderen tut und mit ihnen dann einen transformativen Moment erlebt, ist es eine unvergleichliche Erfahrung, selbst wenn es eigentlich Fremde sind. «Musik sollte Gefühle auslösen», schreibt mir Madian in einer E-Mail eine Woche später – sei es mehr Mitgefühl für andere oder Selbsterkenntnis. Also, lassen Sie die Gänsehaut zu. Nutzen Sie die nächste Gelegenheit für Livemusik. Finden Sie ihr persönliches, *tarab*-auslösendes Musikerlebnis. Und Sie werden überrascht sein, wie anders die Welt aussieht, wenn sich die Härchen auf Ihren Armen wieder gelegt haben.

WIE MAN *TARAB* ERLEBEN KANN

1

Suchen Sie nach einer Musik, bei der Sie etwas empfinden.
Die *wirklich* etwas in Ihnen auslöst. Gleichgültigkeit kommt nicht in Frage.
Wir müssen uns bis in die letzte Zelle lebendig fühlen, uns an unser
Menschsein erinnern und bereit sein für Veränderung.

2

Für noch mehr Gänsehaut sorgen Live-Konzerte.
Gehen Sie mit Freunden hin, oder schließen Sie neue Freundschaften
mit Leuten, mit denen Sie das Erlebnis teilen.

3

Weinen, lachen, fühlen Sie. Lassen Sie alles raus.
Wir sitzen alle im selben Boot.

4

Es geht nicht, Sie haben eine Blockade? Lassen Sie sich
von Madians Musiktipps inspirieren.

5

Machen Sie das Beste aus dem Leben,
das Sie zurzeit haben.

Mai pen rai ist eine der am häufigsten verwendeten Wendungen in Thailand und wird oft mit «nicht schlimm», «mach dir keine Sorgen» oder «egal» übersetzt. Angewandt wird sie, um in einer Konfliktsituation zu beschwichtigen und Spannungen abzubauen, wann immer möglich. Gleichzeitig verbirgt sich dahinter eine Lebensphilosophie, die die thailändische Kultur verinnerlicht hat und die daran erinnert, wie wichtig es ist, die Dinge so anzunehmen, wie sie sind.

THAILAND

Sie hatten einen schlechten Tag. Sie haben die erhoffte Beförderung nicht bekommen. Sie mussten das Mittagessen ausfallen lassen, und dann hat der Hunger mit voller Wucht zugeschlagen, als Sie auf dem Heimweg im Verkehr feststeckten. Manchmal ist das Leben ziemlich mühsam. Vielleicht brauchen Sie aber auch einfach nur einen Crashkurs in *mai pen rai*.

«Die Leute denken immer, *mai pen rai* bedeutet, dass uns alles egal ist, dabei sind wir nicht gleichgültig», verteidigt sich Pharinee aus Bangkok, die die Kollegin eines Freundes ist. *Mai pen rai* ist keine Allzweckwaffe, um den sozialen Umgang mit anderen geschmeidig zu halten (obwohl, das auch ...), vielmehr geht es um das Akzeptieren von Gegebenheiten und eine sehr thailändische Lebensauffassung. «Wenn ich hoffe, etwas zu bekommen, und es dann nicht klappt, sage ich mir *mai pen rai*, was so viel bedeutet wie: schon in Ordnung, dieses Mal sollte es nicht sein, ich mache stattdessen etwas anderes», erklärt Pharinee. «Man muss loslassen können. Das ist Thai-Philosophie.»

Rund 90 % der 650 000 000 Thailänder sind buddhistisch – eine Religion, die traditionell gut im Verzichten ist – , doch auch die Geschichte des Landes hat die Menschen gelehrt, wie die Eiskönigin Elsa «Ich lass los» zu schmettern: Hunderte von Jahren herrschten in Thailand Könige und Großgrundbesitzer, die für das Land und die Menschen, die es bearbeiteten, sorgten. 1932 begehrte das Volk dann aber auf, und die Nation (die damals Siam hieß) wurde von einer absoluten in eine konstitutionelle Monarchie umgewandelt. Um diese instabilen Zeiten zu überstehen, mussten die Thailänder eine *mai-pen-rai*-Haltung annehmen. Als König Bhumibol Adulyadej 1946 den Thron bestieg, versprach er, «rechtschaffen für das Wohl und Glück des siamesischen Volkes zu regieren», woran er sich weitgehend hielt und wofür er folglich überall verehrt wird. Allerdings gab es während seiner Regentschaft auch elf erfolgreiche und sieben versuchte Militärputsche – den letzten 2014. Als er 2016 starb, verfiel das ganze Land ein Jahr lang in tiefe Trauer, was zu weiteren Turbulenzen führte. Wieder half den Thailändern *mai pen rai*, um sich nicht unterkriegen zu lassen.

Insbesondere da Thailand größtenteils landwirtschaftlich geprägt ist – 40 % der Bevölkerung sind im Agrarbereich tätig –, hat sich die *mai-pen-rai*-Haltung als entscheidend erwiesen. König Bhumibol Adulyadej förderte die ländliche Entwicklung während seiner Regentschaft aktiv und brachte mehr als 4000 landwirtschaftliche Projekte auf den Weg: von Wiederaufforstung mit Hilfe von Bewässerungssystemen bis hin zur Milchwirtschaft. Selbstversorgung war das Ziel, und er empfahl den Bauern, genug für den persönlichen Bedarf zu produzieren und ein bisschen darüber hinaus für den Verkauf oder Tausch. «Der König war wirklich gut darin, uns die Landwirtschaft schmackhaft zu machen, und Bauer zu sein ist in Thailand ein Beruf, der hohe Anerkennung genießt», meint Warinporn, die Freundin einer Freundin (die italienische Chiara), die in einem Vorort von Bangkok lebt. «Die Landwirtschaft hat zwar einen guten Ruf, sie ist aber auch von vielen Faktoren abhängig, die man kaum beeinflussen kann.» Wenn die Ernte schlecht ist, bleibt einem nichts anderes übrig, als es zu akzeptieren. *Mai pen rai*. Wie das japanische *wabi-sabi* entspricht es auch der thailändischen Philosophie, die Natur anzunehmen und zu feiern, wie sie ist, anstatt gegen sie aufzubegehren. «Wir lernen zu verstehen, dass sich vieles im Leben – Wetter, Hitze, Ernte, um nur einiges zu nennen – von uns nicht kontrollieren lässt, deshalb sollten wir hinnehmen, was geschieht, und anschließend wieder nach vorn schauen.»

Die Stoiker wären stolz auf die Thailänder.

Das bedeutet nicht, dass Thailänder nicht versuchen würden, das Beste herauszuholen. «Bei *mai pen rai* geht es bestimmt nicht darum, sich der Verantwortung zu entziehen», versichert Pharinee, das wäre das Gegenteil von dem, was der Buddhismus lehrt. Demnach soll man sogar Verantwortung nicht nur fürs eigene Leben übernehmen, sondern auch für alles Lebendige, das einen umgibt. *Mai pen rai* heißt, zu tun, was realistisch möglich ist, ohne andere zu benachteiligen. «Es ist wie ein nachhaltiges mentales Manifest», bestätigt auch Warinporn. «Genügsam zu sein, ein eigenes Zuhause zu haben und die eigenen Früchte zu ernten, das bedeutet für mich Glück. Was wir auf jeden Fall vermeiden wollen, ist, anderen Leuten Umstände zu machen – das ist in unserer Kultur sehr wichtig, so werden wir erzogen.» Thailänder neigen sogar dazu, Hilfe oder ein Angebot auszuschlagen, einfach weil sie anderen bloß keinen Ärger oder Mühe machen mögen.

Genügsamkeit und das Akzeptieren des eigenen Platzes im Leben schimmern auch in anderen Begriffen durch, die in Thailand gebräuchlich sind. Da wäre *por dee* (passend). «Man muss nicht reich sein, aber doch *por dee* Geld zum Leben haben», erklärt Warinporn, was stark an das schwedische *lagom* erinnert. Auch ein Kleid kann einer Frau *por dee* stehen, und ein Job kann *por dee* zum Lebensstil einer Person passen. Außerdem gibt es *sabai* – wenn man es bequem hat und gesund ist –, was oft aber auch im Sinne von «beruhige dich» verwendet wird. «*Sabai, sabai*, hört man oft in Thailand», bestätigt Pharinee, «besonders wenn man jemandem zu verstehen geben will, dass er das Leben nicht allzu ernst nehmen und es einfach genießen soll.» Und schließlich ist da noch *jai yen*, wörtlich übersetzt «kühles Herz», was aber wie «kühler Kopf» gemeint ist, «denn auch damit sagt man jemandem, dass er sich beruhigen soll», erläutert Warinporn. «Mein Mann sagt es regelmäßig zu mir.» Anscheinend macht es ihr nichts aus. *Mai pen rai ...*

«Ruhig zu bleiben, einen kühlen Kopf zu bewahren und zu akzeptieren, dass sich gewisse Dinge nicht ändern lassen, erspart Thailändern, sich wegen jeder Kleinigkeit aufzuregen», sagt Warinporn. «Wir lächeln einfach darüber hinweg.» Thailand wird für Touristen als «Land des Lächelns» beworben, und tatsächlich ist Lächeln hier eine Kunstform, die verschiedenste Formen kennt. Hier einige meiner Favoriten:

Yim cheun chom: das «Ich-bewundere-dich»-Lächeln

Yim thak thaan: das «Ich-bin-anderer-Meinung-aber-mach-nur-weiter ...»-Lächeln

Yim sao: das traurige Lächeln

Yim mai awk: das «Ich-versuche-zu-lächeln-aber-es-gelingt-mir-nicht-wirklich-und-meine-Augen-verraten-wie-sehr-ich-dich-gerade-hasse»-Lächeln

«Nicht immer, wenn wir lächeln, sind wir wirklich zufrieden», sagt Warinporn. «Wir sind weder blöd noch dauernd glücklich. Wir lächeln nur *äußerlich*.» Autsch. «Thailänder sind gut im Servicebereich», fährt sie fort. «Sie wissen, wie man bedient und wie man mit einem Lächeln Geld verdient – und es funktioniert.» Doch auch ein falsches Lächeln kann uns zum Glück verhelfen, da wir unserem Gehirn ein positives Gefühl vorgaukeln, worauf Glückshormone wie Dopamin und Serotonin ausgeschüttet werden. Forscher der University of Kansas haben nachgewiesen, dass selbst ein falsches Lächeln Stress reduziert, unseren Puls senkt und sich Körper und Geist dann nach einer anstrengenden Tätigkeit schneller erholen. Lächeln sorgt also ebenfalls für *jai yen*. «Die Menschen in Thailand kommen nicht aggressiv und forsch daher, das ist nicht unsere Art», so Warinporn. «Wir lächeln lieber, als dass wir uns mit jemandem anlegen, und meiden die direkte Konfrontation. Uns selbst – oder andere – zu etwas zu zwingen, liegt uns nicht.»

Der verstorbene König Bhumibol Adulyadej, ein Mann, der nicht zu Extremen neigte, setzte sich für alle im Land praktizierten Religionen ein und maß Vielfalt eine große Bedeutung bei. Für ihn war die goldene Mitte der Weg zum Glück, und er riet seinem Volk: «Solange ihr euch nicht zu sehr anstrengt oder über eure Fähigkeiten hinausgeht, werdet ihr zufrieden sein.» Pharinee schiebt allerdings sofort klärend hinterher: «Das bedeutet nicht, dass man einen Job nicht gut machen will, aber man sollte innerhalb seiner Möglichkeiten bleiben.» Anstatt immer mehr zu wollen, erinnert *mai pen rai* daran, dass das momentane Leben doch gut ist. Man sollte sich nicht zu viele Gedanken machen oder nach immer Höherem streben – eine einfache, aber absolut sinnvolle Herangehensweise, die die Thailänder widerstandsfähig und glücklicher macht. Was hat man davon, Reichtümer anzuhäufen oder ein dauergrinsender, aufgeputschter Musicalstar zu werden? Es geht darum, gerade genug zu haben, sich selbst genug zu sein und zu akzeptieren, wenn es mal nicht so läuft, wie man es sich wünscht – etwas, das die Thailänder seit langem praktizieren. Das Land belegt zum vierten Mal in Folge auch 2018 in Bloombergs Elendsindex von 66 Staaten den letzten – also immerhin am wenigsten elenden – Platz. Eine subtile *jai-yen*-Auszeichnung, die zu den Thailändern passt.

Sie wissen nicht, was die Zukunft für sie bereithält. Viele meinen, die Probleme seien größer geworden, seit König Bhumibol Adulyadej verstorben ist. Politische Unruhen, Umweltverschmutzung und der Verkehr sind so schlimm wie seit Jahren nicht mehr. «Der alte König war auch sehr gut darin, Leute zusammenzubringen», sagt Warinporn, «das fehlt uns. Aber ich glaube, die Thailänder mit ihrer Mentalität werden sich schon nicht unterkriegen lassen. Wir haben ja *mai pen rai*.» Genau.

WIE MAN EINE
MAI-PEN-RAI-HALTUNG EINNIMMT

1

Sehen Sie die Dinge in einem größeren Zusammenhang.
Ihr Wi-Fi funktioniert nicht? Sie werden es überleben. *Mai pen rai.*
Der Verkehr ist schrecklich? Irgendwann werden Sie schon ankommen.
Mai pen rai. Ihr Flug ist verspätet? Halten Sie inne und denken daran, wie
faszinierend es ist, dass es überhaupt möglich ist, Leute in einem
großen Metallrohr durch die Luft fliegen zu lassen
wie ein Vogel. *Mai pen rai.*

2

Betrachten Sie Ihre Ernte – ob es nun Früchte, Kampagnen oder
das Ergebnis einer Kursarbeit ist – wie folgt: Geben Sie Ihr Bestes und
akzeptieren dann, dass Sie mehr nicht tun können. *Mai pen rai.*

3

Sie sind frustriert? Versuchen Sie, dreimal tief durchzuatmen,
wie Ihre Mutter Ihnen schon immer geraten hat, und arbeiten Sie daran,
cool zu bleiben (im Herzen und im Kopf!).

4

Lächeln Sie – Mundwinkel rauf! –, das macht glücklicher und gesünder,
selbst wenn Sie sich dafür sehr anstrengen müssen.

5

Leben Sie nachhaltiger: Können Sie auf Dauer 70 Stunden in der Woche
arbeiten und permanent Vollgas geben? Ohne letztlich ein
Magengeschwür zu bekommen? Wahrscheinlich nicht. Finden Sie
einen Mittelweg, und weichen Sie nicht davon ab.

GEZELLIG

Gezellig, «che-sell-ich» ausgesprochen, ist ein Adjektiv, das sich vom mittelniederländisch *gesellich* (gesellig) ableitet, heutzutage aber «gemütlich» oder «urig» heißt. Es gibt auch das Substantiv *gezelligheid*, das eine positive, warme Atmosphäre oder ein Gefühl der Zusammengehörigkeit zum Ausdruck bringt. In den Niederlanden schätzt man alles, was *gezellig* ist, weshalb das Wort im Alltag oft und gern verwendet wird. Es ähnelt dem dänischen *hygge* und natürlich dem deutschen *gemütlich*, in *gezellig* steckt jedoch zusätzlich der Aspekt des Alten. Abgesehen davon sind die Holländer überzeugt, das Konzept erfunden zu haben ...

DIE
NIEDERLANDE

«Kaffee und Kuchen sind *gezellig*, ein Bier trinken gehen ist *gezellig*, selbst Fernsehen kann *gezellig* sein, besonders wenn man Freunde zu Besuch hat, die *gezellig* sind. Auch ein Raum kann *gezellig* sein, sogar ein ganzes Gebäude kann *gezellig* sein, eine Person kann ebenfalls *gezellig* sein, und schließlich kann ein kompletter Abend *gezellig* sein», beginnt mein Freund Wouter aus Den Haag mich in den Begriff einzuführen. Kann demnach alles *gezellig* sein? «Fast», bestätigt er, «alte Dinge allerdings besonders.» Anders als in Dänemark, wo auch der moderne skandinavische Stil durchaus als *hygge* gilt, gehört für die Holländer zu *gezellig* das antike Ambiente. Traditionelle Läden und Geschäfte sind folglich *gezellig*, modernes Design und Lofts hingegen nicht. Die *bruine kroegen*, die altmodischen Lokale mit ihren dunklen Holzinterieurs, die man überall in Amsterdam findet, sind der Inbegriff von *gezelligheid* – genau wie die *kroeg*-Bars, die englische Leser wohl als *old man pubs* und deutsche als Eckkneipe bezeichnen würden und die teilweise wie das eigene Wohnzimmer angesehen werden. «Sobald es irgendwo nett und gemütlich ist, kann man sagen, es ist *gezellig*», fasst Wouter zusammen, «und wir verwenden *gezellig* andauernd. Sogar noch öfter als die Dänen ihr *hygge*.» Als ich erwidere, das sei eine gewagte Behauptung, antwortet er: «Ist aber so! Wir haben sogar gedacht, es gäbe auf der ganzen restlichen Welt überhaupt kein anderes Wort wie *gezellig* – wir waren fest der Meinung, wir hätten das Konzept des gemütlichen Genießens erfunden, und waren fast wütend, als die Dänen plötzlich mit ihrem *hygge* groß rauskamen.» Dann korrigiert er sich gleich wieder: «Natürlich sind wir nicht wirklich wütend, aber doch irgendwie überrascht ...» Ich nicke, weil ich Wouter in den fünf Jahren, seit ich ihn kenne, noch nie wütend erlebt habe und weil die Holländer eigentlich ausgesprochen entspannte Menschen sind.

Neben *gezellig* sind eine liberale Grundhaltung und Toleranz die Schlüssel zum holländischen Glück. «Wir sind im Laufe der Zeit so stark zusammengedrängt worden, dass wir lernen mussten, miteinander zurechtzukommen», erklärt Wouter. 17 000 000 Einwohner leben hier so dicht aufeinander wie sonst kaum irgendwo auf der Welt (414 Einwohner pro Quadratkilometer), weshalb Kompromisse und Kooperation unerlässlich sind. Die aus zwölf Provinzen bestehenden Niederlande grenzen im Osten an Deutschland und im Süden an Belgien. Wie der Name schon sagt, ist das Land flach wie ein Brett, nur 50 % des Landes liegen über dem Meeresspiegel. Zum Wasser, das das Land ständig zu verschlingen droht, pflegen die Holländer eine seltsame Hassliebe. Außerdem sind die Niederlande ein explizit weltliches Land, in dem Religion als Privatangelegenheit gesehen wird, und soziale Toleranz wird schon lange großgeschrieben. Abtreibung, Prostitution und Euthanasie sind legal, und die Niederlande waren die erste Nation, die 2001 gleichgeschlechtliche Ehen legalisierte. Auch auf der Rangliste der Pressefreiheit steht das Land stets weit oben, und seine progressive Drogenpolitik ist ohnehin legendär.

«Wir sind eine Handelsnation», sagt Wouter. Tatsächlich sind die Niederlande nach den USA der weltweit zweitgrößte Exporteur von Lebensmitteln und landwirtschaftlichen Produkten, «und bei uns leben so viele Nationalitäten zusammen, dass wir gar nicht anders können, als neuen Ideen und verschiedenen Lebensweisen gegenüber offen zu sein», so Wouter. Meine Freundin Cindy, ebenfalls aus Den Haag, erzählt mir: «Wir haben nicht besonders viele Traditionen in den Niederlanden, deshalb übernehmen wir gern das Beste aus den Kulturen, von denen wir umgeben sind.» Wouter sieht es genauso. Als er aufwuchs, aß seine Familie zu Weihnachten immer chinesisch, zum einen, weil es allen gut schmeckte, zum anderen

gab es eine etablierte chinesische Community in der
Nähe, weshalb die Zutaten sowie die Expertise, wie
man die Gerichte authentisch zubereitet, verfügbar
waren. Auch die kleine, aber doch bedeutende tür-
kischstämmige Bevölkerungsgruppe hat mit ihren
Traditionen das Land geprägt, und in einigen Regionen ist ein starker marokkanischer Einfluss spürbar.
Die meisten Holländer wirken auf Außenstehende
erfrischend offen. Ich besuchte das Land zum ersten Mal 1999, als mein Freund Tony und ich für ein

Wochenende nach Amsterdam trampten – eine Art zu reisen, die aus heuti-
ger Sicht vielleicht sehr leichtsinnig klingt, damals aber durchaus üblich war.
Wir waren erstaunt über die idyllische Landschaft, die wir durch die Fenster
ziemlich gigantischer Lkws wahrnahmen (und später durch die eines Ladas),
und darüber, wie freundlich die Menschen waren, denen wir begegneten.
Hatten sie dort etwas Besonderes im Wasser? Lassen *gezellig*, Windmühlen
und Gras die Holländer wirklich zu besonders ausgeglichenen Zeitgenossen
werden?

«Auch wir haben unsere Momente!», versichert mir Cindy. «Aber an sich
sind wir ziemlich offen und reden eigentlich mit jedem. Das ist *gezellig*, und
wir sind *gezellig*-neugierig auf die Welt und die Menschen um uns herum.
Deshalb haben wir auch keine Skrupel, den Mund aufzumachen und di-

rekt zu sein.» Im Gegensatz zu den *hygge*-Dänen, die Fremden gegenüber durchaus reserviert sein können, und den Deutschen, die ihre *Gemütlichkeit* oft lieber privat ausleben, scheinen die Holländer genug *Gezelligkeit* für alle zu haben. Die Niederlande nehmen in Glücksrankings regelmäßig einen der vorderen Plätze ein, vielleicht auch, weil sie eine der kürzesten Arbeitswochen haben; OECD-Daten zufolge arbeiten sie durchschnittlich gerade mal 30,4 Stunden in der Woche.

«Viele Leute sind teilzeitbeschäftigt, insbesondere Eltern», sagt Cindy, «denn Kinderbetreuung ist noch immer teuer.» In den Niederlanden müssen Mütter wieder arbeiten gehen, wenn ihr Baby ungefähr zehn Wochen alt ist, aber eben nur Teilzeit; den Rest der Betreuung teilen sich meist Väter, Großeltern, Freunde und sonstige Verwandte. Dennoch klingt es nicht gerade *gezellig*, zehn Wochen nach der Geburt wieder arbeiten zu müssen. Cindy pflichtet mir bei, erzählt mir dann aber von einer sehr niederländischen Besonderheit: einer Art *gezellig*-Wächtern. Frischgebackene Mütter haben das Anrecht auf eine sogenannte *doula*, die von der Versicherung bezahlt wird und eine Weile lang ins Haus kommt, um nach den Eltern zu sehen und um Aufgaben im Haushalt, beim Kochen und in der Kinderpflege zu übernehmen. Wouter bekommt noch immer glänzende Augen, wenn er an die *doula* denkt, die nach der Geburt seines Sohnes half. «Sie war einfach WUNDERVOLL!» Er presst beide Handflächen flach auf den Tisch, um seine Aussage zu bekräftigen, ehe er erzählt, dass sie ihn mitunter schlafen geschickt hat, wenn er müde aussah. «Dich als Vater?», frage ich ungläubig. Er nickt wehmütig. «Sie hat mir sogar mal vorgeschlagen, ich solle doch ein Bier trinken gehen. Es war sehr, sehr *gezellig*.» Das kann ich mir vorstellen ... Wenn die Eltern dann in ihren Job zurückkehren, bleibt die Arbeitshaltung meist trotzdem ziemlich *gezellig*. Sobald jemand seine Aufgaben erledigt hat, kann er gehen – von Anwesenheitspflicht hält man nicht viel. Wenn man in den Niederlanden krank ist, bleibt man zu Hause zum *uitzieken*, was so viel heißt wie «Auskurieren» und bedeutet, dass man der Krankheit ihren Lauf lässt. Anstatt sich, vollgepumpt mit Medikamenten, ins Büro zu schleppen und dort nur die Kollegen anzustecken, bleibt man den ganzen Tag im Bett und trinkt eine Heiße Zitrone nach der anderen.

Für jene, denen das alles noch nicht *gezellig* genug ist, bieten die Niederlande zudem Tulpen, Clogs, eine Leidenschaft für Miffy (Dick Bruna ruhe in Frieden!) und Fahrräder. Letztere sind omnipräsent. Daten der Europäischen Kommission zufolge ist das Rad für 36 % der Holländer das «am häufigsten gebrauchte Verkehrsmittel», was sie gesund und glücklich macht. Sie ernähren sich sehr vollwertig – von «Bauernessen», wie mein Freund es nennt. Gern befriedigen sie ihre Lust auf Süßes, wie jeder bestätigen wird, der je in einem *gezellig bruine kroeg* eine *stroopwafel* probiert hat, mögen aber auch klassisch Fleisch mit Gemüse in Sahnesoße. Überhaupt lieben die Holländer Milchprodukte. Als ich zum ersten Mal in einem holländischen Betrieb war, musste ich fast lachen, als ich die Geschäftsleute mittags Milch trinken sah. Doch das ist nichts Ungewöhnliches, viele Holländer spülen mit Milch ihr Käsesandwich runter, das sie typischerweise in ihrer Pause essen. Milch liefert Kalzium und Vitamin D, was beides stimmungsaufhellend wirkt, und Käse enthält Kasein, das im Zentralen Nervensystem die Opioidrezep-

toren stimuliert und Wissenschaftlern der University of Michigan zufolge zu euphorischen Gefühlen führen kann. So viele Proteine – gut merken fürs nächste Quiz – lassen sie zu den größten Menschen der Welt werden. (In der Klasse meines Sohnes ist ein holländischer Junge, den ich am Anfang für den Lehrer hielt.) «Wir essen ordentlich und lassen es uns insgesamt recht gutgehen», sagt Cindy und fügt hinzu: «Abends trinken die meisten Holländer gern noch ein Glas Wein. Oder zwei. Manchmal auch drei.» *Drei?* Sie nickt. «Das ist ziemlich normal. Aber uns hemmungslos besaufen, das tun wir nicht.» *Aha. Natürlich ...*

Für den Morgen danach gibt es Kaffee, um den Holländern neuen Schwung zu geben. Eine Harvard-Studie aus dem Jahr 2011 ergab, dass Kaffee bei Frauen gegen Depressionen helfen kann, und an der Ruhr-Universität in Bochum hat man erkannt, dass Koffein im Gehirn Bereiche stimuliert, die für eine positive Einstellung verantwortlich sind. Und nach einer von Euromonitor durchgeführten Untersuchung wird in Holland mehr Kaffee getrunken als in jedem anderen Land der Welt (mehr als in Schweden und Finnland!) – und dennoch sind seine Bewohner entspannter als woanders. Ohne die Koffeinzufuhr würden sie sich wahrscheinlich gar nicht mehr aus der Horizontalen erheben, wenn man den Gedanken zu Ende denkt. Frank Sinatra hat Orange einmal als die «fröhlichste Farbe» bezeichnet – und da die Holländer gern bei jeder Gelegenheit in Orange, der Farbe ihrer Königsfamilie, erscheinen, ist es nur folgerichtig, dass sie ein sehr glückliches Volk sind.

Außer *gezellig* haben die glücklichen Holländer weitere wunderbare Worte in ihrer Sprache, die ich unbedingt in mein Alltagsvokabular übernehmen will, angefangen bei *knuffelen* für Schmusen, über *kuttekop* (ein ziemlich derber Ausdruck für jemanden, der sich sehr schlecht verhalten hat, denn wörtlich heißt es «Vaginagesicht») bis hin zum zauberhaften *feestvarken*, das sich mit «Festschwein» übersetzen lässt. «Das Festschwein ist die Person, der zu Ehren die Party geschmissen wird», erklärt mir Wouter (holländisch ausgesprochen klingt es natürlich viel schöner). Schließlich wäre da noch das wunderbar erfrischende *uitwaaien*, was so viel bedeutet wie «aus Spaß im Wind spazieren gehen». Was Wouter sofort unterstreicht: «Nichts geht über einen *uitwaaien* am Strand. Wenn einen die frische Luft einmal so richtig durchgepustet hat, fühlt man sich gleich besser und gesünder. Wir versuchen, sooft wie möglich ans Wasser zu fahren, und setzen alle Hebel in Bewegung, um regelmäßig Zeit in der Natur zu verbringen.» In einem Land, das so dicht besiedelt ist wie die Niederlande, ist die Umsetzung dieses Ziels nicht ganz einfach. «Der Verkehr ist manchmal katastrophal», gibt Wouter zu, «aber wir nehmen es gern in Kauf, zwei Stunden im Auto unterwegs zu sein, um an den Strand zu kommen, und dann eine weitere Stunde, um einen Parkplatz zu suchen. Das ist die Sache wert.» Und wenn sie müde und durchgepustet wieder nach Hause kommen, machen sie es sich wahrscheinlich mit einem Stück Käse und Wein wirklich *gezellig*. Ich mache mit.

WIE MAN AUF HOLLÄNDISCHE ART LEBT UND *GEZELLIG* IST

1

Finden Sie Ihr Äquivalent zum *bruine kroeg*, einer urigen Kneipe,
in der Sie sich wohlfühlen und garantiert eine *gezellig* Zeit haben werden.

2

Versuchen Sie, jedem gegenüber
holländisch offen und freundlich zu sein.

3

Lassen Sie es sich gutgehen und genießen das Leben. Werden Sie
zum *feestvarken*, so oft sich die Gelegenheit ergibt.

4

Lassen Sie sich, wann immer möglich, vom Wind durchpusten.
Einen *uitwaaien*, der etwas wunderbar verrückt Kindisches hat,
werden Sie nie bereuen.

5

Wenn Wein, Windmühlen und Gras nicht ausreichen, um Sie glücklich
zu machen, gibt es immer noch Clogs, Miffy oder Radfahren.
Wenn das alles für Sie nichts ist, sollten Sie vielleicht einmal
einen ehrlichen Blick in den Spiegel werfen ...

KEYIF

Keyif, «kay-if» ausgesprochen, ist ein Substantiv, das ursprünglich aus dem Arabischen stammt und dort «Stimmung, Zufriedenheit, Rausch» bedeutet. Variationen von *keyif* gibt es auch im Russischen, Hebräischen, Kurdischen, auf Urdu und in Hindi, aber in der Türkei ist der Begriff zur Institution geworden und beschreibt dort heutzutage den Zustand angenehmer Entspannung. Den Freuden des Nichtstuns zu frönen ist eine landesweit beliebte Beschäftigung – und für viele Türken der Inbegriff von Glück.

TÜRKEI

Das Backgammon-Spiel liegt aufgeklappt vor Ihnen, und wenngleich schon mehrere Stunden vergangen sind, seit Sie die Partie begonnen haben, sind Sie nicht in Eile, diese bald zu beenden. Nach einem weiteren feuchtheißen Tag geht die Sonne unter, und es wird endlich ein wenig kühler. Sie sitzen mit Freunden vor einer Bar und schauen auf den glitzernden Bosporus – auf den ersten Blick mögen Sie untätig erscheinen, dabei gehen Sie dem wichtigen türkischen Brauch des *keyif* nach. Melis, eine ursprünglich aus Istanbul stammende Kollegin, zeichnet mir an einem außergewöhnlich heißen Tag auf einer Dachterrasse mitten in London ein lebendiges Bild ihres Heimatlandes. Uns kleben die Kleider am Leib, und es gibt keine Hoffnung auf Abkühlung, keine Meeresbrise. Stattdessen hetzen wir beide an diesem Nachmittag von einem Meeting zum nächsten. Kein Wunder, dass wir uns plötzlich beide von der Themse an die türkische Meerenge wünschen.

Keyif spielt im alltäglichen Leben der Türkei, dessen unangefochtene kulturelle Hauptstadt Istanbul ist, eine große Rolle. Melis beschreibt die Lieblingsbeschäftigung ihrer Landsleute als «unaufgeregte Leidenschaft für den Müßiggang», denn bei *keyif* geht es darum, die Dinge langsam anzugehen. «Zu entspannen ist für uns Türken wirklich wichtig», stimmt auch Olivia zu, die gleichfalls in Istanbul lebt. Und für richtigen *keyif* darf man sich nicht aus der Ruhe bringen lassen. «*Keyif* braucht man nicht komplizierter zu machen, als es ist», erklärt sie. «Es geht darum, die einfachen Freuden des Lebens zu genießen – zu schwimmen, am Strand spazieren zu gehen oder den Sonnenuntergang zu beobachten. *Keyif* ist für alle da, nicht nur für eine bestimmte Klasse, und niemand wird dadurch diskriminiert, im Gegenteil, *keyif* verbindet.» Und *keyif* hilft über schwierige Zeiten hinweg. «Selbst wenn du mit deinem Leben eigentlich eher unzufrieden bist», sagt Olivia, «kannst du dank *keyif* beschließen, es dennoch jetzt, in diesem Moment, zu genießen. Weil du das gerade brauchst.»

Laut OECD-Daten schneidet die Türkei sowohl beim Einkommen als auch bei Wohlstand, Gesundheit und Bildung unterdurchschnittlich ab. Nur 51 % der 15- bis 64-Jährigen gehen einer bezahlten Arbeit nach. Das Land liegt an der Schnittstelle zwischen Europa und Asien mit Grenzen zu Griechenland, Bulgarien, Georgien, Armenien, Aserbaidschan, Iran, Irak und Syrien. Die 80 000 000 Einwohner haben einen jahrzehntelangen Bürgerkrieg und 2016 einen Putschversuch erlebt. «Die Situation hier war immer brisant und unbeständig. Innerhalb eines Monats kann sich buchstäblich alles ändern», sagt Olivia über ihr Heimatland. «Deshalb sagen wir auch nur ungern Termine oder Verabredungen im Voraus fest zu, weil wir nicht wissen, wie die Situation in zwei Wochen aussieht. Also nehmen wir jeden Tag für sich.» Wenn irgendwo Pläne gemacht werden, hört man oft den Spruch *Bakarız, inşallah* (wir werden sehen, so Gott will). Sagt also jemand: «Ich würde dich gern mal zum Kaffee einladen», wäre *«Bakarız, inşallah»* eine typische Antwort. «Das Einzige, was den Türken in diesen unsicheren Verhältnissen bleibt, ist *keyif*», meint Olivia, «*keyif* hält uns zusammen.» Es gibt nur einen Parameter, in dem die Türken in Glücksumfragen bezeichnenderweise gut abschneiden, und das ist «bürgerliches Engagement». Laut OECD glauben 86 % der Türken, dass sie jemanden haben, auf den sie sich in schwierigen Zeiten verlassen können. Man kann zwar nichts dagegen tun, was um einen herum geschieht, aber auf Freunde, Familie und *keyif* kann man bauen.

Der Begriff ist in der türkischen Kultur so allgegenwärtig, dass er an zahlreiche Aktivitäten angehängt werden kann – die streng genommen oft eher «Nicht-Aktivitäten» sind. *Keyif* wird dann zu *keyfi* und Fernsehen zu *televizyon keyfi*, wenn man bequem gekleidet auf dem Sofa abhängt und bewusst tiefenentspannt ist. Entsprechend gibt es auch *kitap okuma keyfi* (Buchlese*keyfi*), *bira keyfi* (Bier*keyfi*) oder sogar *pazar keyfi* (Sonntags*keyfi*).

«Weil *keyif* letztlich bedeutet, etwas auf entspannte Art und Weise zu tun, kann man es mit allem verbinden», ergänzt Melis. *Gezme keyfi* sagt man beispielsweise, wenn man sich mit jemandem verabredet und mit der Person dann endlos plaudernd spazieren geht. («Kann ich nur empfehlen», so Melis.) Zu erwähnen ist noch *meyhane keyfi* – in einem Lokal Rakı trinken und Mezze essen. Rakı (ohne Punkt auf dem i) wird aus zweimal destilliertem Traubentrester (den festen Pressrückständen der Trauben) hergestellt, der dann mit Anissamen aromatisiert wird. Das Nationalgetränk der Türken serviert man mit Wasser, das man zum Rakı gießt, bis er sich milchigweiß verfärbt. «Wir nennen es Löwenmilch», sagt Melis, wahrscheinlich, weil es so harmlos aussieht, tatsächlich aber «wirklich, echt stark» ist. Kleine Schlucke Löwenmilch zu trinken und ab und zu einen kleinen Happen zu essen ist eine «Aktivität», die Stunden dauern kann. Man sitzt mit Freunden oder Familie an einem großen Tisch zusammen und plaudert und isst, ohne auf die Zeit zu schauen. «Es ist nicht wie in London, wo man nach zwei Stunden den Tisch räumen muss», erklärt Melis. «In der Türkei fängt man, sagen wir, gegen 20:00 Uhr an und bleibt dann bis ein oder zwei Uhr am Morgen.» Ein weiterer wichtiger Begriff für die Türken sei *çakır keyif*, erfahre ich von Olivia, was übersetzt «leicht angeheitert» heißt. «Man ist also nicht wirklich betrunken, aber auch nicht mehr ganz klar im Kopf», erläutert sie.

Beliebt ist auch *mangal keyfi* – am Ufer des Bosporus oder auf einer grünen Freifläche mit Hilfe einer Art Pop-up-Küche Gemüse, Huhn, Fisch oder Lammkoteletts zu grillen. Überall sieht man große Gruppen von Leuten mit Grillzangen, Musik, Kühlboxen fürs Essen und einer großen Thermoskanne Tee. Letzterer ist in der türkischen Kultur ebenso wichtig, weshalb es natürlich *çay keyfi*

(Tee*keyfi*) gibt, wenn man zu Freunden oder Nachbarn geht, um mit ihnen gemütlich zu tratschen. Für Türkischen Tee werden lose Blätter verwendet (bitte keine Beutel), und er wird schwarz in kleinen geschwungenen Gläsern serviert. Auch Kaffee trinken die Türken regelmäßig. Vielleicht liest Ihnen sogar jemand im Kaffeesatz Ihr *fal*, Ihre Zukunft. «Nachdem man den sehr starken, fast dickflüssigen Kaffee zu sich genommen hat, gießt man den Bodensatz in eine Untertasse, und wenn er sich gesetzt hat, kann man darin sehen, welches Schicksal einem bevorsteht», sagt Melis. Auch junge Leute praktizieren das – meist Frauen und meist nur aus Spaß –, doch wer es wirklich wissen will, kann eine der älteren Frauen aufsuchen, die mit dem Kaffeesatzlesen ihr Geld verdienen.

Wenn jemand nach so viel Entspannung noch immer zu viel Energie hat, gibt es für einen Türken nichts Besseres als *boğaz keyifi*, einen entspannten Spaziergang am Bosporus. Die Meerenge nimmt in der türkischen Kultur einen so wichtigen Platz ein, dass über sie unzählige Lieder und Gedichte geschrieben wurden und in jedem türkischen Film mindestens eine Szene vorkommt, in der jemand am Bosporus entlangspaziert. Blickt man dann aufs Meer hinaus und bewundert das glitzernde Wasser, kann man behaupten, den besten *keyif* überhaupt zu erleben, den Istanbul-*keyif*. «Die Istanbuler sind die unangefochtenen Meister der Entspannung», sagt Melis, die allerdings zugibt, nicht ganz neutral zu sein.

Wie sehr dem Konzept *keyif* gehuldigt wird, sieht man auch daran, dass der Begriff in zahlreichen Ausdrücken vorkommt, in denen der Sprecher auf das Wohlbefinden des anderen bedacht ist: *Keyfin yerinde mi?*, heißt im übertragenen Sinn «Alles okay bei dir?», und *Keyfini çıkar!* bedeutet «Viel Spaß!». Und das ultimative Kompliment, um jemanden zu beschreiben, «dem Genuss und Freude über alles gehen», ist *keyfine düşkün bir insan*. Ein solches Maß an *keyif* kann man jedoch nicht bewusst anstreben. «Wenn man es allzu sehr versucht, ist es kein *keyif*», lässt mich Olivia wissen, während ich mich bemühe, es locker zu nehmen. Wenn sich ein Gastgeber zum Beispiel mit der Deko oder dem Essen oder was auch immer man tut/oder nicht tut, allzu sehr anstrengt, ist es vorbei mit *keyif*. «Denn es geht nicht darum, wie die Dinge aussehen», erklärt Olivia. «Es geht um Wohlfühlen und Leichtigkeit. Man muss einfach ... gechillt sein!»

Chillen wird in der Türkei sehr ernst genommen, entscheidend ist, «die Dinge locker zu nehmen». «Wenn jemand an etwas arbeitet, sagen wir zu ihm *kolay gelsin*, was so viel heißt wie ‹möge es dir leichtfallen›», erläutert Melis. «Das sagen wir übrigens dauernd, ob morgens im Büro zu Kollegen oder im Vorbeigehen zu Bauarbeitern auf der Straße.» Sogar im Fitnessstudio, das Training lobe ich mir ... Für Türken ist Körper und Geist auf *keyif*-Art zu entspannen eine Kunstform und nichts, worüber man spottet. Und erst recht nichts, wobei man sich hetzen lässt.

«Vielleicht ist es der Hitze geschuldet oder unserer turbulenten Historie, aber *keyif* wird in der Türkei wirklich hochgehalten», sagt Melis, meint aber, dass sich dieses urtürkische Konzept nur schwer exportieren ließe. «Dennoch versuche ich es weiter», fügt sie hinzu. Und Sie können es von nun an auch tun.

ANLEITUNG FÜR *KEYIF*

1

Nehmen Sie sich eine Auszeit.
Selbst wenn Sie nicht den Bosporus vor der Tür haben –
einen Teich, See oder Fluss gibt es sicher.

2

Essen Sie gemächlicher. Versuchen Sie, das Abendessen
so lang wie möglich zu strecken. Spielen Sie Backgammon.
(Das tun Sie bereits regelmäßig? Top! Bonus-*keyif*-Punkte!)

3

Starren Sie öfter in die Ferne oder gleich, so weit das Auge reicht,
und beobachten Sie, wie Sie sich danach fühlen.
Denken Sie daran zu a.t.m.e.n.

4

Genießen Sie das Nichtstun.
Ohne Schuldgefühle. *Kolay gelsin!*

HOMEYNESS

Homeyness ist ein Substantiv. Der Begriff, den es auch als Adjektiv *homey* gibt, wird seit dem 19. Jahrhundert verwendet, um damit zum Ausdruck zu bringen, dass etwas beruhigend vertraut ist. Wie zu Hause eben.

Heute wird damit vor allem das behagliche, innige Gefühl beschrieben, das einen angesichts von bestimmten Einrichtungsgegenständen oder handgearbeiteten Dingen überkommt, gerade wenn sie simpel und unspektakulär sind. Wie ein Flashback in vermeintlich einfachere Zeiten.

USA

Nora sitzt an dem Tisch, mit dem sie aufgewachsen ist. Ihre Familie hat ihn damals für $ 18 einer inzwischen nicht mehr bestehenden Textilfabrik in ihrer ehemals boomenden Heimatstadt abgekauft. Nora betrachtet die sich aus unendlich vielen Kratzern zusammensetzende filigrane Patina, die Scheren und Nadeln über einen Zeitraum von 100 Jahren hinterlassen haben. Sie stellt sich die Reihen von Frauen vor, die für diese Spuren verantwortlich sind – Frauen wie sie, die versucht haben, ihren Familien ein besseres Leben zu ermöglichen. «Ich habe teilweise gelebt wie die Näherinnen damals», erzählt Nora. «Wenn das warme Wasser mal wieder nicht funktionierte, habe ich meine Kinder in einer Wanne im Wohnzimmer gewaschen und das Seifenwasser anschließend von der Veranda gekippt. Auf einem halben Quadratmeter Arbeitsfläche habe ich Mahlzeiten zubereitet und dabei eine Verbindung – eine Art Komplizenschaft – mit jenen gespürt, die vor mir hier waren und mit ihren Händen gearbeitet haben.» Nora näht, backt, häkelt, und besonders gern bemalt sie dekorative Holzbuchstaben für ihre Kinder und die Kinder von Freunden. «Ich denke die ganze Zeit an sie, während ich an diesem Tisch sitze und gedankenverloren und zufrieden in meiner kleinen Welt vor mich hin arbeite.» Manchmal macht sie eine Pause vom Malen und näht stattdessen eine Puppe oder rührt etwas zusammen, «damit sich im Haus ein köstlicher Duft verbreitet. Das Ergebnis kann dann dick mit Butter bestrichen gegessen werden.» Nora empfindet das als beruhigend. «Mein Kopf und meine Hände sind im Einklang, und plötzlich fühlt sich alles Suboptimale für zumindest eine Weile optimal an.»

Das ist *homeyness*, nicht zu verwechseln mit *homeliness*, was eher steht für simpel, schlicht und unattraktiv, oder gar *homie*, womit ein Kumpel gemeint ist. Bei *homeyness* oder *homey* hingegen denkt man an Berge von Kissen, Setzkästen, ans Häkeln und Basteltische und sowieso sehr viel

Holz – sozusagen das Moodboard für Winona Ryders Film *Ein amerikanischer Quilt* aus dem Jahr 1995. In den USA ist *homeyness* super wichtig. Steph, die Freundin einer Freundin aus Massachusetts, erklärt mir, dass sich ein Ort, damit man sich dort *homey* fühlen könne, einladend und gemütlich sein müsse. «Dazu gehört der Geruch nach Mamas Hühnersuppe und frischgebackenem Brot», führt sie weiter aus. «Er sollte sauber genug sein, dass ich nicht das Gefühl habe, dringend putzen zu müssen, gleichzeitig sollte aber genug Krimskrams herumstehen und liegen, damit es wohnlich ist.» Alles, was zu modern ist, wirkt kühl – und kühl ist das Gegenteil von *homeyness*.

Drew aus Salt Lake City, der gern und viel strickt, schwärmt davon, dass es bei *homey* um Wärme und Verbundenheit, um das gemeinsame Erleben in friedlicher Atmosphäre, ginge. «Also ja, ich mag ein Zuhause, das ästhetisch ansprechend ist, aber entscheidender, als dass es hübsch aussieht, sind die damit verbundenen besonderen Momente.» *Homeyness* heißt: Behaglichkeit geht über Stil. Der aufgeräumte, funktionale skandinavische Minimalismus schockiert viele Amerikaner regelrecht. Die Mutter meines Freundes Jason aus Boston fand sein ganz in Weiß gehaltenes Apartment in Dänemark bei ihrem ersten Besuch so befremdlich («Jason! Das sieht ja aus wie ein Raumschiff!»), dass sie wissen wollte, ob sie «in ein Schaltpult sprechen müsse, um die Badezimmertür zu öffnen». («Ähm ... nein!») *Homeyness* bietet einen Gegenpol zum temporeichen Stadtleben und liefert eine Entschuldigung, Dinge langsamer anzugehen. Rachel aus Kalifornien, die Quilts herstellt, strickt und ein Faible für Stickereien hat, sagt: «Für mich heißt *homey*, das Alltägliche zu feiern. Beim Handarbeiten muss man einfach Tempo rausnehmen.» Damit bildet *homeyness* auch einen Rückzugsraum vor der bösen Welt dort draußen. Sich vom modernen Leben abzuschotten, ist langfristig sicher keine Lösung – und das wollen die meisten auch nicht. Doch um sich zwischendurch zu sammeln, Energie zu tanken, wieder offener für die Probleme anderer zu werden, ehe man erneut hinaus ins Gefecht zieht, hat *homeyness* durchaus sein Gutes.

So denkt jedenfalls Nora. Die nach der Finanzkrise nach wie vor angespannte Stimmung plus Trump an der Macht – viele sehen den amerikanischen Traum in Gefahr. «Das Leben ist nicht so, wie wir es uns erhofft hatten», formuliert es Nora. Ein festes Gehalt, mit dem man nicht nur seine Rechnungen bezahlen, sondern möglichst auch ein Haus mit einem weißen Gartenzaun kaufen kann und dennoch genug übrig hat, um für die durchschnittlich 2,4 Kinder Geld fürs College zurückzulegen, ist für viele illusorisch. Als Nora und ihr Mann ihr erstes Kind bekamen, wohnten sie in einer kleinen Wohnung zur Miete, sehnten sich aber danach, ihrem Sohn eine Kindheit zu bieten, wie sie sie selbst erlebt hatten. «Ich wollte einen Ort, der sich wie ein Zuhause anfühlt – auch wenn es nicht dauerhaft sein konnte», erklärt Nora. «Deshalb habe ich angefangen, fürs Ideelle nach einer Balance zu suchen, und mich auf Handarbeit und Handwerk gestürzt. Gemäß der langen Tradition von Müttern, deren Bedingungen alles andere als ideal waren.»

Immer mehr Amerikaner folgen diesem Trend. Der Association For Creative Industries (AFCI) zufolge wird in der Hälfte aller US-Haushalte mindes-

tens einer Bastel- oder Handarbeitstätigkeit nachgegangen. Nostalgie spielt dabei eine wichtige Rolle. Rachel aus Florida, die dem Kreuzstich verfallen ist und nicht nur selbst Brot backt, sondern auch ihre eigene Seife herstellt, sagt dazu: «Ich finde es toll, dass ich etwas kann, was meine Großmutter und ihre Vorfahren schon gemacht haben. Wir bauen bewusst eine Verbindung zu ‹früheren Zeiten› auf.» Steph aus Massachusetts argumentiert ähnlich: «Ich mag es, dass etwas über Generationen hinweg wertgeschätzt wird. Eine Decke zu besitzen und zu verwenden, die meine Großtante gehäkelt hat, erfüllt mich mit großer Freude.»

All die Handarbeitsfans, mit denen ich spreche, geben zu, ein *Unsere-kleine-Farm*-Alter-Ego zu haben, und immer wieder weisen sie darauf hin, wie wichtig es sei, gerade in einem «neuen» Land eine Verbindung zur Vergangenheit zu pflegen. Dabei ist Amerika gar nicht «neu». Die ersten Siedler kamen womöglich schon vor rund 30000 Jahren aus Asien, eine zweite «Einwanderungswelle» folgte vor circa 15000 Jahren aus Sibirien nach Nordamerika, ehe der gute alte Christopher Kolumbus 1492 den Kontinent betrat und mit ihm die teilweise zweifelhaften Errungenschaften der europäischen Kolonialisten. Zudem raffte eine Vielzahl eingeschleppter Krankheiten die indigene Bevölkerung dahin ... Doch für viele ist nach wie vor die Unabhängigkeitserklärung vom 4. Juli 1776 die Geburtsstunde des Landes, als sich die 13 Kolonien von Amerika zu Staaten ernannten, die nicht länger Teil des British Empire waren. US-Amerikaner finden in Europa oft alles «alt» – von Sitten und Gebräuchen bis hin zur Architektur. Da sie etwas Vergleichbares nicht haben, entwickeln manche eine erstaunliche Leidenschaft für Ahnenforschung. Jeder Amerikaner, dem ich je begegnet bin, konnte mir ausführlich darlegen, dass er oder sie «zu einem Viertel dies ...» und «zu einem Achtel jenes ...» sei. Der Erfolg von DNA-Tests wie 23andMe sowie die Begeisterung für das Erstellen von Stammbäumen mit Hilfe von ancestry.com wirken auf Außenstehende unter Umständen irritierend, und das

Magazin *Time* veröffentlichte einen Artikel, in dem Ahnenforschung gar als «moderner Porno» bezeichnet wurde. Offenbar gibt es in den USA, deren Bevölkerung sich aus mehr oder weniger gut integrierten Einwanderern zusammensetzt, aber die Auffassung, dass man sich auf dem Weg in die Zukunft weniger allein fühlt, wenn man der eigenen Vergangenheit auf den Grund geht.

Dabei kann man den Quilt als Metapher für die einzelnen Nationalitäten und Kulturen der «Vereinigten Staaten» sehen. Denn wie ein Quilt, der aus vielen Flicken mit unterschiedlichen Farben, Stoffen und Hintergründen besteht, die erst locker aneinandergeheftet werden, ehe man sie dauerhaft zu einem großen Ganzen zusammenfügt, sind auch die USA ein – sich idealerweise gegenseitig vervollständigender – Zusammenschluss einzelner Teile. In dieser Hinsicht kann der Quilt ein angemessenes Symbol sein für das moderne Amerika und ist der Schmelztiegel-Analogie vergangener Tage auf jeden Fall vorzuziehen: Die Tagesdecke ist quasi politisch geworden. «Wir sind stolz darauf, ein Einwandererland zu sein, trotzdem wollen wir wissen, woher wir kommen», drückt es ein Freund aus. «Wir wollen unsere Geschichte haben.» *Homeyness* hat dieses Bedürfnis schon immer verkörpert, und Hollywoods Filmausstatter setzen Quilts und Gestricktes gern ein, wenn es um einen Bezug zur Vergangenheit oder die Familiengeschichte der Charaktere geht. Wenn ich bei US-Amerikanern zu Hause bin, beschleicht mich seit Jahren das Gefühl, dass sie ihr Haus auch entsprechend «ausstatten». Sie verwenden *homeyness*-Requisiten und Kulissen und erschaffen so eine Collage ihrer eigenen Vergangenheit – sie «illustrieren» die Geschichte ihrer Familie und deren Werte. Und diejenigen, die in der digitalen Welt großgeworden sind, schaffen sich darüber hinaus noch mehr *homeyness* mit einer smarten Kugel, die paradoxerweise «Homey» heißt und mit der sich die gesamte Elektronik im Haus über Spracherkennung steuern lässt.

Am eifrigsten basteln und handarbeiten in den USA tatsächlich Menschen, die jünger als der Durchschnitt sind. Die sogenannten Millennials lassen sich dabei von Social Media inspirieren (geben Sie einfach mal #*crafting* in die Suchmaschine ein, vielleicht lassen Sie sich dann ja auch anstecken). Als Grund wird vielfach angegeben, es sei reizvoll, etwas mit den Händen zu tun. «Alles wird immer automatisierter, deshalb erdet es mich, wenn ich mich mit etwas Greifbarem beschäftigen kann, ohne ständig auf einen Bildschirm zu starren», beschreibt Rachael den Trend (die mit den zwei «a», die ihre Seife selbst herstellt, damit Sie nicht den Überblick verlieren). Und es gibt natürlich den Umweltaspekt: Beim *upcycling* und *homey*-Basteln wird Altes wiederverwendet und wertgeschätzt, was nachhaltiger ist, als jedes Mal etwas Neues zu kaufen. «Die Millennials sind sehr umweltbewusst», so Rachael. «Wir sehen die Folgen von dem, was die Generationen vor uns angerichtet haben – das Great Barrier Reef ist nur ein Beispiel für das Massensterben in den Meeren durch unseren Müll und die unendlichen Mengen an Plastik. Das wollen wir nicht.» Doch *homeyness* ist nicht nur gut für unseren Planeten, sondern auch für unser Portemonnaie, denn Geld zu sparen ist wichtig in Zeiten, in denen es um die Wirtschaft und den Immobilienmarkt schlecht bestellt ist. «Wir müssen fürs Alter vorsorgen, weil wir uns bei der Rente nicht auf den Staat verlassen können, und eine Unterstützung vom Arbeitgeber gibt es auch nicht mehr», erklärt Rachael. Do it yourself, anstatt zu kaufen, bedeutet für US-Amerikaner zudem etwas Grundsätzliches: In einem Land, das die freie Marktwirtschaft so sehr verinnerlicht hat,

wird scheinbar alles verkauft – *homeyness* allerdings nicht (sollte sie jedenfalls nicht). Steph formuliert es so: «*Homeyness* heißt für mich schlicht ‹geben›. Es gibt dir ein Gefühl von Geborgenheit und Liebe.»

Im Kern ist *homeyness* also viel mehr, als sich nur im nächsten Bastelladen einzudecken und sich dann vor dem Rest der Welt zu verkriechen. Letztlich geht es um Zusammenhalt und Nächstenliebe. Im Ersten Weltkrieg galt Stricken als patriotische Pflicht, und die US-amerikanische Bevölkerung strickte 1 500 000 Kleidungsstücke für Soldaten, die diese warm halten, aber auch ein Zeichen setzen sollten, dass an die Männer, die in der Ferne in Gefahr waren, gedacht wurde. Stricken wurde so populär, dass die New Yorker Philharmoniker ihre Zuschauer bitten mussten, damit aufzuhören, weil das Klappern der Nadeln die Musiker störte. 1987 fand sich in San Francisco eine Gruppe von Fremden zusammen, um den AIDS Memorial Quilt zu erschaffen, der die Leben derjenigen dokumentieren sollte, die, so die Befürchtung, sonst vergessen würden. Nach wie vor entstehen viele Handarbeiten für einen guten Zweck. Drew etwa strickt Mützen und Schals, die er dem örtlichen Obdachlosenzentrum spendet. «Das ist nicht vollkommen selbstlos», bekennt er. «Ich bin glücklich, ein Hobby zu haben, das anderen nützt, während es gleichzeitig ein Projekt ist, das mich beschäftigt hält. Da die Winter in Salt Lake City bitterkalt sein können, freue ich mich, ein wenig helfen zu können.» Nora, Steph, Rachel und Rachael erwähnen alle, wie motivierend es für sie ist, anderen mit ihren Kreationen eine Freude zu bereiten. Und sie betonen einhellig, dass ihre Leidenschaft ganz bewusst ein Hobby bleiben soll – sie wollen ihre Erzeugnisse nicht verkaufen, um das Unverdorbene, Einfache daran zu erhalten.

Inzwischen steigen immer mehr Männer auf die *homey*-Nummer ein, und wenngleich Drew manchmal der einzige Mann in seinem Strickkreis ist, haben viele seiner männlichen Freunde mit dem Stricken oder Häkeln begonnen ... Eine gute Idee, denn die medizinische Fakultät von Harvard fand heraus, dass Stricken stresslindernd wirkt und sogar den Blutdruck senken kann. Rachael hat zum Beispiel das Seifenherstellen von einem männlichen Kollegen gelernt, und sie kennt einen Mann, der sich mit Blumenarrangements beschäftigt. Allerdings sagt sie auch, dass «sich die meisten Männer, die ich kenne, zumindest nach außen eher ‹männlichen› Dingen widmen wie dem Bauen oder Konstruieren». Rachaels Mann etwa hat sich Grundfertigkeiten in der Holzverarbeitung angeeignet, während Noras Partner «besessen» ist vom Bierbrauen. Studien haben ergeben, dass mehr Männer «Macher» sind als zuvor angenommen. Das bemerkenswert wenig *homey* klingende AFCI stellte fest, dass die männliche Beteiligung an kreativen Aktivitäten in der Vergangenheit unvollständig erfasst wurde, sich aber inzwischen belegen ließe, dass Malen, Zeichnen, der Umgang mit Holz und Verschönerungsarbeiten im Haus die Hobby-Favoriten unter Männern seien. Wenn man heutzutage in Brooklyn unterwegs ist, sieht man Horden bärtiger Hipster eilig auf ihren Fixies heimradeln, um mit einem Schnitzprojekt zu beginnen, ein Aquarell zu Papier zu bringen oder an ihrer Radierung zu arbeiten.

Was auch immer Sie *homey*-hobbymäßig tun, es wird sich positiv auf Ihr Lebensglück auswirken. Die Wissenschaft hat bewiesen, dass neue Hirnregionen aktiviert werden, wenn wir uns bewusst mit anderen Dingen beschäftigen. Und eine britische Studie, die im *Oxford Review of Education* veröffentlicht wurde, ergab, dass Hobbys das Wohlbefinden insgesamt steigern können und helfen, Stress besser zu verarbeiten. Zudem fördert das Erlernen einer neuen Fähigkeit das Selbstbewusstsein und vermittelt der University of London zufolge das Gefühl von Sinnhaftigkeit, während sich gleichzeitig der Kreis unserer sozialen Kontakte erweitert. Oder, wie meine Freundin Becca es so schön formuliert: «Quilting ist Gemeinschaft.»

Rachael stimmt zu: «Es ist extrem sozial. Meine Mom geht zu Quilt-Gruppen, bei denen sich die älteren Damen monatlich treffen, und genießt es, sich über ‹früher› auszutauschen, während alle mit der Hand an ihren Quilts nähen oder die einzelnen Flicken zusammenstecken. Auch ich liebe diese persönliche Verbindung.» Die kalifornische Rachel (die Quilterin) weist darauf hin: «Wenn man in die US-amerikanische Geschichte schaut, haben sich Frauen schon immer versammelt, um gemeinsam etwas zustande zu bringen. Ob es nun Uniformen für Soldaten waren oder ein öffentlicher Protest. Auch mit Hilfe von *homeyness* schaffen Frauen Netzwerke.» Und zeigen, was ihnen lieb und teuer ist.

Becca erinnert sich nur zu gern daran, wie sie früher unter schweren Quilts schlief und «wie geborgen ich mich unter diesen zusammengenähten Flicken fühlte». Steph ist davon überzeugt: «Wenn jemand ein Dutzend Stunden oder mehr damit verbringt, von Hand eine Decke für dich zu nähen, dann tut die Person es, weil sie dich sehr mag.» Und Rachael sagt: «Ich sehe mich gern um und spüre die Liebe, mit denen wir unsere Projekte umsetzen.» Etwas herzustellen, das *homey* ist, kann man letztlich nur als physischen Liebesbeweis bezeichnen. *Homeyness* steht für Glück und die größtmögliche Zufriedenheit, die Menschen in den USA derzeit erreichen können. Also fangen Sie an, kreativ zu werden und etwas zu erschaffen. Sorgen Sie dafür, dass Ihr Zuhause *homey* wird und Ihre Hobbys ebenfalls. Und dann lassen Sie andere daran teilhaben und erleben, wie gut sich das anfühlt.

WIE MAN *HOMEY* WIRD

1

Stellen Sie etwas her – egal, ob Kekse, Zierdeckchen oder
selbstgebrautes Bier, ob Sie stricken oder malen,
Hauptsache, Sie tun es mit Ihren eigenen Händen.

2

Begeben Sie sich auf die Suche nach Menschen, die ähnlich
schrullig ticken wie Sie, und treffen sich so oft wie möglich
zum gemeinsamen Arbeiten.

3

Zeigen Sie, was Sie geschaffen haben, und tun Sie jemandem,
den Sie wirklich gernhaben, etwas Gutes mit einem Geschenk, in das
Sie viel Herzblut gesteckt haben.

4

Halten Sie Geschenke in Ehren, die Ihnen andere gemacht haben.
Wertschätzen Sie, mit wie viel Aufmerksamkeit und Sorgfalt sie hergestellt
wurden, und schließen Sie daraus, wie viel Sie der Person bedeuten.

5

Lassen Sie mal was rumstehen. Werfen Sie Ihre minimalistisch
skandinavischen Designprinzipien kurz über Bord (Memo an mich selbst!),
und probieren Sie aus, ob Sie bei heimeliger Atmosphäre
wirklich gleich Platzangst bekommen. Wenn nicht, überdenken Sie
den kühlen Chromlook noch einmal und machen aus Ihrer Wohnung
einen gemütlichen Hort der *homeyness*.

HWYL

Hwyl, «h-oil» ausgesprochen, ist ein Substantiv, das ein stark aufwühlendes Gefühl der Rührung und Leidenschaft zum Ausdruck bringt und den Charakter der Waliser entscheidend prägt. Das Wort, das ursprünglich «mit vollem Segel» bedeutete (*hwylio* heißt «segeln gehen»), wird heute verwendet, wenn man etwas mit viel Einsatz oder großer Freude macht. Es ist aber auch als *pob hwyl!* einsetzbar und steht für Spaß, Tschüs, Viel Glück oder Alles Gute ...

WALES

Ein sehr sympathischer junger Mann aus Porthcawl heiratet meine Freundin Susie. Ich sitze in einer Kirchenbank und lausche, wie sich die beiden das Ja-Wort geben. Ich bin fast in Tränen aufgelöst (was bei mir normal ist), als jedoch anschließend ein Männerchor zu singen beginnt, kann ich nicht anders, als vor Rührung Rotz und Wasser zu heulen. Ich bin so überwältigt, dass ich befürchte, im nächsten Moment einen Herzinfarkt zu erleiden. Und nicht nur mir geht es so: Unsere gemeinsame Freundin Becky ist ähnlich ergriffen, und selbst meine bessere Hälfte gesteht, «feuchte Augen» zu haben. Wenn Sie vorhaben, demnächst nach Wales zu reisen, kann ich Ihnen nur raten, unbedingt Taschentücher einzustecken.

«Wir erleben _hwyl_ überall – auf der Tribüne beim Rugby, beim Singen im Pub, wenn wir Pastoren auf der Kanzel zuhören oder eben bei Männerchören», sagt mein Freund Ben aus Blaenafon und meint, dieser Eckpfeiler der walisischen Kultur würde vor _hwyl_ nur so triefen. Musik ist ohnehin ein zentrales Element, und selbst an sich leblose Instrumente können _hwyl_ haben – insbesondere die Blechbläser, unter denen die Posaune noch einmal hervorragt. «Wir gehen gern aufs Ganze», erklärt Ben. «Ich glaube, wir Waliser sind großen Gefühlen gegenüber offener als unsere angelsächsischen Nachbarn – und wir sprechen auch freimütig darüber, wie es uns gerade geht.» Wenn Waliser einen guten Tag haben, merkt man es sofort – wenn nicht, allerdings auch. «Wir fressen die Dinge nicht in uns hinein, und in

Wales ist jemand entweder ‹der Beste der Welt› oder ‹das hinterletzte Schwein›», veranschaulicht Ben seine Charakterstudie. «Wir mögen die Extreme, bei uns gibt es erstaunliche Höhen und Tiefen.» Er spricht in einem hellen, singenden Tonfall, der seiner aktuellen Befindlichkeit angepasst ist, und da Ben und ich seit 20 Jahren befreundet sind, spreche ich ihn auf seine stimmliche Achterbahnfahrt an. «Das liegt daran, dass es in Wales immer auf und ab geht», antwortet er. «Ich bin

lediglich das Produkt meiner Umgebung …» Ben ist ein erfolgreicher Schauspieler und beherrscht zahlreiche Dialekte. Er weiß also, wovon er spricht. Er erklärt, wie mit Hilfe von Betonungen die Landschaft perfekt nachgebildet wird, damit die Stimme trägt. «In den Fenlands, also im Moor, ist es sehr flach, und entsprechend sind es auch die Vokale. In den walisischen Tälern hören sie sich hingegen ganz anders an.» Doch Berg- und Talfahrten gehören in Wales eben nicht nur zu Landschaft und Tonfall, sondern *hwyl* steht auch für fiebrige Stimmungshochs und dramatische Tiefs.

«*Hwyl* ist nicht kuschelig, gemütlich und warm. Es ist vielmehr raumgreifend und melancholisch», sagt Diane, die Walisisch-Lehrerin meines Freundes Hywel aus Welshpool (walisischer als er kann man nicht sein …). «Die Waliser haben einen ziemlich feurigen Charakter», warnt Diane. Den bekanntesten walisischen Dichter Dylan Thomas inspirierte der Mann seiner Tante Dosie zu dem ihm eigenen pathetischen Stil, den er mit der Zeit entwickelte. Dieser Mann war der Pastor David Rees, der so leidenschaftlich predigte, dass Dylan anfing, sich über die Macht des Predigens und die einzigartige walisische Qualität von *hwyl* Gedanken zu machen, die er in der Folge besonders in *Die Pfirsiche* selbst umsetzte. Heutzutage ist *hwyl* vollkommen weltlich und frei von moralischen Untertönen, wobei eine Neigung zum Schwülstigen und Theatralischen nach wie vor vorhanden ist. «Ab einem gewissen Alter blättern Waliser in der Zeitung direkt zu den Todesanzeigen, weil sie wissen wollen, wer gestorben ist», berichtet Diane. «Der Hang zum Melancholischen ist Teil der walisischen Psyche, in gewisser Weise geben wir uns dem gern hin. Wir mögen das Drama.»

Auch die Kunst genießt bei den Walisern einen hohen Stellenwert, was sich an den zahlreichen großen Festivals zeigt, den *eisteddfodau*, die der Lyrik, Literatur und den darstellenden Künsten gewidmet sind. Diese Tradition geht bis ins 12. Jahrhundert zurück. Jedes Kind erlebt *eisteddfodau* in der Schule, es gibt *eisteddfodau* für Jugendliche, in Dörfern, für einzelne Regionen. Es gibt nationale und sogar internationale *eisteddfodau*, Letztere zum Beispiel seit dem 19. Jahrhundert in Argentinien, und dort besonders in Patagonien. «Bei den *eisteddfodau* erlebt man *hwyl* in geballter Form», erzählt Diane und klärt mich darüber auf, dass der *National Eisteddfod* eine große Sache sei und dort Menschen gegeneinander antreten würden, um «einen geschnitzten Thron und eine Krone» zu gewinnen. Gerade will ich sagen, dass das für mich sehr nach *Game of Thrones* klingt, als Diane fortfährt: «Die Waliser sind allem Intellektuellen sehr zugeneigt.» Und ich halte lieber den Mund ... Sie sind so verdammt vergeistigt, dass bis vor kurzem die erste Seite einer ihrer Wochenzeitungen der Analyse von Lyrik gewidmet war, was im Rest Großbritanniens und wahrscheinlich überall sonst undenkbar wäre.

Das Lernen hatte in Wales schon immer einen hohen Stellenwert, gleichzeitig sah man auch ganz konkret in der Bildung den Weg, um den eigenen Kindern die schwere Arbeit in den Minen zu ersparen. Während der industriellen Revolution wurde Kohle zur wichtigsten Energiequelle und die Bergbauindustrie zum größten Arbeitgeber in Wales – aber die Arbeit der

Kumpels war gefährlich, weil Schächte einstürzen konnten und sich immer wieder Unfälle ereigneten. Außerdem litten Minenarbeiter unter Atemschwierigkeiten und kämpften gegen muskuläre Probleme vom Schuften in der Enge unter Tage. Die zunehmende Bedeutung von Erdöl läutete auch in Wales den Anfang vom Ende des Bergbaus ein. Immer mehr Minen mussten schließen. Legendär ist der Streik der Bergarbeiter von 1984, der von Margaret Thatcher gnadenlos niedergeschlagen wurde.

«Bis heute zollt man der Arbeit der Bergleute und ihren Traditionen hohen Respekt», sagt Diane. «Mit der Schließung der Minen lösten sich auch viele feste Gemeinschaften und soziale Strukturen auf, was tragisch war. Allerdings sollte nicht vergessen werden, dass die Arbeit selbst von jeher hart und gefährlich gewesen ist, weshalb die Bergleute immer bestrebt waren, ihren Kindern Bildung zukommen zu lassen, um ihnen ein besseres Leben zu ermöglichen.» Die widrigen Arbeitsbedingungen und das Bewusstsein, ein kleines Land neben einem viel größeren und mächtigeren, ehemaligen Weltreich zu sein, prägten schon immer den Gemeinschaftssinn und die Solidarität unter den Walisern. Gewerkschaften haben eine lange Tradition, es gibt viele eingefleischte Labour-Wähler und fortschrittliche Strukturen wie die allgemeine Krankenversicherung, die unter dem Waliser Aneurin Bevan zur Gründung des National Health Service (NHS) in ganz Großbritannien führte. «Wir sind eben sehr unangepasst und stur», resümiert Hywel.

Ich liebe die Waliser!

Außer dass sie schon ewig eine beeindruckende Widerstandsfähigkeit an den Tag legen, haben sie sich in den letzten Jahren auch zunehmend um die Bewahrung ihrer Traditionen bemüht. Seit 1992 ist Walisisch in der Schule Pflichtfach, und man begegnet keinem Waliser, der nicht unfassbar stolz auf das mit sagenumwobenen Drachen gespickte Erbe des Landes wäre. «Unsere Heimat und unser Land haben etwas, das uns Walisern unglaublich viel bedeutet», sagt denn auch Diane und verrät mir weitere sprachliche Perlen, die ihre patriotische Aussage unterstreichen: Das Substantiv *cynefin* etwa beschreibt die Beziehung, die man zu seinem Geburtsort hat oder auch zu dem Ort, an dem man sich am meisten zu Hause fühlt, oder gar zu dem Ort, an dem man glaubt, leben zu sollen. Außerdem gibt es den bezaubernd anschaulichen Begriff *milltir sgwâr*, wörtlich übersetzt «Quadratmeile», womit das Stück Land oder der Ort gemeint sind, die einem etwas bedeuten. «Woher du kommst, ist in Wales sehr wichtig», bestätigt Ben, der mir erzählt, dass seine Familie seit dem 18. Jahrhundert in einem Umkreis von zehn Quadratkilometern beheimatet ist. («Wir sind noch nie gern weit gereist.»)

Bens Familie mag besonders fest verwurzelt sein, doch das Bedürfnis, im Mutterland zu bleiben, ist etwas, das alle Waliser bis zu einem bestimmten Grad empfinden. «Wir haben etwas, das sich *hiraeth* nennt», so Diane. «Eine Art Heimweh, das mit inniger Liebe und nostalgischen Gefühlen für unser Land einhergeht, eine fast mythische Überhöhung, könnte man sagen.» Sofort habe ich Drachen vor Augen (schließlich geht es um Wales), während Diane weiter die herzzerreißende Leidenschaft für ihre Heimat beschreibt, die ich als trockene Engländerin nicht wirklich nachvollziehen kann. «Es ist *hwyl*», analysiert sie, und ein treffenderes Wort gibt es für das überwältigende Gefühl von *hiraeth* wahrscheinlich nicht. «Es ist kein leichtes, angenehmes Gefühl, sondern ein brutales Lodern und gleichzeitig eine Lebenslust, die einfach sehr ... walisisch ist!» Oder, wie mein Freund Ben es ausdrückt: «Wir machen alles mit vollem Herzblut.» Davon bin ich überzeugt.

ANLEITUNG FÜR *HWYL*

1

Wind in die Segel und dann volle Kraft voraus:
Nehmen Sie die Höhen und Tiefen des Lebens an (Berg- und Talfahrt).

2

Singen Sie, wann immer möglich,
und halten Sie stets Taschentücher bereit.

3

Bildung ist das Größte – intellektuell zu sein oder zu werden,
steht uns allen offen, egal, wie alt wir sind oder welchen sozialen
Hintergrund wir haben. Und wenn *hwyl* heißt, mit Herzblut zu handeln,
sollten wir uns mit leidenschaftlichem Wissensdurst darauf stürzen,
mehr von der Welt zu erfahren.

4

Wertschätzen Sie Ihr Zuhause und die Menschen, die dort leben.
Die Heimat zu vermissen, wenn Sie woanders sind,
ist vollkommen in Ordnung.
Hiraeth gehört dazu.

DANKSAGUNGEN

Ich möchte Anna Power, Kate Hewson und Lisa Highton danken, die dieses Buch verwirklicht haben. Und Naomi Wilkinson, die daraus ein Schmuckstück gemacht hat. Außerdem danke ich jenen, die mit ihren Geschichten und Erfahrungen dazu beigetragen haben – ebenso wie Ali Budjanovicanin, Ian Bush, James Mendes, Kath Poulsen, Tony Haile. Tara Wike, Chris Chinaloy, Rachel Taylor, Frank Silbeck, Jack Burnford, Nic Ross, Rita Ward, Fenella Charity und Katie Freeman, die allesamt so wunderbar gut vernetzt und informiert sind.

DIE AUTORIN

Helen Russell ist eine britische Journalistin und Bestsellerautorin. Sie arbeitet zurzeit als Skandinavien-Korrespondentin für den *Guardian* in Dänemark, schreibt eine Kolumne für den *Telegraph* und Beiträge für *The Times*, *The Observer*, *Grazia*, *The Wall Street Journal* und *The Independent*.

DIE ÜBERSETZERIN

Anja Malich studierte Literaturübersetzen in Düsseldorf. Nach Stationen in der Verlags- und Werbebranche übersetzt sie seit mittlerweile fast 20 Jahren Bücher aus dem Englischen und Französischen. Sie lebt mit ihrer Familie in Wien.